Marcus Wawerzonnek

Eros
und
Ekstase

Protokolle

und

Erfahrungen

lustbetonter

Sexualität

Hoffmann und Campe

CIP-Titelaufnahme der Deutschen Bibliothek

Wawerzonnek, Marcus:
Eros und Ekstase : Protokolle und Erfahrungen lustbetonter Sexuali-
tät / Marcus Wawerzonnek. – 1. Aufl. – Hamburg : Hoffmann u.
Campe, 1989
    ISBN 3-455-09254-3

Copyright © 1989 by Hoffmann und Campe Verlag, Hamburg
Umschlaggestaltung: Rambow, Rambow, van de Sand
Satz: Utesch Satztechnik GmbH, Hamburg
Druck und Bindung: Ebner Ulm
Printed in Germany

Inhalt

Für Manuela, Marion und alle jene, die erkannt haben, daß Liebe ohne Veränderung diesen Namen nicht verdient hat

Danksagung
Ich danke Angelika, Stefanie, Nic, Marita, Nicole, Corinna, Roswitha, Elke, Erich, Martin, Birte, Volker, Peter, Burkhart und meinen Klienten. Sie haben mir mit ihrer Offenheit und ihrer Fähigkeit zur Reflexion bei meiner therapeutischen Arbeit sehr geholfen, deren Ergebnis nicht zuletzt dieses Buch ist.

Vorbemerkung

Im Laufe eines Lebens entwickelt jeder Mensch seine ganz individuelle Haltung zur Sexualität.

Wenn ein Autor diesem diffizilen Thema also ein Buch widmet, muß er sich dreier Schwierigkeiten bewußt sein: der methodischen, der Auseinandersetzung mit bereits veröffentlichten Arbeiten und der seiner eigenen, sehr persönlichen Dispositionen.

Darüber hinaus muß sich der Sexualwissenschaftler sorgfältig mit dem medizinisch-biologischen *und* dem sozialwissenschaftlichen Aspekt der Sexualität befassen und dabei in der Lage sein, seine und andere Erkenntnisse logisch und intuitiv zu vernetzen.

Eine Methodik der rechnerischen Größen und in immer kleinere Ordnungen zerlegten Systeme – wie etwa der Naturwissenschaften – bleibt ihm verschlossen. Und – auf die Gefahr hin, pathetisch zu erscheinen – er hat einen »humanitären Auftrag«, der allen Menschen, ohne Ansehen ihrer Bildung, ihres sozialen Status oder ihrer persönlichen sexuellen Biographie im wohl mit wichtigsten Bereich ihres Lebens gerecht werden soll. Auch ist die individuelle Entwicklung der Sexualität von ökonomischen, psychologischen, kulturellen und gesellschaftlichen Faktoren bestimmt.

So ist die *Physiologie* der sexuellen Erregung abhängig von Gesundheit, Phasen der momentanen Vitalität oder – vice versa – Ermüdung, Erschöpfung oder ähnlichem. Das Erregungsniveau und der Orgasmus selbst sind wiederum nicht unbedingt ein sicherer Indikator für die subjektive *psychische* Befriedigung des Individuums. Deshalb sagen wissenschaftliche Studien über Orgasmusfrequenzen und -dauer über die Gesamtheit psycho-sexueller Abläufe wenig aus.

Die Erkenntnisse sexualwissenschaftlicher Einzeldisziplinen einzubeziehen ist zwar hilfreich, kann dem Wissenschaftler aber Erfahrungen und Vergleiche aus therapeutischen Gesprächen meines Erachtens nicht ersetzen.

In diesem Sinne ist es mein Anliegen, dem Leser anschaulich zu machen, wie und in welchem Maße sein Bewußtsein veränderbar ist, daß er (oder sie!) nicht sklavisch auf optische Auslöser, sexuelle Techniken oder gar mehr oder minder ausgeprägte Triebhaftigkeit reagiert, sondern ein bewußt lernendes und damit handelndes Wesen sein *kann*. Unverzichtbar dafür erscheint mir allerdings, die eigene Liebesfähigkeit und -bereitschaft zu überprüfen und ständig zu schulen. Das mag nach Proseminar klingen, gemeint ist damit aber, daß jeder Mensch seiner »Schule der Liebe« bedarf, wenn er nicht ein Stümper bleiben will. Und die traurige Wahrheit ist: Im Vergleich zu ihren wirklichen Möglichkeiten bleiben die meisten Menschen ihr Leben lang sexuelle »Stümper«. Der italienische Dichter Alberto Moravia, der so großartig beschrieben hat, wie zerbrochene erotische Sehnsüchte die menschliche Seele verkrüppeln können, irrt, wenn er nur von der grenzenlosen sexuellen Kapazität der Frauen spricht. Auch Männer können ihren »Rubikon« überschreiten.

In diesem Buch berichten Menschen von ihrer sexuellen Entwicklungsgeschichte, die während einer langen Phase ihres Lebens geglaubt hatten, Sex müsse eben so trostlos sein, wie sie ihn empfanden, oder sie hätten ihre Möglichkeiten und ihre persönlichen Gefühlstiefen längst ausgelotet. Deshalb sind diese Berichte nicht nur Protokolle, sondern Lehrstücke, die einen Prozeß vorführen, der hoffentlich zeigt, wie wichtig es in jeder Liebesbeziehung ist, Sexualität zu thematisieren, Offenheit zu gewinnen und vor allem: Vorurteile abzulegen!

Leider wird dem Leser aber auch die Erkenntnis nicht erspart bleiben, daß der Umgang mit dem eigenen Verhalten und die Suche nach Wegen zu angstfreier, ekstatischer Sexualität langwierig und schmerzhaft ist.

Im Gegensatz zu einer weit verbreiteten Meinung nämlich beginnt Verantwortung nicht erst, wenn Menschen existentiell bedroht sind, wenn sie hungern müssen oder Diktaturen erleiden, sondern dort, wo die meisten von uns glauben, auf eine Art »biologisches Erbrecht« pochen zu können: im intimsten Bereich.

Machen wir uns nichts vor: wenn es um Sexualität geht, sind wir verletzlicher als neugeborene Säuglinge. Gerade deshalb reagieren viele Menschen auf die persönliche Schilderung oder auch theoretische Erörterung höchster sexueller Intensität verstört. Ich will versuchen, diese Irritationen überwinden zu helfen: Die persönlichen Berichte über sexuelle Entwicklungsgeschichten und meine Erkenntnisse als Therapeut sollen vermitteln, daß individuelle Sexualität nicht Schicksal ist, sondern daß wir sie unser gesamtes Leben hindurch beeinflussen können.

Marcus Wawerzonnek, im Februar 1989

1. Wir wissen immer noch nicht genug über Sexualität

Liebe, Krieg und Tod sind *die* großen Themen der Weltliteratur. Liebe und Sexualität sind *das* Thema der modernen Massengesellschaft und einer Flut von Sachbüchern, Illustriertengeschichten und Fernsehsendungen. Meist mit dem Tenor: Wie mache ich »es« richtig. Dieses Buch ist dagegen kein Ratgeber, der helfen soll, Sexualitätspraktiken zu vervollkommnen. Kenntnisse der »richtigen« Stimulierung bleiben wertlos, wenn das Gefühl fehlt oder erst gar nicht zugelassen wird. Dagegen wird die Lektüre dieses Buches (hoffentlich) eines verändern: das Bewußtsein und damit auch den Weg, wie jeder innige, aber auch ekstatische oder wollüstige Sexualität erlangen kann, geprägt von dem tiefen Gefühl der Befriedigung für Frau und Mann.

Der Anspruch des Autors besteht in dem Versuch, mit Hilfe von Information den Leser zu einem besseren Verständnis zu führen. Würde die Sexualität in unserer Kultur überwiegend positiv erlebt, wäre dieses Buch tatsächlich nur ein weiteres auf dem üppigen Markt der Sexliteratur und damit überflüssig. Aber auch der aufgeklärte »Zivilisationsmensch« leidet unter vielfältigen sexuellen Störungen und Schwierigkeiten, die um so deutlicher zutage treten, je umfassender wir versuchen, Sexualität zu erleben. Ein Mann, der sich mit dem Zwei-Minuten-Geschlechtsakt zufriedengibt – wie viele – wird andere Variationen, Phantasien, Wünsche und auch Gefühle gar nicht erst entwickeln, weil sie ihm fremd sind, (zuviel) Veränderung von ihm fordern und ihm deshalb angst machen. Gleiches gilt für viele Frauen, die aus Angst vor Auseinandersetzungen oder gar dem Verlust des Partners ihre Wünsche unterdrücken oder aber sich selbst und ihren Gefühlen so im Wege stehen, daß Bereiche der Sexualität, die sie lustvoll erleben könnten, gar nicht erst zugelassen werden.

Veränderung verunsichert die meisten Menschen. Viele Leser werden sich also provoziert fühlen und vielleicht sogar aggressiv reagieren, weil hier ein sexuelles Erleben geschildert wird, das den meisten von ihnen noch fremd ist. Oder weil gezeigt wird, daß Sexualität eben doch nicht trennbar ist von Zuneigung und Liebe, jedenfalls nicht, wenn es gilt, wirkliche physische und psychische Gefühlstiefe zu erreichen, die über das bekannte Maß einer bloß physiologisch bedingten sexuellen Erregung hinausgeht: »Wenn ich meinem Freund in der Phase der Erregung direkt und lange in die Augen sehe, er mich voller Liebe, Zärtlichkeit, Erregung anschaut, dabei in mich ›eindringt‹, bekomme ich einen der intensivsten und schönsten Orgasmen. Weil ich spüre, daß er mich liebt; er geht auf mich ein mit Gefühl, mit Lust, mit ›Technik‹. Wenn ich etwa noch nicht so auf Touren bin, stößt er ganz schnell und tief zu, oder wenn ich kurz vor einem Höhepunkt bin, geht er sanft und langsam rein und raus, dann wieder schneller, er schlägt mir auf den Po, was mich noch mehr erregt. Es ist geradezu unbeschreiblich. Er macht weiter nach meinem ersten, zweiten oder dritten Orgasmus. Er fängt wieder an, mich zu lecken, zu streicheln, ich fühle die Gier nach mehr und will nicht aufhören. Ich spüre, wie sehr ich begehrt werde und wie sehr ich ihn begehre. Ich habe Lust auf seine Haut und seinen Atem. Ich registriere das kleinste Detail, auch während der Ekstase. Manchmal aber lasse ich mich so gehen, daß alle anderen Wahrnehmungen ausgeschaltet sind, ich mich nur noch von den unzähligen, langen, früher für mich unvorstellbaren Orgasmen überwältigen lasse.

Ich denke, nein, ich weiß, daß jede Frau und jeder Mann Sex so erleben können, wenn man anfängt, über die Liebe nachzudenken, sich auseinanderzusetzen, den Partner als Gesamtheit zu sehen, sich zu öffnen, sich fallen zu lassen und den anderen aus der Liebe und Freude über seine Existenz zu begehren, ihn glücklich zu machen.«

Manch einer wird Schwierigkeiten mit den hier verwendeten Begriffen wie Offenheit, Innigkeit, Intimität, Sinnlichkeit, Aufmerksamkeit, Reflexion, Toleranz, Verantwortlichkeit,

Souveränität, Leidenschaft, Macht, Geilheit, Intensität und Ekstase haben, weil diese Wörter in ihrer hier unterlegten Bedeutung eine Sensibilität und ein Engagement voraussetzen, die viele Menschen kaum entwickelt haben:

»Leidenschaft (tolles Wort) und Ekstase erlebte ich zum erstenmal richtig, als ich aus einem Urlaub zurückkam. Zum Ende dieser vierzehn Tage vermißte ich meinen Freund sehr, und ich hatte Sehnsucht, mit ihm zu schlafen. Allein wie er mir am Flughafen in die Augen sah, wie er mich in die Arme nahm, löste eine schwer beschreibliche Erregung in mir aus. Ich spürte eine tiefe Innigkeit. Ein lang vermißtes Gefühl. Als ich später seine warme, weiche Haut, seine Haare, seine Hände, seinen Schwanz an meinem Körper spürte, war ich hilflos süchtig nach seinen Berührungen, danach, seine Zunge in meiner Möse zu spüren. Alles kribbelte: von der Kopfhaut bis zum Bauchnabel. Ich bekam Orgasmen, die wie große Wogen ineinander übergingen. Ich war richtig weggetreten. Es dauerte sehr lange. Irgendwann merkte ich, daß ich seinen Penis im Mund hatte. Aber ich war unfähig, irgend etwas damit anzustellen: Ich hatte keine Gedanken mehr, war nur noch von Ekstase angefüllt.«

Sexualität, Liebe und Emotionen entwickeln sich während unseres ganzen Lebens weiter und verändern sich. Unser Denken und unser Fühlen sind wandelbare Strukturen. Das heißt, es kann so sein, wenn wir etwas dafür tun. Jeder Erwachsene erfährt Sexualität anhand eigener Erfahrungen und dessen, was ihm Umfeld, Elternhaus, Schule, Freunde, Arbeitsplatz und Medien vermittelt haben. Er hat gewissermaßen eine Vorstellung von einem Ist- und einem Sollzustand. Um diese Bewußtseins-Konstruktionen, deren Auflösung und Neuformung soll es hier gehen. Denn vieles, was in den Köpfen der meisten Menschen über Sexualität herumspukt, erweist sich bei genauer Überprüfung als unhaltbar und falsch. Leider hat sowohl die Sexualwissenschaft als auch die populistische Debatte über Sexualität in den Massenmedien dazu geführt, daß der einzelne noch unsicherer ist, was er eigentlich in der Sexualität suchen und finden (und damit: empfinden) kann. Wie sollte auch der einzelne die Vielfalt der angebotenen Königswege zur Sexualität noch auseinanderhalten können und für sich entscheiden, welchen davon er gehen will?

Wir leben in einer normenpluralistischen Gesellschaft, das heißt, in einer Gemeinschaft von Menschen, die weitgehend vorgibt, was der einzelne wann und in welcher Situation zu tun hat. Deshalb ist es wichtig herauszustreichen, daß die sozialen Normen der Mehrheit für das Individuum nicht unbedingt richtig und erstrebenswert sein müssen. Bestand die Rolle der Frau noch in der ersten Hälfte dieses Jahrhunderts überwiegend in Mutterschaft, darin, Gefährtin des Gatten und Hüterin des Heims zu sein, wird heute (gerade auch durch die Informationsflut der Medien) eine Palette an wünschenswertem sexuellen Verhalten der Frau und des Mannes beschrieben, die zu einer starken Desorientierung beider Geschlechter geführt hat und weiterhin führt. Entsprachen in den fünfziger Jahren die moralistisch-sittlichen Vorstellungen von weiblicher Sexualität immer noch dem tradierten Rollenverständnis der dreißiger und vierziger Jahre, wurde von 1968 an eine »sexuelle Revolution« proklamiert, und die politischen, wirtschaftlichen und gesellschaftlichen Veränderungen erlaubten den Frauen, sich zur Lust zu bekennen, auch außerhalb der Ehe, ohne das Gebot der Monogamie und anderer gesellschaftlicher Zwänge, die dem patriarchalen Denken zugeschrieben wurden.

Zehn Jahre später schrieben die Vertreterinnen der Frauenbewegung die zärtliche, »gewaltfreie« Sexualität mit dem »Softie« auf ihre Fahnen; alles andere wurde von ihnen verächtlich als »Penetration« verunglimpft. Auf der einen Seite thematisieren heute sowohl wissenschaftliche als auch populäre Abhandlungen sadomasochistisches Verhalten. Andererseits befürworten manche Feministinnen eine auf sich selbst oder auf eine gleichgeschlechtliche Beziehung gerichtete Sexualität.

Je nach Informationsstand führt – nehmen wir als Beispiel die weibliche Sexualität – diese Vielfalt zum Teil sich widersprechender Rollenzuweisungen zu einer Verunsicherung der Frau, die nicht mehr weiß, welches sexuelle Verhalten denn nun wünschens- und erstrebenswert für sie sein soll. Wenn eine in Phantasie und Wünschen existente Situation in der Realität von der Gesellschaft als negativ oder unsittlich bewertet wird, entwickelt der betroffene Mensch Schuldgefühle. So machen zum Beispiel sexuelle Phantasien und Wünsche, die sich mit idyllischen und romantischen Verführungsszenen beschäftigen, kaum einer Frau angst oder führen zu Schuldbewußtsein, da dieses Verhalten als eine erstrebenswerte Norm in unserer Gesellschaft akzeptiert wird. Die Phantasie von sexueller Unterwerfung oder gar gespielter Vergewaltigung dagegen widerspricht nicht nur dem Ideal einer partnerschaftlichen Beziehung, sondern wird auch mit realer Demütigung, Nötigung oder Vergewaltigung assoziiert, also mit einer Wirklichkeit, die eine schwere Mißachtung der Persönlichkeit darstellt.

Diesem inneren Dilemma kann der Mensch nur entkommen, wenn es ihm gelingt zu verstehen, daß zu einer positiven Sexualität Zärtlichkeit, Innigkeit und Intimität genauso gehören wie eben auch die spielerische Übernahme der alltäglich erlebten und erfahrenen Mechanismen von Macht und Ohnmacht. Festgelegte Vorstellungen davon, wie Sexualität sich abzuspielen habe, verunsichern dann, wenn sie nur auf die zärtliche, sogenannte »normale« Sexualität reduziert werden, zumal wenn weitergehende Bedürfnisse aufgrund gesellschaftlicher Verhältnisse abgelehnt werden, ohne psychische Reaktionen zu berücksichtigen. So erklären manche Feministinnen sadomasochistische Phantasien und den Wunsch ihrer teilweisen Umsetzung undifferenziert mit der aus der patriarchalen Werteordnung übernommenen Abhängigkeit, Unterdrückung und dem Ausgeliefertsein der Frauen und schaffen gerade bei denen, die sich emanzipieren wollen, zusätzliches Schuldbewußtsein.

Neben der Vielfalt an Mustern, wie Sexualität sein sollte, die schon deshalb zur Verunsicherung führt, weil kaum einer weiß, was denn nun erstrebenswert oder abzulehnen ist, werden immer neue Ängste, aber auch Normierungen aufgebaut. Fragwürdige »wissenschaftliche« Untersuchungen führen zu neuen Vorurteilen und zu neuer Mythenbildung, so daß Männer und Frauen etwa durch die Suche nach dem »Gräfenberg-Spot«, der »weiblichen Ejakulation« oder durch den Orgasmuszwang sich immer stärker einer Technisierung der Sexualität anpassen oder gar unterwerfen.

Fassen wir Sexualität, Liebe und Emotionen als veränderbare Strukturen auf, die sich bei jedem Menschen in ganz unterschiedlicher Weise entwickelt haben, können wir versuchen herauszufinden, was Voraussetzungen für ein sehr schönes und befriedigendes sexuelles Erlebnis sind – eben für positive Sexualität. Aber kaum jemand ist sich seiner sexuellen und emotionalen Kapazität bewußt. Es liegt an ihm selbst, sie zu entdecken. Würden wir die sexuelle Kapazität in eine Skala von 1 bis 10 oder gar bis »unendlich« einteilen, so könnte jeder Mensch zunächst seine eigene Stufe bestimmen. Erschließt er sich neue Wege, die allmählich zu mehr Vertrauen und Lust führen, wird er mit ihrer Hilfe einen »höheren« Wert auf der Skala erreichen. Möglicherweise gibt es bei dieser breit angelegten Erweiterung der individuellen, aber auch der partnerschaftlichen Sensibilität Stillstand und auch Rückschritt.

Wie so oft ist auch für das Thema Sexualität zunächst ein tieferes, genaueres Verständnis erforderlich, um verkrustete Vorstellungen aufzubrechen und das erotische Bewußtsein zu verändern, das dann in der Praxis nachvollzogen werden kann. Daher sollen im Folgenden viele Begriffe, die der Leser im Alltag benutzt, ohne genauer darüber nachzudenken, erklärt werden. Manifeste Vorurteile und Klischees, seien es das Axiom eines Sexualtriebes, der unser sexuelles Verhalten ausrichtet, die mißverstandene Gleichsetzung »sexueller« Regungen des Kindes mit denen Erwachsener oder die

Schuldgefühle bei der Entwicklung einer bestimmten sexuellen Phantasie und ihrer teilweisen Umsetzung, sind nur Beispiele für Probleme, mit denen wir uns herumschlagen und die uns im Wege stehen. Sie hindern uns an dem Erleben der Art von Sexualität, über die der Leser hier mehr erfahren wird.

Wenn ich als Sexualwissenschaftler davon ausgehen muß, daß in einer Beziehung Liebe und Sexualität selten so erlebt werden, wie sie den menschlichen Idealvorstellungen entsprechen, denke ich auch, daß viele Menschen hochmotiviert sein müßten, sich mit Informationen, die ihnen eine bessere, schönere und intensivere Sexualität ermöglichen, auseinanderzusetzen.

Manch einer wird sich von einzelnen Passagen dieses Buches sowohl in den theoretischen Teilen als auch von den Erfahrungsberichten provoziert fühlen. Eine Frau, die bislang noch kein hohes Maß an Erregung oder noch keinen Orgasmus erlebt hat, wird die Schilderung von 30, 40 und mehr Orgasmen innerhalb von zwei Stunden oder eines Orgasmus, der zwanzig Minuten oder länger andauert, als utopisch empfinden. Gleichzeitig wird sie sich angegriffen (und damit vielleicht auch minderwertig) fühlen, weil sie vergleicht und die Schilderung dem eigenen und dem Erleben ihrer Freundinnen widerspricht. Es gibt sicherlich kaum etwas Schwierigeres als die Beschreibung des subjektiven Gefühls der Befriedigung. Sexuelle Erregung und sexueller Höhepunkt aber sind eine intensive Erfahrung im menschlichen Leben, die mit nichts anderem zu vergleichen ist. Ein Paar, das mehr als 20 Jahre verheiratet ist und einmal wöchentlich Geschlechtsverkehr in der Missionarsstellung ausführt — wobei die Frau keinen Orgasmus bekommt, ihn aber auch nicht vermißt —, ist vielleicht zufriedener, als zwei Menschen es sind, die das gesamte Kamasutra durchprobieren, die Frau auch einen oder mehrere Orgasmen bekommt, aber dennoch Innigkeit vermißt und deshalb unzufrieden bleibt. Wenn hier auch Orgasmusfrequenzen und -dauer angesprochen werden — genauso wie langandauernde Erektionen und mehrfache Orgasmen des Mannes –, wird damit nicht ein absolut gesetztes Ziel formuliert, dagegen sollen die Möglichkeiten eines offenen und sehr intensiven sexuellen Erlebens diskutiert werden: Sexualität als Symptom und Indikator für die Liebesbeziehung. Es soll also keineswegs Sexualität als eine Art Leistungssport dargestellt werden, dessen Akteure wie einseitig trainierte und getrimmte Sportler auftreten. Vielmehr ist es wichtig, das hier geschilderte, intensive sexuell-emotionale Erleben, auf das die Menschen, die es erfahren haben, nicht mehr verzichten wollen, zu ergründen und auf diese Weise auch anderen zugänglich zu machen.

In diesem Buch geht es nicht um die Fortpflanzungsfunktion der Sexualität, sondern um Lust, Ekstase, langandauernde, sich immer stärker steigernde Erregung, um sexuelle Höhepunkte, die deswegen so intensiv erlebt werden, weil zwischen zwei Menschen ein hohes Maß an Zuneigung vorhanden ist – und darum, daß diese körperliche und seelische Gefühlstiefe für jeden Menschen erreichbar ist. Voraussetzung dafür sind, wie schon erwähnt, ein Bewußtsein und eine Kenntnis physischer und psychologischer Vorgänge, die – unabhängig von Bildungsgrad und Sozialstatus – offenbar nur wenige Menschen aufweisen.

Jedes der folgenden Kapitel ist so aufgebaut, daß sich dem Leser neue Aspekte des Denkens, Fühlens und der Sexualität eröffnen sollen. Die Rolle der Phantasie und ihre besondere Bedeutung für die Weiterentwicklung sexuellen Verhaltens wird in ihren einzelnen Facetten genauso gründlich erörtert wie die unterschiedlichen Möglichkeiten, sich und den Partner sexuell zu erregen. Erfahrungsberichte von Betroffenen ergänzen die theoretischen Abhandlungen. Auch wenn diese Berichte sehr subjektiv sind und mancher Leser Einzelheiten für sich vielleicht nicht akzeptieren mag, wurde diese Form der Darstellung gewählt, um die Entwicklung positiver und negativer Gefühle deutlich zu machen, aber auch die Tatsache, daß jeder sexuelle Prozeß individuell und einzigartig ist. Es ist dabei nicht beabsichtigt, neu zu normieren. Jeder

Mensch ist ein Wesen mit der Fähigkeit zu positiver Sexualität. Er kann sie während seines Lebens weiterentwickeln. Oder er kann sie schon im Ansatz verkümmern lassen. Was der einzelne aus der Schilderung des positiven und negativen sexuellen Erlebens für sich selbst verwertet, bleibt ihm überlassen. Ich denke, jeder kann aus beidem für sich etwas lernen.

2. Was bedeutet positive Sexualität?

Der Begriff Sexualität ist erst seit dem Jahre 1789, also seit 200 Jahren gebräuchlich und ist seither mit verschiedenen Bedeutungen belegt worden. Sexualität war das Wort für die tierische und menschliche Fortpflanzungsfunktion. Generationen von pubertierenden Mädchen und Jungen bekamen von ihren Eltern, Lehrern und Ärzten trockenes, biologisches Wissen vermittelt oder mystifizierende Metaphern angeboten: Die Palette des Angebots reichte von der Darstellung der Befruchtungsvorgänge zwischen Pollen und Stempel bei Pflanzen über die »Liebe« der Bienen bis zu Illustrationen von Geschlechtsorganen aus populär-medizinischen Ratgebern.

Die in früheren Jahrhunderten benutzten Bezeichnungen für die menschliche Sexualität sind nicht so inhaltsleer wie das neulateinische Wort »Sexualität«, das der Duden mit den nichtssagenden Worten »Geschlechtlichkeit« und »Gesamtheit der im Sexus begründeten Lebensäußerungen« umschreibt. Früher übliche Begriffe wie Leidenschaft, Sinnlichkeit, Geschlechtsgenuß, Geschlechtsliebe, Wonne, Lustreize, Begierde, himmlische Wonnen, Wollusttrieb, Geilheit und Liebeslust sagen wesentlich mehr aus. Sie verleugnen eben nicht den Anteil, den Sinne und Gefühle am »Fortpflanzungsvorgang« ausmachen.

Die Frage nach der Zufriedenheit in der Sexualität wird

schnell bejaht, denn das Wort bezeichnet nur eine Funktion. Häufigkeit des Geschlechtsverkehrs, eine lang andauernde Erektion und Orgasmus werden als Begründung für angebliche Zufriedenheit genannt. Ja, viele Frauen scheinen schon sexuell »zufrieden« zu sein, wenn sie sich – ohne eigene sexuelle Erregung – von ihrem Partner haben beschlafen lassen: um des lieben Friedens willen und/oder um den Partner zu halten. Oft genug fühlt sich die Frau auch bestätigt, weil sie dem Mann »etwas Schönes« gegeben hat.

Fragt man eindringlicher nach Aufmerksamkeit, Zärtlichkeit, Innigkeit, Intimität, phantasievoller sexueller Erregung bis hin zu Geilheit, Ekstase und Wollust, werden Frauen und Männer nachdenklich. Nein, diese Sexualität würden sie nicht erleben, und wenn überhaupt, dann nicht in dieser Komplexität. Ob sie denn ihre Partnerschaft als eine Liebesbeziehung bezeichnen würden? Im ersten Moment wird diese Frage bejaht, es fallen aber auch Worte wie »Vernunftehe«, »man ist halt zusammen« oder »Die Liebe ist eben heut' nicht mehr so feurig«. Schon beim vorsichtigen Versuch, die Beteiligten dazu zu animieren, wünschenswerte Eigenschaften des Partners zu nennen (wie Offenheit, Ehrlichkeit, Toleranz, Aufmerksamkeit, Verantwortlichkeit, Interesse für den anderen), kristallisiert sich heraus, daß kaum jemand in seiner Beziehung diese Voraussetzungen für eine ebenso leidenschaftliche wie verantwortungsbewußte Kommunikation realisiert hat. Vielen Menschen wird erst in einem einfühlsamen Gespräch verständlich, wie sehr sie sich über Jahre und Jahrzehnte langsam, aber konsequent in ihren emotionalen Ansprüchen und dem eigenen Verhalten reduziert haben und daß Zufriedenheit und das nach außen getragene Glück in Wirklichkeit das Resultat einer ihrer Lebenslügen sind, Angst vor Veränderung und Entwicklung, weil beides zunächst einmal stark verunsichert.

Sexuelles Erleben sollte immer auch Nähe und Intimität ausdrücken und ist ein unfehlbarer Indikator für die Entwicklungsstufe einer Liebesbeziehung. Nur so kann Sexualität als ganzheitliches Phänomen begriffen werden und nicht als etwas, das auf die Tätigkeit der Geschlechtsorgane oder die Funktion der Fortpflanzung beschränkt ist.

Es ist wohl leider eine vergebliche Hoffnung, der Ausdruck Sexualität könne wieder durch Begriffe wie Geschlechtsliebe oder Liebeslust ersetzt werden oder es ließe sich ein neues Wort finden, das die Verbindung zwischen Sinnlichkeit, Zuneigung und physiologischen Abläufen umfaßt. Der Begriff Sexualität im Sinne einer Kommunikationsform zwischen zwei Menschen wird in diesem Buch differenziert und so definiert, daß jeder Mensch sich mit seinen Wünschen oder seinem Erleben wiederfinden kann. Ein erreichbares Ideal: eine emotionale und sexuelle Intensität, deren Existenz von den meisten Menschen nur erahnt wird – positive, bewußte Sexualität:

»Mit meinem jetzigen Freund hat sich mein Bewußtsein von Sexualität und meiner Sexualität speziell gewandelt. Ich habe mich auf Macht- und Ohnmachtgefühle eingelassen, meine Phantasie in diese Richtung nicht mehr unterdrückt. Ich liebe es, heftig und mit allen Anzeichen der Geilheit angefaßt zu werden, ich stelle mir vor, gefesselt zu sein, wehrlos zu sein; Schmerz bereitet mir Lust. Langsam entwickle ich meine Lust an der Macht: Wenn ich ihn zwinge, mich zu lecken, Macht, die ich über ihn und seine Erregung zu erreichen suche, wenn ich ihm einen blase, wenn ich ihn bis zum Wahnsinn erregen möchte. Ich habe auch ein anderes, ein erweitertes Verständnis von ›Zärtlichkeit‹, die auch hart, fordernd, schmerzhaft sein kann. Ich entwickle ein neues Körpergefühl. Brüste, Beine, ein Becken, einen Po zu haben, macht mich scharf. Wenn ich nur daran denke, überfällt mich körperliche Sehnsucht. Ich erlebe Orgasmen, einen einzigen unendlichen oder viele in Folge. Die Zeit erscheint mir endlos. Der Höhepunkt erscheint mir endlos. Ich bin völlig Sklavin meiner eigenen Ekstase.

Ich will immer mehr, errege mich immer mehr an ihm, am Mann, am Penis, am Gefühl, ihn im Mund oder in der Möse zu spüren. Ich will ihn erregen, wie er mich erregt, ich lasse mich immer mehr auf Macht- Ohnmachtsphantasien ein, auf Geilheit. Ich genieße diesen Rausch mit ihm. Ich verliere jede Scham, Scham vor Stellungen, vor der Bewegung, der Aktivität und der Passivität. Ich will Macht/Ohnmacht, Erregung in allen möglichen Formen. Ich genieße es – vom zärtlichen, lieben Moment, den ich immer spüre, bis hin zum völligen Kontrollverlust. Ich erlebe nur noch phantastische Körperlichkeit, das Bewußtsein meiner Lust, das Begehren des anderen, daß ich mich völlig hingeben will, ich spielerisch gezwungen werde, daß ich ihn zwinge, will Schmerz und Heftigkeit, will emotionale Nähe spüren, ich will, daß diese Fluten in meinem Kopf und in meinem Körper nie mehr zur Ruhe kommen. Ich will noch besser lernen, jede, aber auch jede Phantasie zuzulassen, mich immer weiter zu öffnen: Lust, die sich auch im Wunsch nach mehrmaligem Miteinanderschlafen äußert. Dieses Wollen, die Öffnung innerhalb der Sexualität ist für mich untrennbar mit meinen Gefühlen für meinen Freund verbunden, meinem langsam wachsenden Vertrauen, mit der Entwicklung unserer Beziehung, unserer Liebe.«

3. Legende und Wirklichkeit: Vorurteile über Sexualität

Jeder von uns kennt Vergleiche menschlichen Sexualverhaltens mit dem von Tieren: »Er fickt wie ein Kaninchen«; »Er nimmt mich kraftvoll wie ein Stier« oder »Sie ist geil wie eine läufige Hündin«. Dabei ist nur wenigen bewußt, wie unsinnig diese Vergleiche sind. Denn bei den meisten Tieren ist das Fortpflanzungs- und Sexualverhalten – im Gegensatz zum Menschen – weitgehend genetisch bestimmt. Bei niederen und auch den meisten höheren Tieren können wir davon ausgehen, daß die variationsreichen sexuellen Annäherungen, die Reaktionsmuster darauf bis hin zu den Begattungsritualen zumindest überwiegend von Instinkten geleitet werden, das heißt, Fortpflanzungs- und Sexualtrieb das Sexualverhalten steuern.

Die meisten Menschen setzen einfach voraus, auch ihre Sexualität, ihr Begehren und alles auf Sexualität gerichtete Streben sei von einem Trieb abhängig. Und es steckt auch eine gewisse Logik in dieser Annahme. Wenn wir uns im Laufe der Evolution über Millionen Jahre zum Homo sapiens entwickelt und gemeinsame »tierische« Vorfahren haben, leuchtet es nicht sofort ein, warum das menschliche Sexualverhalten *nicht* mehr triebbestimmt und -gesteuert sein soll. In der evolutionären Entwicklung von niederen zu höheren Formen des Lebens gibt es eine entscheidende Neuerung. Die erstaunlichste Veränderung während der Menschwerdung (Hominisation) ist die Veränderung des Hirnvolumens und der Hirnstruktur. Die zentralen Nervensysteme höherer Lebewesen sind die kompliziertesten zellulären Strukturen, die überhaupt in der Evolution entstanden sind. Das menschliche Gehirn hat über 10 Milliarden Neuronen, die untereinander unzählige Male miteinander verbunden sind und in sogenannten neuronalen Netzen Information speichern und verarbeiten. Da wir uns und das eigene Verhalten selbst verstehen wollen, versuchen wir den langen und gewundenen Weg, der von den Genen zum Verhalten führt, zu durchschauen. Bei einigen eher niederorganisierten Tieren ist den Neurowissenschaftlern dies schon gelungen. Vor ein paar Jahren gelang es, bei dem Fadenwurm CAENORHABDITIS ELEGANS nicht nur die vollständige Struktur, sondern auch die vollständige Entwicklungslinie und Verknüpfung aller 323 Zellen des Nervensystems zu bestimmen. C. ELEGANS verfügt nicht über Lernfähigkeit, sondern nur über genetische Programme, die ihm sein Verhalten in jeder Situation vorschreiben. Die Neurowissenschaftler sprechen hier auch von einem »hart verschalteten« Nervensystem, weil es weder mögliche Veränderungen vorsieht noch dazu fähig ist. Für den kleinen, wirbellosen Fadenwurm, der in einer ökologischen

Nische existiert und nur einen kurzen Lebenszyklus hat, reicht das genetisch festgelegte Verhaltensrepertoire aus. Dagegen haben alle Tiere, die höher entwickelt sind und damit auch variabler auf ihre Umwelt reagieren können, eine Eigenschaft bestimmter Neuronen, die der Neurowissenschaftler Plastizität nennt. Der Begriff kennzeichnet die Fähigkeit dieser Nervenzellen, Verbindungen mit anderen Neuronen und Neuronennetzen zu knüpfen, und zwar nicht als Folge eines genetisch vorgeschriebenen Entwicklungsprozesses, sondern als Reaktion auf die Umwelt oder Änderungen in ihr. Die Plastizität bedeutet für das entsprechende Lebewesen eine Erweiterung des Handlungsspielraums, eine bessere Anpassung an die Umwelt und – biologisch gesehen – auch bessere Überlebenschancen. Information kann von der Umwelt aufgenommen und neu kombiniert werden. Es sind allerdings auch Fälle bekannt, in denen eine Veränderung des starren Programms zugunsten nicht instinktgebundener Variationsmöglichkeiten die betroffene Art in ihrer Existenz eingeschränkt oder sogar bedroht hat.

Das Verhalten vieler Tiere ist also durch die Gene, die ein »hart verschaltetes« Nervensystem erzeugen, bestimmt. Diese »Instinktsicherheit« verlieren Tiere in zunehmendem Maß mit der Höherentwicklung ihres Hirns, wie am Beispiel der Menschenaffen noch erläutert wird.

Der Mensch muß nun den Verlust an Instinktsicherheit seines Handelns durch Lernprozesse ausgleichen. Die durch die Plastizität der Neuronen und die Komplexität des menschlichen Gehirns vorhandene Kombinationsfähigkeit erlaubt es, die unterschiedlichsten Formen eines sexuellen Interesses, Formen der Annäherung und der sexuellen Befriedigung zu entwickeln. Damit ist der Mensch – im Gegensatz zum Tier – aber auch selbst für sein Handeln verantwortlich. Über je mehr Wissen und Information ein Mensch verfügt, desto höher ist auch seine Fähigkeit, Phantasie und Verstand für ein freies Handeln zu nutzen. Wie die über Jahrtausende stetige Zunahme an erotischen und mit Sexualität verbunde-

nen Vorstellungen in Erotika und pornographischen Produkten zeigt, ermöglichen die Errungenschaften einer sich weiter
entwickelnden Gesellschaft, auch sexuelle Wünsche und
Praktiken ständig neu zu kombinieren und zu erweitern.
Mangelnde Information läßt die Plastizität der Neuronen hingegen weitgehend ungenutzt – auch in bezug auf Sexualität –, die dann oft auf den physiologischen Vorgang reduziert
bleibt. Eine intensive Beschäftigung mit Wahrnehmungen
und Information über Sexualität erweitert also auch die Ge-
fühlsfähigkeit.

Die Fähigkeit der Neuronen zur Plastizität ist wohl in unseren Genen festgelegt, keinesfalls aber die Sexualität selbst
und die Form, in der wir sie ausleben, sei sie nun eher
eingeschränkt oder intensiv.

Nur um der Deutlichkeit willen sei ein Vergleich des Sexualverhaltens von sozial lebenden Tieren gestattet. Tierische
Sexualität findet inmitten des Rudels statt, die Kopulation
weckt durchaus das Interesse anderer Artgenossen. Fast alle
Säuger leiten den Akt mit einem Vorspiel ein, wobei allerdings der männliche Partner die deutlich aktivere Rolle übernimmt.

Die sexuelle Annäherung wird bei Tieren häufig durch
einen oder mehrere Sinne gesteuert. Bei den Winkerkrabben
sind es die Bewegung der großen Schere und das im Stakkato
auf den Boden Trommeln, bei den Feldgrillen das akustische
Signal, das entsteht durch ein Aneinanderreiben harter Pan-
zerteile. Die meisten Huftiere nehmen den Harn des brünfti-
gen Weibchens mit der Zunge auf und saugen dazu Luft ein,
so daß in einem kleinen Hohlraum im Hirn, der mit einer
Riechschleimhaut ausgekleidet ist, ein vom Weibchen mit
dem Harn ausgeschiedenes Hormon wahrgenommen werden kann. Viele Schmetterlingsarten, aber auch Säugetiere
(Biber, Yak, Moschusochse) geben Riechstoffe, sogenannte
Pheromone ab, die noch aus der Entfernung von mehreren
Kilometern aufgenommen werden und das Sexualverhalten
steuern. Andere Verhaltensweisen sind bei Tieren ebenfalls

genetisch gesteuert. So paart sich das weibliche Murmeltier nach dem Winterschlaf mit vielen männlichen Artgenossen, die, ohne sexuelles Rivalitätsverhalten zu zeigen, nach der Begattung einfach verschwinden. Der Lamahengst schließlich vergewaltigt mehrmals am Tag ein oder mehrere Weibchen, die sich während der Begattung vor »Ekel« winden und erbrechen. Dabei spielt weder eine Rolle, ob das Weibchen geschlechtsreif ist, noch werden die eigenen Nachkommen geschont, auch die männlichen nicht! Ein hochträchtiges Weibchen oder eines, das gerade geworfen hat, wird erneut besprungen. Eine vorspielähnliche Einleitung, von vielen anderen Huftieren bekannt, kommt bei Lamas nicht vor.

Unter den 20000 Spinnenarten gibt es die eigenartigsten Formen des Fortpflanzungsverhaltens. Die Männchen sind oft wesentlich kleiner und schwächer als die Weibchen. Bei vielen Arten werden die Männchen nach der Begattung aufgefressen, weil ihre Hülle besonders eiweißhaltig ist. Die Männchen mancher Spinnenarten bringen zur Begattung ein »Geschenk« in Form eines gefangenen Insekts mit, um das Weibchen abzulenken. Das funktioniert durchaus nicht immer. Manchmal verspeist das Weibchen zunächst das Insekt und dann das Männchen. Andere Spinnenarten fesseln das Weibchen, oder sie spinnen das gefangene Insekt in einen Kokon. So ist das Weibchen länger damit beschäftigt, die »Gabe« aufzufressen, und dem Männchen bleibt mehr Zeit zur Flucht. Wieder eine andere Art hat dieses Ritual »perfektioniert«, sie spinnt gleich einen leeren Kokon. Zwar mögen wir uns über dieses »Schummelpaket« amüsieren, weil es an menschliches Verhalten erinnert, doch sollen diese und die folgenden Beispiele etwas anderes illustrieren: Ein Vergleich zwischen tierischem und menschlichem Verhalten hilft, Unterschiede deutlich zu machen. Das variationsreiche »raffinierte« Verhalten der Spinnenmännchen ist rein genetisch bedingt. Es wird weder nachgeahmt oder auf andere Weise erlernt oder erworben, noch ist es gar mit bewußtem Handeln auch nur zu vergleichen, wie wir das bei Menschen völlig zutreffend unterstellen. Wir müssen also, wenn wir uns mit menschlicher Sexualität beschäftigen, von der Unvergleichbarkeit tierischen und menschlichen Verhaltens ausgehen. Dies bedeutet, daß wir uns — mit Ausnahme einiger Anlehnungen an hoch entwickelte Tiere wie Menschenaffen oder Delphine — bei der Betrachtung von Sexualität nur an uns selbst, dem Menschen, orientieren können.

Die Reihe dieser Beispiele ließe sich beliebig verlängern, und eine Vielzahl von Parallelen wären — oberflächlich betrachtet — sicher zu beobachten. Aber genau das wäre — wissenschaftlich gesehen — irreführend. Betrachten wir nämlich unsere nächsten Verwandten, die Primaten, stellen wir fest, daß bei ihnen ein Fortpflanzungs- oder Sexualtrieb nicht mehr mit demselben Automatismus funktioniert wie bei den hier angeführten Arten. Das genetische Programm der Menschenaffen reicht allein für eine auslösende Funktion nicht aus, auch sie müssen (wie der Mensch) lernen. So zeigen Affenjunge, wenn sie isoliert vom Muttertier und dessen Brutpflegeverhalten aufgewachsen sind, im geschlechtsreifen Alter häufig ein absolutes Defizit an sexuellem und sozialem Kontaktverhalten. In einem anderen Experiment wurden Affenjunge aufgezogen, die niemals Gelegenheit hatten, Artgenossen bei der Kopulation zu beobachten. Sie zeigten entsprechende Abweichungen, reagierten sexuell desinteressiert und verängstigt. Bei aller Vorsicht läßt diese Tatsache Rückschlüsse darauf zu, daß wir uns von der Vorstellung, menschliches Sexualverhalten sei triebbestimmt, schnellstens verabschieden müssen.

Viele Menschen werden auf eine solche Aussage mit Skepsis reagieren, und zwar aus zweierlei Gründen: Sie haben es anders gelernt, und die Absage an die liebgewordene Vorstellung vom menschlichen Sexualtrieb nimmt ihnen die Möglichkeit, Fehlverhalten damit zu entschuldigen, daß man ja — weil triebgesteuert — gar nicht anders habe handeln können. Der Mann, der seine Frau mehrere Male in der Woche gegen ihren Willen beschläft und sein sexuell stärkeres Begehren mit seinem »Trieb« oder »Triebstau« erklärt, hat aber genauso unrecht wie die Frau, die ihr schwächeres sexuelles Interesse auf einen geringer ausgeprägten »Sexualtrieb« zurückführt. Es ist schon ein Phänomen, was alles von den betroffenen Menschen selbst oder deren Umwelt auf den imaginären Sexualtrieb zurückgeführt wird: Zu- und Abnahme des sexuellen Begehrens, Dauer der Erektion, der Orgasmus selbst oder sein Ausbleiben, Freude an oder Abscheu vor Pornographie, mangelnde Zärtlichkeit, sexuelle Nötigung, Vergewaltigung, Inzest oder der sexuelle Mißbrauch von Kindern bis hin zu einer Fixierung auf eine bestimmte sexuelle Handlung.

Die Regenbogenpresse tut ein übriges, um das Bild vom sogenannten Triebtäter, der aus übermäßigem oder fehlgesteuertem Trieb sexuell nötigt, vergewaltigt oder gar mordet, auszumalen. Auch wenn es wohl eher das Ziel dieser Blätter ist, ihren Lesern eine verkaufsfördernde Gänsehaut zu verschaffen, sind Gerichtsgutachter daran nicht ganz unschuldig, deren psychoanalytisch begründete Gutachten oft viel Stoff dafür hergeben, ein fremdgesteuertes Monster zu kreieren, das seine schauerlichen Taten zwanghaft wie eine Marionette ausführt.

Vorstellungen, Wünsche und eingefahrene Verhaltensweisen zu ändern macht unsicher und damit angst. Und diese Angst vor dem Umdenken wird Ursache dafür sein, daß so viele Menschen am Mythos vom Sexualtrieb festhalten. Oft werden auch Ursache und Wirkung verwechselt: Eine Frau, die überwiegend negative Erfahrungen gemacht hat, wird dazu neigen, ihre Abneigung gegen die frustrierend unsensible »Rein-raus-Sexualität« als eigene Triebschwäche auszulegen. Dem differenzierenden Leser mag eine solche Vorstellung paradox erscheinen: Viele Menschen sind sich aber der Tatsache nicht bewußt, daß Sexualität ein sozial erlernbarer Faktor im menschlichen Leben ist, daß sexuelle Verhaltensweisen also veränderbar sind.

Diese lapidar klingende Aussage bedeutet nichts Geringeres, als daß Menschen Erlebnistiefe und beglückende Lustempfindungen erreichen können, wenn sie ihr Bewußtsein und ihre Sensibilität entsprechend trainieren.

4. Von sinnlicher Wahrnehmung und beginnender sexueller Entwicklung

Schon bei unserer Geburt verfügen wir über eine Reihe von Reaktionsmustern, die genetisch bedingt sind. Jedes Elternpaar kann beobachten, wie sein Neugeborenes schon am ersten Tag »handelt«. Legt man einen Säugling unmittelbar nach der Geburt auf den Bauch der Mutter, kann er selbständig bis zur Brust der Mutter robben, an den Brustwarzen saugen, ohne sich zu verschlucken, die Hände zur Faust ballen oder damit greifen, sich die Augen reiben, sein Gesicht mimisch verändern: Dies alles sind angeborene Fähigkeiten, zu denen auch schon die Äußerungen von Lauten des Behagens oder Unmuts gehören.

Das Neugeborene ist zwar noch kein sexuelles, aber schon ein durchaus sinnliches Wesen. Vor der Geburt wird das Kind von der denkbar intimsten und vollkommensten Umarmung umgeben, die wir uns vorstellen können. In der warmen Fruchtwasserflüssigkeit schwingt es bei jeder Bewegung der Mutter mit, empfängt zärtliche Berührungen des Bauches über Vibrationen und hört den beruhigenden mütterlichen Pulsschlag.

Entlassen aus der Geborgenheit der warmen Gebärmutter reagiert das Neugeborene auf den Hautkontakt und die damit verbundene Wärme mit Lauten des Wohlbefindens; ebenso signalisiert es Behagen, wenn seine Lippen die Brustwarze der Mutter berühren (»Wonnesaugen oder Ludeln«) und bei Sättigung. Die Lust des Neugeborenen ist also zunächst einmal die Freude an Hautkontakt und Wärme, zumal der Säugling in den ersten Wochen – physiologisch bedingt – seine Körpertemperatur nicht zu regulieren vermag.

Auch das Mienenspiel des Neugeborenen ist zunächst nur

das Resultat eines genetisch festgelegten Reaktionsmusters. Zwar interpretieren die meisten Eltern das Lächeln beim Kosen oder den weinerlichen Gesichtsausdruck in den ersten Tagen und Wochen als ein speziell ihnen geltendes Gefühl, aber diese Interpretation trifft so nicht zu. Taubblinde Kinder zeigen dieselben Reaktionen, ohne daß sie die Mimik der Bezugsperson jemals registrieren konnten. Sogenannte angeborene Auslösemechanismen (AAM) produzieren bei Säuglingen eine Vielzahl an sozialen Reaktionen, die wir Erwachsene nur mittels komplexer Gefühle entwickeln. Auf Weinen oder Lachen eines Erwachsenen oder anderer Babys reagiert der Säugling später allerdings auch mit »Imitation«; es findet eine Stimmungsübertragung statt.

Bereits wenige Stunden nach der Geburt kann ein Säugling höchst differenzierte Vorgänge wie vorgespielte Gesichtsausdrücke des Erstaunens (geöffneter Mund), des Schmollens (vorgestreckte Lippen) und der Freude (lächelnd geöffnete und geweitete Lippen) übernehmen. Das Lernen durch Nachahmung ist in den ersten Lebensjahren einer der wichtigsten Prozesse, wobei es für unser Anliegen entscheidend ist zu wissen, daß das Kind keinesfalls all das dabei empfindet, was wir mit diesem Ausdruck, der Reaktion oder dem Verhalten verbinden.

Für viele Menschen ist es selbstverständlich, daß Bewegungen und ihre Koordination abhängig von der körperlichen Entwicklung erlernt werden. Sie machen sich jedoch keine Gedanken darüber, daß auch unser Gehirn zum Zeitpunkt unserer Geburt und von der Struktur her unvollständig ist. Anders ausgedrückt: Als Neugeborene und Kleinstkinder sind wir aufgrund der noch nicht ausgereiften Anatomie und den noch mangelhaften Verbindungen zwischen den einzelnen Neuronen (Nervenzellen) unseres Hirns gar nicht in der Lage, die komplexen Gefühle zu entwickeln, die wir Erwachsene mit der Sexualität tatsächlich oder auch nur gedanklich verbinden. Daher ist das Baby zunächst nur sinnlich, aber nicht sexuell motiviert.

Wie wichtig der Hautkontakt und die damit verbundene Aufmerksamkeit für das Neugeborene ist, zeigen Ergebnisse neuroanatomischer Studien, die belegen, daß körperliche Zuwendung im Gehirn vermehrt die Bildung von Neuronen auslöst. Denselben Effekt erzielt die dem Kind entgegengebrachte Aufmerksamkeit. Alle Formen der verbalen und nonverbalen Kommunikation fördern die Vernetzung von Gehirnstrukturen und geben dem werdenden Kind, das sich von der Stimulation bestätigt fühlt, Geborgenheit. In den ersten Wochen und Monaten werden viele soziale Signale, ob nun das Lächeln der Mutter oder die Augenbewegung des Vaters, spielerisch nachgeahmt.

Dieses »Lernen durch Nachahmung« betrifft einfache Abläufe wie Bewegungen ebenso wie komplexe Gefühle der Angst, der Freude, aber auch Sprache, Betonung und vieles mehr, wobei das Kind nicht zu unterscheiden vermag, ob eine Handlung sinnvoll ist oder nicht. Aber es beginnt durch Versuchs-Irrtums-Ketten herauszufinden, ob ein Verhalten lustvoll ist oder Unbehagen bereitet.

Ein gesundes Selbstwerterleben entwickelt das Kind also dadurch, daß es konstant und dauerhaft körperliche und emotionale Wärme und Stimulation erfährt. Die Erkundung der Umwelt betrifft selbstverständlich auch den Körper, das sogenannte autoerotische Verhalten: etwa Berührung des Körpers und des Geschlechts. Handlungen, mit denen das Kind sich selbst Lust verschafft, genügen aber noch nicht für die Entwicklung eines positiven Selbstgefühles, da hierfür Liebe, Aufmerksamkeit und Bestätigung von außen unverzichtbar sind. Wird das frühe Familienmilieu nicht als warm und liebevoll erlebt, erfährt das Kind keine oder nur geringe Bestätigung. So beginnt das Kind, Lust und Wohlbehagen immer mehr bei sich selbst zu suchen. Die Hände erkunden den Körper und entdecken dabei Regionen, die auf Berührung mit mehr oder mit weniger Lust reagieren. Schon an vier bis fünf Monate alten (männlichen und weiblichen) Säuglingen werden »sexuelle« Erregungen bis hin zu »orgasmusähnlichen« Zuständen beobachtet. Eine Beschleunigung des Pulses, physiologische Veränderungen, die Entwicklung rhythmischer und zuckender Bewegungen in Unterleib, Hüften und Rücken bis hin zu einer plötzlichen Entspannung des Säuglings (der danach meist zufrieden einschläft), weisen Parallelen zur sexuellen Reaktion Erwachsener auf.

Bei der Stimulation der Geschlechtsorgane lustvoll zu empfinden, gehört zur normalen psychischen Entwicklung der Kindheit. Wird dieses spielerische Lustempfinden gestört, unterdrückt oder gar bestraft, entstehen beim Kind nicht nur Konflikte, es kann auch seinen Körper nicht erkunden, die Sinnlichkeit verkümmert. Da der Säugling in der frühen Lebensphase Empfindungen nach Lust- oder Unlustgefühlen unterscheidet, erfährt er ein starkes emotionales Defizit, wenn lustvolle Betätigung nicht zugelassen wird. Schenken die Eltern dem Kind dagegen ein hohes Maß an Aufmerksamkeit und spielerischer Zuwendung, überwindet das Kind dieses Defizit leichter, denn die Unterdrückung der lustvollen Gefühle wird durch den zärtlichen Kontakt zu den Eltern weitgehend ausgeglichen.

Die lustvolle Beschäftigung mit dem eigenen Körper und die Entdeckung der Sinnlichkeit sind prinzipiell eine Möglichkeit der Wahrnehmung und Bestätigung des eigenen »Selbst«. Neugierde, Spieltrieb, Nahrungsaufnahme und die allmähliche Entwicklung einer gewissen Selbständigkeit sind gleichberechtigte Entwicklungsphasen, die jedoch recht unterschiedlich verlaufen.

Oft übertragen Eltern nicht nur ihr gestörtes eigenes Körperbewußtsein (indirekt vermittels ihrer Haltung oder direkt vermittels Strafe) auf das Kind, sondern auch ihre Ängste, Aggressionen und andere Varianten ihres Verhaltenskorsetts.

Das spielerische Erkunden, die Neugierde und das spielerische Nachahmen sind zur Kleinkinderzeit der wichtigste, voll funktionsfähige Verhaltensbereich. Das Interesse des Kleinkindes ist zunächst schrankenlos. Wenn nicht Zwänge von außen auftreten, signalisiert nichts dem Kind, daß sein

Erkundungsdrang ausgerechnet vor der als lustvoll erlebten Genitalsphäre haltmachen soll. Zeigt ein Kleinkind Interesse an seinen Geschlechtsorganen oder beobachtet es die körperlichen Unterschiede zwischen Mädchen und Jungen, um dann auch sich selbst in Augenschein zu nehmen, so weist dies nicht auf eine sexuelle Motivation des Kindes hin, sondern auf Neugierde und den Versuch, anhand von Vergleichen etwas zu verstehen.

Mit fortschreitendem Alter und gleichzeitiger Entwicklung der Hirnstrukturen ersetzt das Kind die Imitation fremden Verhaltens zunehmend durch eigenes, selbstbestimmtes Handeln.

Aus der Vielzahl der aufgenommenen Informationen entsteht ein stetig komplexer werdendes Ich. Das Kind entwickelt sich vom anfänglich reaktiven Wesen zu einem aktiven Individuum. Es übernimmt die verschiedenen Meinungen, vergleicht sie miteinander und konstruiert sich das Verhalten, von dem es meint, es sei richtig. Seine Eltern erkennen diese Veränderung daran, daß ihr Kind nicht so reagiert, wie sie es erwarten oder wünschen. Je stärker das Kind selbstbestimmt handelt und fühlt, desto größer werden natürlicherweise auch die notwendige Distanz zu und die Lösung von seinen Bezugspersonen. Dies bedeutet allerdings nicht, daß seine kleine Persönlichkeit nicht im nächsten Moment wieder intimer Nähe und intensiver Aufmerksamkeit bedarf.

Dieser hier kurz geschilderte Prozeß einer normalen Entwicklung des Kindes erleichtert es, die Voraussetzungen für Liebesfähigkeit im Erwachsenenalter zu verstehen. Auch in einer späteren emotionalen Beziehung muß für beide Beteiligte immer die Möglichkeit bestehen bleiben, unabhängig von Zuneigung und Liebe Eigenständigkeit und Selbstbestimmung zu wahren. Wird von den Eltern die wichtige Herausbildung des Selbst oder »Ichs« unterdrückt oder nur unzureichend unterstützt, leidet der Erwachsene oft unter Passivität im sexuellen und emotionalen Bereich. Da schon in der Kindheit eigene Wünsche nicht zugelassen wurden und den

Betroffenen meist die Ursachen für ihr Verhalten verborgen bleiben, reagieren diese Männer und Frauen oft nur auf ihre Partner, ohne selbst Wünsche zu formulieren. Hat sich beim Kind erst einmal die Angst ausgeprägt, Liebe, Zuneigung und Aufmerksamkeit der Eltern zu verlieren, weil es einen eigenen Willen ausdrückt, wird es als Erwachsener ähnliche Ängste gegenüber dem Liebespartner zeigen.

Wenn von vielen Frauen der Wunsch nach Zärtlichkeit, Aufmerksamkeit und einer phantasievollen Sexualität erst gar nicht geäußert und die dementsprechend als nicht befriedigend erfahrene Sexualität vermieden wird, zeigt dies eben nicht einen schwach ausgeprägten Sexualtrieb, sondern eine schon früh in der Kindheit entstandene Angst, die bisher stets konserviert, jedoch nie hinterfragt wurde.

Insbesondere von an der Psychoanalyse orientierten Wissenschaftlern wird in Anlehnung an Sigmund Freud immer noch die Ansicht vertreten, bestimmte Phasen und Äußerungen der frühen Kindheit seien sexuell motiviert. Zu ähnlichen, wenngleich anders gewichteten Ergebnissen sind inzwischen auch die Vertreter der Verhaltensevolution gekommen. Doch der Ausdruck kindlicher Liebe gegenüber dem Vater oder der Mutter hat nicht die sexuelle Färbung, die oft unterstellt wird. Die zunehmend komplexen Funktionen des Gehirns lösen beim Kind das Bedürfnis aus, alles zu verstehen, auch hinsichtlich Ehe, Zeugung, Fortpflanzung und Sexualität. Wir dürfen als Erwachsene nicht einfach daraus schließen, in der Gedankenwelt des kleinen Kindes wäre Neugierde auf diese Bereiche in irgendeiner Weise sexuell getönt, nur weil wir selbst sexuelle Vorstellungen damit verbinden. Die typische Frage des kleinen Jungen oder Mädchens, ob er denn später seine Mutter beziehungsweise das Mädchen den Vater heiraten könne, hat seine Ursache in der kindlichen Vertrautheit, Zuneigung und Liebe zu seinen Bezugspersonen, nicht aber in einer sexuellen Motivation. Wie unsinnig es ist, Kleinkindern das Bedürfnis nach geschlechtlicher Vereinigung mit einem der Elternteile zu unterstellen,

34

wird schon daraus deutlich, daß sie überhaupt keine Vorstellung vom Geschlechtsverkehr sowie den sexuellen und emotionalen Begleiterscheinungen haben. Kinder suchen Bestätigung, auch wenn sie spielerisch die Rollen der Eltern übernehmen und etwa eine Hochzeit, »Papa und Mama im Bett« oder die vielen Variationen der Doktorspiele inszenieren, in denen wiederum Neugierde, die Erfahrung der Sinnlichkeit und die Freude am »Rollentausch« wichtigste Motive sind, nicht aber sexuelles Begehren.

Sinnlichkeit bedeutet für das Kleinkind zunächst auch nur egoistisches Interesse. Da es erst langsam sein eigenes Ich herausbildet und mit den Forderungen des sozialen Umfeldes (Vater, Mutter, Geschwister und Spielkameraden) konfrontiert wird, erfährt es erst allmählich, daß es selbst auch etwas leisten muß, um dauerhafte Zuwendung zu erwerben. Es ist schön zu beobachten, wie genießerisch sich kleine Kinder von ihren Eltern oder Gleichaltrigen (auch beim Doktorspiel!) lange Zeit streicheln lassen. Umgekehrt verlieren sie meist sehr schnell die Geduld. Es ist ja viel schöner, selbst wieder gestreichelt zu werden. Das Kleinkind kann für diesen »Egoismus« nichts – und zwar nicht nur deshalb, weil es noch über kein richtiges Zeitgefühl verfügt. Erst mit fortschreitender Entwicklung des sozialen Verhaltens, das heißt, sich und sein Handeln im Zusammenhang mit Abhängigkeit von anderen Menschen zu sehen, entsteht die Voraussetzung für sexuelles Verhalten in dem hier gemeinten Sinn.

Fassen wir zusammen: Zwischen dem zweiten und dem fünften Lebensjahr bildet sich das Selbst des Kindes, zusammen mit dem Wunsch, die Unterschiede zwischen den Geschlechtern zu verstehen. Fragen zur Herkunft der Babys, zu den anatomischen Geschlechtsunterschieden oder danach, was Mama und Papa im Bett machen, werden häufig gestellt, ohne daß dabei jedoch sexuelle Vorstellungen, wie Erwachsene sie haben, eine Rolle spielen. Noch bevor das Kind die Unterschiede zwischen seinem Körper und den Körpern von Erwachsenen sowie die Genitalien des anderen Geschlechts registriert, sucht es nach Bestätigung und Aufmerksamkeit, wozu auch die angenehmen Empfindungen bei der Stimulation der Haut, des Genitals und anderer dafür empfänglicher Stellen gehören.

Wächst das Kind in einer Umgebung auf, die sein Bedürfnis nach Information, Bestätigung, Spiel und körperlicher Zuwendung erfüllt, entwickelt sich sein Ich, ohne auf einen dieser Bereiche fixiert zu sein. Rein physiologisch ist bereits das Neugeborene fähig, Hautkontakt als lustvoll zu empfinden. Auch sind Erektionen des Penis oder der Klitoris sowie physiologische Reaktionen, die dem sexuellen Höhepunkt der Erwachsenen ähneln, bei Kleinkindern zu beobachten, wobei diese als sinnlich angenehm und anregend erlebt werden, mit den komplexen Gefühlen der Erwachsenen aber nicht zu vergleichen sind.

Das Verhalten des Kindes orientiert sich daran, ob etwas Lust oder Unbehagen bereitet. Schon im Vorschulalter imitieren Kinder, oft schon in der ganzen – ebenfalls unverstandenen – Komplexität die geschlechtsspezifischen Verhaltensweisen. Ein kleiner Junge wird, auch wenn ihm das ursprünglich Spaß gemacht hat, kaum weiter »Mutter spielen« und sich mit Puppen beschäftigen oder Stimme, Gang und andere typisch weibliche Ausdrucksformen nachahmen, wenn seine Umwelt ihn in seinem Handeln nicht bestätigt. Ein kleines Mädchen, das im Elternhaus viel Zärtlichkeit und Zuwendung erfahren hat, wird einen neuen Spielkameraden ganz spontan liebevoll streicheln und in den Arm nehmen. Reagiert dieses Kind darauf verstört oder sogar mit Ablehnung, wird das Mädchen seine freundliche Unbefangenheit für längere Zeit verlieren – auch gegenüber anderen Bezugspersonen.

So kann eine an sich positive Handlung bei mangelnder Bestätigung durch die Umwelt »verlernt« werden. Ein typisches Beispiel ist gerade die oft verächtlich-grobe Reaktion auf Paare in der Öffentlichkeit. Entsprechende Blicke, aggressives Hupen oder abfällige Bemerkungen brandmarken Liebesbezeigungen in der Öffentlichkeit als unerwünscht oder gar anstößig. Nicht der gesellschaftlichen Norm zu entsprechen, untergräbt den Mut zu liebevollem Verhalten.

5. Ich denke, also bin ich: Bewußtsein und Sexualität

Als Kind empfängt jeder von uns in der ständigen Auseinandersetzung mit seiner Umwelt eine Vielzahl von Informationen und wird mit den unterschiedlichsten sozialen Kontakten konfrontiert. Abhängig davon, wie und was wir nach unserer individuellen Bewertung als gut, nicht gut, lustvoll oder unbehaglich empfinden, bewerten wir das Denken und die Handlungen anderer als entsprechend positiv oder negativ – oder wir bewerten sie für uns neu. Weil unsere Umwelt uns mit mehr Information konfrontiert, als wir aus eigenem Erleben haben speichern können, eignen wir uns Bedürfnisse und Wünsche an, die wir nicht sofort in die Tat umsetzen können.

So entwickelt das kleine Kind – wie später der Erwachsene – Phantasiegebilde, die die Realwelt in der gewünschten Weise überlagern – gleich wie unwahrscheinlich diese Idealwelt auch sein mag. Die einzelnen Bildelemente oder die materialen Bausteine der Phantasien stammen dabei aus der realen Welt und der individuellen (wenn auch gelegentlich verschütteten) Wahrnehmung. Das menschliche Hirn speichert sinnliche Eindrücke, komplexe Gefühle, Sprach-Bilder, Wahrnehmungen, unterlegte Interpretationen, wobei es auf faszinierende Weise fähig ist, Assoziationen zwischen allen einzelnen Elementen herzustellen, seien sie auch noch so unwirklich oder eben *phantastisch*.

Das entstandene und fortwährend variierte Gedanken- und Wunschgebäude verfälscht die Wirklichkeit im zeitlichen wie im konkreten Bezugsrahmen. Jedes Kind empfindet den

Glanz von Gold, auch ohne den Wert des Metalls zu kennen, als schön – genauso wie das Leuchten der untergehenden Sonne, der Sterne oder die Reflexion von Lichtstrahlen auf der sich kräuselnden Wasseroberfläche eines Sees. Das so sehr gehütete Schatzkästlein mit Perlen, ausrangiertem Modeschmuck der Mutter, bestimmten Steinen, Perlmuttstückchen, Stanniolpapier, Murmeln und anderen glänzenden Dingen können wohl viele von uns noch aus ihrer Kindheit erinnern. Und auch das Gefühl, das man empfindet, wenn man zum ersten Mal das imposante Schiff einer Kirche, die Halle eines Museums oder ein Schloß betritt. Oft webt unsere Phantasie aus den gewonnenen Eindrücken dann ein neues Bild, das die Wirklichkeit verfälscht, weil ihre einzelnen Elemente neu und oft nicht einmal mehr naturgetreu zusammengefügt wurden.

Unsere Phantasie überwindet auch Zeitschranken mühelos. Die fernste Vergangenheit wird ebenso herbeigeholt, wie wir in eine nicht bekannte Zukunft vorauseilen können.

Die menschliche Fähigkeit (bedingt durch unsere Hirnstruktur und die schon erwähnte Fähigkeit zur Plastizität), in hohem Maße Informationen und Wahrnehmungen *neu* miteinander *zu kombinieren,* ist eine der wichtigsten Ursachen für unsere gesamte kulturelle Entwicklung, aber auch für die uns in vielen Bereichen hemmenden irrealen Vorstellungen und Ängste.

Die Erfindung des Rades, die Konstruktion von Werkzeug, Waffen und Maschinen, Wissenschaften und die Informationsübertragung (von der Höhlenmalerei über die Buchdruckerkunst bis hin zur »künstlichen Intelligenz« der Computer) sind das Resultat menschlichen Denkens. Mit zunehmend komplexer Information steigt die Möglichkeit neuer Kombinationen der einzelnen Elemente. Damit entsteht ein Angebot möglicher neuer Gebilde, die vom Irrealen über das Mögliche bis zur konkreten Wirklichkeit reichen. Die ständige Weiterentwicklung kultureller Errungenschaften und der Informationszuwachs schaffen zusätzlich zu unseren primären eine Vielfalt weiterer Bedürfnisse, nach deren Befriedigung wir streben. Das folgende Beispiel soll diesen Vorgang – in diesem Fall ohne sexuellen Hintergrund – illustrieren:

Einer unserer frühen Vorfahren mag, während er Nahrung, Feuerholz oder Baumaterial herbeischaffte, an dem mühseligen Weg verzweifelt sein, der ihn von einer Anhöhe herunterführte. Und vielleicht hat er sich dabei an eine Beobachtung aus seiner Kinderzeit erinnert, nämlich daß runde Steine leicht und schnell einen Berg hinunterrollen. Als schon mit Phantasie begabtes Wesen lag für ihn der Schluß nahe, eine bequemere Möglichkeit zu wählen: seine schwere Last auf Kugeln bergab zu transportieren. Aus dieser, damals nicht realisierbaren Möglichkeit, zwei voneinander unabhängige Beobachtungen oder Informationen miteinander sinnvoll zu verknüpfen, sind dann wahrscheinlich vielgestaltige Versuche entsprungen, um zumindest einen Teil der Vorstellung in eine entsprechende Handlung umzusetzen. Nach der tatsächlichen Erfindung des Rades war es dann nicht mehr weit bis zur Konstruktion eines primitiven Karrens. Und so weiter.

In unserer Gesellschaft kann das Individuum in unübersehbar vielfältiger Weise Phantasien zu sehr gegenständlichen Dingen und Zusammenhängen bilden. Bis zu einem gewissen Grad können wir unsere Phantasie beeinflussen und auch unterdrücken. Das Kind, das sich in spielerischer Form ein goldenes Schloß ausmalt, davon Eltern oder Spielkameraden erzählt und mit ihnen zusammen die Bilder seiner Phantasien weiter ausschmückt, erweitert damit auch seine Vorstellungswelt. Später schöpft dann der Erwachsene aus diesem Fundus und verfügt deshalb über eine wesentlich größere Palette von Wünschen, Handlungen und Entscheidungsmöglichkeiten.

Unsere Vorfahren hatten wie wir (aber noch nicht so hoch differenziert) die Fähigkeit, Information und Wahrnehmungen neu miteinander zu kombinieren, und konnten sich ihr Leben so allmählich auch neu (also angenehmer) gestalten: Sie wurden zu *Kultur*menschen.

Jeder Mensch gerät in seinem Leben an Knotenpunkte, die es zu entwirren gilt. Aus dem Zusammenhang seiner Erfahrungen und seiner Kultur kann er bestimmte Phänomene nicht verstehen. Er strapaziert also seine Vorstellungskraft bis an ihre Grenzen, um Antworten auf die Fragen nach dem »Warum«, »Wodurch«, »Weshalb« und »Wieso« zu erhalten. Die meisten von uns sind dem Unbekannten auch schon in Form körperlicher oder psychischer Schmerzen begegnet, weshalb wir auf Dinge, die uns unerklärlich erscheinen oder für uns selbst undenkbar, mit Unsicherheit und Angst reagieren. So suchen wir uns zur Beruhigung und um weiter leben und handeln zu können, Erklärungen, die in unserer oder der Phantasie anderer Menschen entstanden sind. Für die Geburt, die Zeugung, die Sexualität und Liebe, die Gefühle und die Eigenschaften des Menschen, für die Naturgewalten, den Krieg, die Sonne, den Mond und den gesamten Weltenraum hat seit dem Bestehen der Menschheit jede Kultur, sei sie eine natürliche oder hoch entwickelte, sich Götter und Gottheiten geschaffen, die in der Gestalt von Menschen, Tieren oder bizarren Fabelwesen »auftreten«.

Für unsere Vorfahren war die Geburt eines Kindes mit einer genetischen Anomalie ein unerklärliches Ereignis. Kam ein Kind tot zur Welt oder starb kurz nach der Geburt aufgrund von Krankheit oder mangelnder medizinischer Versorgung, stellten sich unsere Vorfahren (genauso wie auch heute noch bei vielen Naturvölkern) vor, der Teufel oder eine böse Gottheit sei in das Kind gefahren. Das Bildnis vom »bösen Gott« entsprach der Vorstellung, die sich der Mensch vom Unerklärlichen, Schrecklichen und Bedrohlichen machte. Entwicklung von Kultur kann nur mit zunehmender Erkenntnis Hand in Hand gehen. In unserer aufgeklärten Zeit wissen die meisten Menschen, daß das Gesicht eines entstellten, kranken Neugeborenen nicht der Magie eines »bösen Wesens« zuzuschreiben ist, sondern einer Störung der Erbinformation. Wir *verstehen*, weil wir die Ursachen kennen. Das einst Unbekannte hat so keine Macht mehr über uns.

Unsere Phantasie rüstet uns sowohl mit positiven als auch negativen Modellen aus, wenn es gilt, Antworten auf die Frage nach bislang Unbekanntem zu finden: mit positiven, wenn wir aus diversen Variablen sinnvolle Erklärungen kombinieren, mit negativen, wenn das Unbekannte mit Vorurteilen und irrealen Ängsten unterfüttert ist.

Ich will dem Leser keineswegs seine religiöse Überzeugung oder seinen Glauben an Gott (oder Götter) rauben, aber ich möchte den Anteil herausstreichen, den unsere Phantasie daran hatte, uns Unfaßbares verständlicher zu machen.

Bestimmte Verhaltensweisen, gerade im Bereich der Sexualität und der Gefühlswelt, auf etwas »Kreatürliches« oder etwas von »Gott Gewolltes«, also mehr oder weniger Unabänderliches, zurückzuführen, mag zwar für den einzelnen in der Konfrontation mit Einsamkeit, Schmerz und besonders Angst Erleichterung bedeuten, grenzt aber nicht nur das eigene Verhaltensrepertoire ein, sondern negiert auch Selbstverantwortung und die Möglichkeit, den Lauf des eigenen Lebens selbst zu bestimmen. Wer gegen die Normen einer Religion oder eines Sittenkodex verstößt, belädt sich darüber hinaus oft mit Schuldgefühlen und immer neuen Ängsten. Er hindert sich selbst, seine individuellen Bedürfnisse zu realisieren.

In seiner Phantasie kombiniert der Mensch nicht nur aus Beobachtungen, Wissen und Vorstellungen, sondern er kann auch Empfindungen aus seinem realen Alltag »wieder erleben«: Freude, Schmerz, Abenteuer, Aufregung, Bestätigung, Angst und Selbstvertrauen.

Diese Funktion der Phantasie ist sehr wichtig, da sie das Individuum auch vor zu viel Schmerz oder unbedachten Reaktionen anderer Menschen gegenüber schützen kann. Schon ein Kind erfährt seine Grenzen, wenn es seinem subjektiven Gefühl der mangelnden Bestätigung und der persönlichen Zurücksetzung durch aggressives Verhalten Ausdruck verleiht. Es erkennt, daß feindselige Verhaltensweisen gegenüber dem Vater oder anderen (stärkeren) Bezugspersonen, gerade auch wenn sie vielleicht »berechtigt« sind, mit Aggression oder Ignoranz (»Laß das Kind ruhig schreien!«) beantwortet werden. Dies empfindet das Kind erneut als Zurücksetzung. Um dies psychisch zu verkraften, verschafft es sich Bestätigung, indem es die betreffende Person in der Phantasie schädigt, aggressiv reagiert oder aber, in einer Umkehrung der Realität in der Phantasie, von dieser Person Zuwendung und Liebe erhält.

Die wohl wichtigste Fähigkeit für die Entwicklung von Sexualität und emotionalem Erleben ist das aktive Phantasieren. Ein Kleinkind erfährt seine Haut und seine Geschlechtsorgane als sinnlich stimulierbar, gleich ob es sich selbst streichelt, auf einem Schaukelpferd reitet oder die entsprechenden Reize anders auslöst. Dieses Erleben muß aber nicht mit einem komplexen Gefühl verbunden oder auf eine bestimmte Vorstellung gerichtet sein. Psychische Zuwendung und körperliche Zärtlichkeit bedeuten ein hohes Maß an persönlicher Bestätigung und angenehmer Stimulation, beide Reize werden gespeichert und sind von da an abrufbar. Genauso kann aber auch der einzelne Eindruck der sinnlichen Erregung durch Hautkontakt und Stimulation und der Eindruck emotionaler Zuwendung durch Gespräche und die Annahme des Kindes als eigenständiges Individuum gelernt werden. Die von uns Erwachsenen als sexuell eingestuften Bemerkungen, Handlungen und Liebesbezeigungen von Kindern haben sehr selten einen sexuellen Impuls.

Äußerungen eines Dreikäsehochs, er wolle mit Mama Sex oder Liebe machen, sind entweder rein verbale Nachahmung oder artikulieren das Bedürfnis nach emotionaler, nicht aber sexueller Bestätigung. Da der Kleine intuitiv oder über Beobachtung mitbekommen hat, daß Sexualität etwas Interessantes, Schönes und Geheimnisvolles zu sein scheint, verbindet er genau diese Eigenschaften mit dem ihm Unbekannten. Selbstverständlich reagiert ein Mädchen entsprechend, oder besser: vergleichbar. Die angenehmen Empfindungen des Hautkontaktes oder die Reizung des Kitzlers werden verbunden mit der angenehmen Empfindung, die aufgrund der emotionalen Zuwendung einer »geliebten Bezugsperson« entsteht. Auch wenn ein solches Bedürfnis in der Wirklichkeit nicht formuliert wird, ist es zumindest manifester Bestandteil kindlicher Phantasie, die dem Kind etwas vorgaukelt, was es selbst noch nicht erlebt hat. Seine kleine Persönlichkeit erfährt auf diese Weise Bestätigung.

Zusätzliche Information wird neugierig erfaßt, auch wenn sie von der Umwelt mit dem Mantel des Geheimnisvollen umgeben oder deren Gegenstand tabuisiert wird, und geht dann ungeordnet und zufällig in die kindliche Phantasie mit ein.

Wie neutral Kinder zunächst Informationen über Sexualität aufnehmen, läßt sich an spontanen Äußerungen erkennen: »Guck mal, der Mann hat sein Glied ausgefahren!« Oder der Äußerung eines dreijährigen Mädchens bei der zufälligen Konfrontation mit einem Hard-core-Pornographieheft, in dem nur Fellatio und der Geschlechtsverkehr abgebildet sind. »Die sind ja nackicht, und die küssen sich alle ganz lange« und »Warum beißt die Frau dem Mann in den Penis?«.

Mit zunehmenden sprachlichen und intellektuellen Fähigkeiten des Kindes werden immer mehr Informationen, persönliche Erfahrungen und intuitives Erleben aufgenommen und verarbeitet. Im Laufe dieses Prozesses entstehen auch Wertvorstellungen über »richtige« und »falsche« Sexualität, die von einem Kind bis zum 10. Lebensjahr überwiegend einschränkungs- und kritiklos übernommen werden. Da erst vom 11. Lebensjahr an zunehmend selbständige, am eigenen Urteil orientierte Verhaltensregeln entwickelt werden, die im späteren Jugendalter zur Bildung des individuellen Gewissens führen, können wir davon ausgehen, daß auf das Kind übertragene »negative« Moralvorstellungen Konflikte programmieren.

Die sinnliche Wahrnehmung des eigenen Körpers und der physiologischen Erregung empfindet das Kind, wie oben beschrieben, als positiv, zumal es in Phasen mangelnder Bestä-

tigung mit Hilfe der Eigenstimulation (Masturbation) Ausgleich schaffen kann. Negativer Bewertung von Nacktheit,
Sexualität und Erotik seitens seiner Umwelt steht das eigene
positive Erleben sinnlicher Empfindungen entgegen. Wider-
sprechen sich zwei Informationen und/oder Erfahrungen, ohne daß dieser Widerspruch konstruktiv aufgelöst werden
kann, reagiert das menschliche Gehirn mit Angst, Verunsicherung, Aggression. Das Kind unterdrückt so entweder seine Wünsche, oder aber es entwickelt Schuldgefühle. Eine
dritte Möglichkeit besteht darin, sein »schlechtes Gewissen«
zu beruhigen, indem es einen an sich negativen Faktor (etwa
Strafe durch die Eltern, Aufenthalt in einem dunklen Zimmer
oder ähnliches) als »ausgleichendes« Element in seine Phantasie einbaut.

Einer der wichtigsten Mechanismen in Phantasie *und* Realität ist den meisten von uns überhaupt nicht bewußt. Während seines gesamten Lebens ist der Mensch täglich mit dem
Wechselspiel von Macht und Ohnmacht konfrontiert. Das
zunächst reaktive Kind erfährt die Abhängigkeit von der Umwelt und damit auch seine eigene Ohnmacht. Mit zunehmender Ich-Stärke erfährt es auch immer mehr Formen von
Eigenständigkeit und Selbstbestimmung. Das Verhalten wird
danach ausgerichtet, ob es zu einer Bestätigung der eigenen
Persönlichkeit führt. Die Erfahrung gehen, anstatt nur krab-
beln zu können, sich mit Mimik und Sprache zu verständigen
und vom Gegenüber auch ernstgenommen zu werden oder
mit den eigenen, früher so ungeschickten Händen etwas
Neues zu leisten, ist Form der Bestätigung und der – hier im
neutralen Sinn verstandenen – Macht.

Wir merken aber auch im täglichen Umgang mit anderen
Menschen, daß sie aufgrund ihres attraktiven Äußeren, ihres
sozialen Status, der sprachlichen und intellektuellen Fähigkeiten, dem Maß ihrer persönlichen Freiheit, der Art, wie sie
Gefühle vermitteln können, in unseren Augen stärker sind als
wir selbst. Wir spüren unsere Unterlegenheit: Wir erfahren
Ohnmacht. Das Faszinierende an unserer Phantasie ist eben

44

die Möglichkeit, Situationen von Macht oder Ohnmacht zu konstruieren, die in der Realität so nicht vorkommen. Jederzeit können Kinder, Jugendliche und Erwachsene ihre Vorstellungskraft so nutzen, daß ihr Selbst auf-, der »Gegner« oder »Konkurrent« aber spielerisch abgewertet wird.

Im Folgenden berichtet die 27jährige Beate von ihren Gefühlen und Phantasien und davon, wie diese aus ihrer familiären Situation entstanden sind. Sie schildert sehr eindringlich die psychische Auf- und Abwertung der eigenen Person:

»Schwer zu sagen, wann ich zuerst bewußt sexuelle Phantasien hatte.

Macht- beziehungsweise Ohnmachtphantasien hatte ich schon mit fünf Jahren. Es kam darin zwar nicht direkt zu sexuellen Handlungen, dennoch betrachte ich sie als Vorläufer meiner sexuellen Phantasien. In ihrer Grundstruktur sind sie sehr ähnlich, wenn nicht sogar identisch.

Wenn ich ganz weit zurückdenke, in meine Kleinkinderzeit, erinnere ich mich daran, daß ich schon mit meinen Puppen diese Macht-Ohnmacht-Spiele durchexerzierte.

Es gab immer die mit Kleidern und Schmuck üppig ausgestattete Prinzessin, die durch verschiedene Umstände (die Vorgeschichten waren immer sehr variabel) in die Hände gemeiner und brutaler Banditen, Räuber oder Monster geriet. Von denen wurde sie geschlagen, gequält, gefesselt, geknebelt, bis der Anführer mit ihr durchbrannte, weil er sich unsterblich in sie verliebt hatte: Er verband ihre Wunden, streichelte sie usw.

Oder der große Held/Prinz errettete sie und brachte ihr anschließend genau die gleiche Fürsorge entgegen. Diese Rolle übertrug ich meistens dem Kasperle, da ich ihn für am liebesfähigsten hielt.

Die Anregungen zu den Rollen und Geschichten entnahm ich Märchen. Ich kann mich auch noch an ein Bild im Schlafzimmer meiner Eltern erinnern, ich glaube, es war Rubens' ›Der Raub der Töchter des Leukippos‹: Zwei badende, nackte Frauen wurden von großen, starken Männern auf ihre Pferde gerissen. Ich wunderte mich zwar immer ein wenig über den gleichgültigen Gesichtsausdruck der Opfer, aber das Bild war eine tolle Quelle für die Inszenierung meiner Puppenspiele. Als ich, mit fünf Jahren etwa, selbst zu lesen begann, verlagerte ich meine Geschichten in den Wilden Westen. Angeregt von Karl May und sämtlichen ›Abenteuerbüchern für Jungen‹, deren ich habhaft wurde, konnte ich das Schlafengehen kaum erwarten, weil ich dann im Dunkeln wieder an meinen Träumen basteln konnte.

Jetzt integrierte ich mich bewußt selbst in den jeweiligen Handlungsablauf. Ich war das kleine Mädchen, das von Indianern entführt und an den Marterpfahl gebunden wurde. Ich wurde gefoltert, geschlagen, gequält. Aber dann bewies ich ihnen allen, wer ich war. Kein Laut des Schmerzes drang über meine Lippen. Später nahm ich ganz allein – nur mit einem Messer bewaffnet – den Kampf mit dem Grizzly auf, der das Dorf bedrohte. Ich gewann jeden Wettkampf, war im Laufen die schnellste, und meine Pfeile trafen ihr Ziel mit unfehlbarer Sicherheit. Klar, daß mich der Häuptling höchstpersönlich adoptierte.

Endlich bekam ich die Anerkennung, die man mir im wirklichen Leben bislang ungerechterweise vorenthielt. Man schenkte mir zwar viel Aufmerksamkeit, aber nicht im positiven Sinn. Sie äußerte sich überwiegend in Kritik und Zurechtweisungen und in dem Vorwurf, ich hätte wieder mal nicht die in mich gesetzten Erwartungen erfüllt. Ich genoß lange Jahre eine Sonderstellung, weil ich in der gesamten Familie und Verwandtschaft das einzige Mädchen war. Um mich von meinen Brüdern und Vettern nicht an die Wand spielen zu lassen, eignete ich mir alle ihre markanten Eigenschaften an, bestrebt, sie darin noch zu übertreffen. Ich raufte wie ein Junge, kletterte auf die höchsten Bäume, war sehr erfinderisch darin, im Wald irgendwelche Höhlen zu bauen. Und schrie am lautesten (das gilt bis heute).

Die Jungen belohnten mich dafür mit der ersehnten Aufmerksamkeit, der Rest der Verwandtschaft beklagte sich jedoch, daß ich keinen Kartoffelsalat machen konnte und keinen anständigen Kreuzstich zustande brachte.

Später versuchten sie, mich als Wunderkind zu betrachten. Ich hatte und habe einen unstillbaren Wissensdurst und konnte mich schon als kleines Kind stundenlang damit beschäftigen, über jedes nur irgend erdenkliche Thema nachzudenken. Ich war wohl vier Jahre alt, als ich meinen Vater um Rat fragte, weil mir meine Grübelei nicht weiterhalf. An Einzelheiten kann ich mich nicht mehr erinnern, aber es war irgendein mathematisches Problem, das die Menschheit bis zum heutigen Tag noch nicht gelöst hat. Und so bekam ich für kurze Zeit das Etikett eines frühen mathematischen Genies aufgeklebt. Sie begriffen nicht, daß ich mich einfach nur für alles begeistern konnte.

Ich begann Geige zu spielen und lernte innerhalb eines halben Jahres, wofür andere Jahre brauchten. Nun war ich nicht mehr das Mathematik-, sondern das Musikwunderkind. Schon mit fünf Jahren wurde ich eingeschult, und bald empfahl man meinen Eltern, mich die dritte Klasse einfach überspringen zu lassen.

Dazu kam es glücklicherweise nicht, denn dann wäre ich zwei Jahre jünger gewesen als meine Klassenkameraden, und ich hätte mich sicher noch weniger in deren Gemeinschaft einfügen können. Übrigens war ich in Mathematik nie sonderlich gut, und dafür, daß ich nun schon zehn Jahre Unterricht habe, spiele ich erbärmlich Geige. Ich hatte nie das Bedürfnis, die Beste zu sein, ich wollte einfach nur alles begreifen und verstehen. Das aber begriff und verstand meine Umwelt nicht. Ihre Ansprüche deckten sich überhaupt nicht mit meinen eigenen Zielen. Wenn ich meinen Ansprüchen folgte, bekam ich von anderen keine Anerkennung, folgte ich ihren Ansprüchen, war ich mit mir unzufrieden. Ich wollte einfach nur für das in den Arm genommen werden, was ich als Mensch darstellte, nicht für die oberflächlichen Leistungen, die ich erbrachte.

Ich verweigerte mich der Rolle als Wunderkind und zog mich völlig in mich selbst zurück. Von außen waren nur noch tausend Stacheln zu sehen.

Dagegen liebte ich diese dunklen Stunden vor dem Einschlafen mit den Indianer-, Marterpfahl- und Happy-End-Phantasien, denen ich mich über Jahre hingab.

Ich empfand sie nie als sexuell, glaube auch nicht, daß ich direkt körperlich reagierte (beispielsweise feucht wurde), aber der psychische Effekt danach, nämlich glücklich, zufrieden und völlig entspannt und mit Geborgenheitsgefühlen einzuschlafen, ist dem, was ich heute bei und nach meinen sexuellen Phantasien empfinde, sehr ähnlich. Dieses Glücksgefühl resultierte aus der Befriedigung, in meiner Phantasie erreicht zu haben, woran ich in der Realität immer wieder scheiterte. Es begann wie in der Wirklichkeit mit Schrecken, Verwirrungen, Mißverstandenwerden, aber dann löste sich der Knoten plötzlich. Ich mußte keine Anstrengungen mehr unternehmen, um Eindruck zu schinden, mußte nicht mehr meine eigenen Bedürfnisse und Wünsche vergewaltigen, um ein positives Feedback zu bekommen. Jeden Abend bewältigte ich meinen täglichen Frust, indem es mir in der Phantasie gelang, dieses ewige Mißverständnis zwischen meinen Mitmenschen und mir zu beseitigen.

Später nahm ich Anreize aus Büchern und Fernsehfilmen auf. So die Szene in ›Vom Winde verweht‹, in der Rhett Butler die sich wehrende Scarlett O'Hara die Treppe hinaufträgt und sie mehr oder weniger vergewaltigt. In dieser Nacht werden sie sich bewußt, wie sehr sie sich eigentlich lieben. Anregungen entnahm ich auch einer makabren Kurzgeschichte von Wilhelm Busch, in der ein unglücklich Verliebter in einen Hinterhalt gelockt wird. Die Angebetete klemmt ihn in eines dieser heimtückischen Schiebefenster ein. Und gemeinsam mit ein paar fiesen Typen quält sie ihn.

Selbst vom ›Wirtshaus im Spessart‹ mit Lieselotte Pulver ließ ich mich noch inspirieren. Schließlich konnte ich die Rahmenhandlung – Banditen entführen Adlige, um Lösegeld

48

zu erpressen – gut ausbauen (kleine Folterszenen usw.). Meine Vorstellungskraft war stark genug, um alles, was ich sah und las, bei Bedarf in meine Phantasie zu integrieren.

Ich hasse Schläge, und ich hasse Brutalität. Sehe ich im Film oder Fernsehen Gewaltszenen, wird mir übel.

Sehe ich eine Vergewaltigung (im ›Normalfilm‹, nicht Porno), macht mich das völlig fertig. Aber liege ich nachts im Bett und schaue mir im Geiste diese Vergewaltigung noch mal an, erfinde dazu meine eigene kleine Rahmenhandlung, macht mich das so an, daß ich einen Orgasmus bekomme.

Ich bin in meinem Leben sehr viel geschlagen worden, meist von meinen Eltern und ganz schön brutal. Ich kann mich auch noch bis ins Kleinkindalter zurückerinnern an die Schreie meiner Brüder und das Klatschen, wenn es wieder einmal so weit war. Die Schläge meiner Eltern waren Ausdruck völliger Hilflosigkeit. Perverserweise bearbeitete meine Mutter zu der Zeit als Lektorin Bücher mit Titeln wie ›Erziehung ohne Gewalt‹, ›Keine Angst vor Schlägen‹. Meine Mutter hat es bis heute nicht geschafft, Theorie und Praxis in ihrem Leben miteinander in Einklang zu bringen.

Meine Eltern waren der erzieherischen Situation nicht gewachsen. Auf alten Familienphotos sieht meine Mutter aus wie ein Schulmädchen, das mit seinen Puppen spielt. Wenn ich mir vorstelle, daß sie in meinem Alter schon drei Kinder hatte, erschreckt mich das sehr. Manchmal kamen mir meine Eltern vor wie diese Rhesusaffen, die man mit der Flasche großzieht und die, wenn sie dann selbst Junge bekommen, nichts damit anfangen können. Weil sie selbst nie Liebe empfangen haben, können sie auch keine geben.

Mein Vater stammt aus einem sehr kalten, emotionslosen Elternhaus und hat bis heute Schwierigkeiten, positive Gefühle nach außen hin zu zeigen, obwohl er sehr sensibel und verletzlich ist. Meine Mutter kam dagegen aus einem sehr emotionsgeladenen (aber ausschließlich negativ motivierten) Elternhaus. Sie wurde oft verprügelt, fühlte sich natürlich ständig zurückgesetzt und ungeliebt. Das hat sie bis zum heutigen Tag nicht verarbeitet und schleppt ihren Ballast weiter durchs Leben. Wenn sie Geschichten aus ihrer Kindheit und Jugend erzählt, erschreckt mich das sehr. Vieles, was ihre Mutter ihr angetan hat, die Vorwürfe, die Schläge, die Ungerechtigkeiten, unter denen sie immer noch leidet, hat sie an mir wiederholt.

Lange Zeit dachte ich, es sei völlig normal, von den Eltern geschlagen zu werden. Nicht nur einen extra Prügelkleiderbügel (ohne Haken) gab es in unserer Familie, auch der Teppichklopfer mußte oft herhalten. Für Autofahrten lag eine besondere Spezialität parat: ein Motorradkeilriemen, ein großes, vierkantiges Hartgummistück, mit dem man problemlos jemanden totschlagen könnte.

Jedesmal, wenn wir Kinder uns stritten, was in der Enge fast unvermeidlich war (vier Kinder auf dem Rücksitz einer Ente), griff mein Vater mit der rechten Hand nach dem Prügel und drosch blindlings nach hinten, während er mit der linken Hand den Wagen lenkte. Es war ihm absolut gleichgültig, wen er traf, schuldig waren wir alle. Eine groteske Situation: das wutverzerrte Gesicht meines Vaters, unser Heulen und Kreischen, der herabsausende Prügel, der logischerweise bedenklich schlingernde Wagen und der hysterische Ausruf meiner Mutter: ›Wenn Papa jetzt einen Unfall macht, seid ihr schuld!‹

Ich muß etwa zwölf Jahre alt gewesen sein, als ich in einem Gespräch mit einer Schulkameradin erfuhr, daß sie in ihrem ganzen Leben noch nie geschlagen worden war. Das war eine schockierende Neuigkeit. Das gab es also! Ich begann, meine Eltern zu hassen.

Über diese körperlichen Strafen hinaus gab es auch noch rüde psychische Quälereien. So verbrannten meine Eltern vor unseren Augen unser Spielzeug. Oder meine Mutter legte sich auf den Wohnzimmerboden und simulierte völlig hysterisch einen tödlichen Herzanfall, und zwar, weil ich das Geschirr nicht abtrocknen wollte. (Bei diesem Vorfall war ich höchstens vier Jahre alt.) Oder ich hatte in einem schwachen

Moment meiner Mutter irgendwelche Gefühle oder Erlebnisse anvertraut, was sie dazu nutzte, sich vor möglichst vielen Leuten gehässig darüber zu verbreiten.

Meine Eltern waren unfähig, uns ihre – trotz alldem – durchaus vorhandene Liebe zu vermitteln. Ich fühlte mich total ungeliebt. Die zeitweisen, etwas hilflosen Versuche meiner Mutter, mich in den Arm zu nehmen, waren mir unerträglich. Ihre körperliche Nähe war mir zuwider, außerdem war völlig klar, daß sie mich, wenn ich in so einem Moment Gefühl und Schwäche gezeigt hätte, bei nächster Gelegenheit lächerlich machen würde. Ich ekelte mich vor ihr. Diese Hand, die mich streicheln wollte, war dieselbe, die mich ins Gesicht schlug, die sich meine Haare ums Handgelenk wickelte, mich dann durchs Zimmer schleifte und mir wieder und wieder den Kopf gegen die Wand oder auf den Boden schlug. Jeder Anflug von Zärtlichkeit kam mir unerträglich verlogen vor. Jede Berührung empfand ich wie einen Schlag ins Gesicht. Bis zum heutigen Tag fällt es mir schwer, mich nicht zu verkrampfen, wenn mich jemand spontan in den Arm nimmt.

Aus dieser Atmosphäre der Lieblosigkeit und Verletztheit entstanden meine Phantasien. Sie begannen immer mit diesen Demütigungen und Erniedrigungen, führten dann aber ebenso sicher zum Happy-End, zur *Anerkennung meiner Person*. Das fand in der Realität *nie* statt.

In meinem späteren sexuellen Erleben setzte sich das fort. Ich fühlte mich von Männern gänzlich unbeachtet, gedemütigt. Das setzte ich teilweise in meinen Ohnmachtphantasien fort, oder ich verkehrte sie in Domina-Phantasien, in denen der Mann hilflos, gefesselt und gedemütigt ist und von mir gezwungen wird, Lust zu empfinden, der er sich dann auch tatsächlich in gesteigertem Maß hingibt. Also wieder Bestätigung meiner Person und gleichzeitig Bestrafung für die mir zugefügte Nichtbeachtung. Ohnmachtphantasien zuzulassen bedeutet in sich schon Macht. Ich habe die Macht, den Personen in meinen Phantasien und auch mir selbst beliebige

Rollen zuzuweisen. Alle Fäden des Spiels liegen in meiner Hand. Aus dieser Position der Stärke heraus kann ich dann den Part des Schwachen übernehmen, zulassen, daß jemand Macht über mich hat. So wird auch das Erleben von Ohnmacht wieder zur Selbstbestätigung.«

Wie weiter oben angedeutet, beginnt das Kind erst im elften Lebensjahr ein individuelles Gewissen und Wertvorstellungen zu entwickeln; dazu gehört auch die Auseinandersetzung mit den Strukturen der Autorität in Familie und Gesellschaft. In engem Zusammenhang mit der körperlichen Reifung beginnt die Suche nach der persönlichen Identität: die (erfolgreiche) Suche nach einer eigenen »Mitte«. Die Fähigkeit, Kompromisse zwischen Selbsterleben, Fremderleben und Anpassung an die sozialen Normen zu schließen, wächst. Mit dem Bewußtsein von der eigenen Person und Individualität (und im Zusammenhang mit den körperlichen Veränderungen in der Pubertät) entwickeln das Kind und der Jugendliche die Vorstellung ihrer ganz eigenen Sexualität. Erhöhte Sensibilität für das Geschehen in der Außenwelt und gegenüber Gedanken und Gefühlen anderer Menschen tragen erheblich dazu bei. Auch Presse, Funk, Fernsehen und Werbung konfrontieren den Jugendlichen mit den unterschiedlichsten Formen des von der Gesellschaft als gut oder schlecht apostrophierten Verhaltens: Körperlichkeit, Sinnlichkeit, Erotik, Partnerschaftlichkeit, Innigkeit, Intimität und lustvolles Erleben auf der einen Seite, »Rein-raus-Sexualität«, Rollenklischees, Konsummentalität gegenüber Menschen, aber auch Verfügbarkeit, Gewalt, Mißbrauch und sexueller Frust auf der anderen Seite. Die eigene körperliche Erregung des Jungen oder des Mädchens wird ergänzt von den Informationen über Sexualität, die bis dahin jeder individuell unterschiedlich aufgenommen hat.

In der Realität wurde zumeist noch keine Sexualität erlebt. Andererseits besteht aber verstärkt der Wunsch nach Zuwendung, Aufmerksamkeit und persönlich angenehmen sinnlichen Erfahrungen, da die Suche nach der eigenen »Mitte« kompliziert und die sich herauskristallisierende Persönlichkeit noch sehr unsicher ist.

Typisch männliche oder weibliche Rollenklischees (der Aktivität, der Passivität) werden in die sexuelle Phantasie während, aber auch außerhalb der Selbstbefriedigung eingebaut. Sind die ersten sexuellen Erlebnisse mit einem anderen Menschen von höherer Qualität, das heißt lust- und natürlich liebevoller als die bisherigen Vorstellungen während der (jederzeit abrufbaren) Masturbation, kann dieses reale Erlebnis die sexuelle Phantasie prägen und die reine Imagination zurückdrängen. Leidet dagegen der Jugendliche unter mangelndem Selbstwertgefühl, verbindet er in seiner sexuellen Phantasie das Erlebte mit konstruierten Situationen, die ihm Macht oder Ohnmacht verleihen. Diese Vorstellung versucht er dann, so oder ähnlich, in ein reales Erlebnis umzusetzen. Erweist sich das als schwierig oder unmöglich, fixiert sich der Mann oder die Frau auf ihre Phantasie und auf Masturbation, denn die partnerschaftliche Sexualität wird als unbefriedigend empfunden.

Beate berichtet über ihre weitere Entwicklung:

»Inzwischen war ich zwölf Jahre alt geworden. Indianer waren out. Ich hatte einige Filme gesehen, in denen Menschen ausgepeitscht wurden, und beobachtete interessiert, wenn Zärtlichkeiten ausgetauscht oder Sex gezeigt wurde. Die Auspeitschszenen sah ich im Kinderprogramm, etwa in der Serie ›Zwei Jahre Ferien‹ (ein Schiff voller Schüler wird von Piraten gekapert, kentert, und alle stranden an einer einsamen Insel). Zwei Männer aus dieser Serie kamen in meinen Phantasien ausführlich zum Einsatz: das Oberpiratenschwein und der Anführer der Jungen. Diesen Jungen versuchte ich mir immer nackt vorzustellen und baute ihn in meine Zärtlichkeitsphantasien ein. Der Pirat eignete sich vorzüglich für Macht- und Ohnmacht-Träumereien. Überhaupt waren Piratenfilme eine tolle Quelle – starke, brutale Männer mit Herz, die mit zerbrechlichen, schönen Frauen umgingen, als seien sie Spielzeug. Viel Stoff bot auch ›Der Kurier des Zaren‹ oder ›Der Seewolf‹ (nach dem Roman von Jack London), die meiner Phantasie eine breite Palette von Möglichkeiten boten.

Zärtlichkeit oder gar Sex im Fernsehen waren stark tabuiert. Und meine Familie kommentierte derartige Szenen mit Bemerkungen wie ›Schmalz, Schmalz‹ oder ›Na, zum Schluß gibt's wieder Rührei‹. Ich wurde, wenn ich mit Freunden oder der Familie fernsah, bei zärtlichen Szenen immer rot, wußte nicht, wohin ich gucken sollte, und versuchte, genauso cool und weltmännisch wie meine Onkel ›Iii! Rührei, Rührei!‹ zu sagen.

In meinen Phantasien vermengte ich das Gesehene – Gewalt, Zärtlichkeit, Sex –, wobei es mir recht schwerfiel, die Gefühlsskala der sexuellen Erregung nachzuvollziehen. Schließlich hatte ich noch niemanden geküßt oder sonst sexuell berührt. Ich wußte noch nicht, wie sich das alles konkret anfühlt. Es war etwas Neues, Unerforschtes, ein unbekanntes Reich, das ich unbedingt erschließen und erobern mußte. Besonders spannend fand ich, diesmal selbst im Mittelpunkt zu stehen. Bis jetzt war ich selbst in der Flut von Fremdeindrücken völlig untergegangen.

Meine ersten tastenden Versuche, mich psychisch und physisch, also sinnlich selbst zu erforschen, waren zwar sehr aufregend, aber auch sehr unbefriedigend. Erzählungen meiner Freundinnen über ihre sexuellen Erlebnisse konnten mich nicht sonderlich animieren: schmerzhafte Entjungferungen, unsensible tolpatschige Männer, keinerlei Lustgefühle, Angst vor Schwangerschaft, Abtreibung.

Das erste ›Emmanuelle‹-Buch, das in unserer Klasse die Runde machte, hinterließ da ganz andere Eindrücke. Doch irgendwie blieben meine sexuellen Phantasien in jener Zeit seltsam unbestimmt. Wahrscheinlich, weil mir einfach die wichtigste Grundlage fehlte, reales Erleben. Ich stellte mir zum Beispiel vor, einen Mann oder einen Jungen ans Bett zu fesseln, er war mir vollständig ausgeliefert, und ich blies ihm tierisch einen. Die Vorstellung machte mich beinahe wahnsinnig vor Geilheit, bloß – wie fühlte sich das eigentlich an, ein Männerkörper, ein Penis, ein Schwanz im Mund, ein Schwanz, der hart wird – ich hatte keine Ahnung. Ich habe auch keine Ahnung, woher meine Fellatio-Kenntnis kam. Bewußt hatte ich es weder gesehen, noch davon gehört. In ›Emmanuelle‹ wurde diese Praxis zwar sehr anschaulich geschildert, aber ich glaube fast, daß ich schon vor der Lektüre dieses Buches eine Vorstellung davon hatte. Der Penis war eine Art Knopf oder Hebel. Und wenn man ihn bediente, hatte man im wahrsten Sinn des Wortes den ganzen Mann im Griff. Zuerst stellte ich mir nur manuelle Handlungen vor, aber ich glaube, dann kam ich von ganz allein auf die Idee, daß man ihn eigentlich auch in den Mund nehmen könnte. Jede Eistüte wurde in meiner Phantasie zum Schwanz, den ich stimulierte. Es war (und ist natürlich noch) ein wahnsinniges Gefühl, mit einigen gut dosierten Zungenbewegungen einen großen starken Mann zu beherrschen, die Macht zu haben, ihm (vielleicht so noch nie erlebte) Lust zu schenken.

In dieser Zeit begann ich damit, wirkliche Menschen in meinen Phantasien agieren zu lassen. Es waren (üblicherweise) Männer, in die ich mich verliebt hatte oder die mich aus anderen Gründen stark beeindruckten. Ein- oder zweimal auch Freundinnen, in die ich ebenfalls verliebt war. Liebe Menschen aus meinem Freundes- und Bekanntenkreis. Diese realen Personen traten in meine Phantasie. Und ich verwöhnte sie so, wie ich es auch in Wirklichkeit gern getan hätte.«

6. Die verbotenen Wünsche

Da Sexualität aufgrund der unterschiedlichen Informationen und Erfahrungen von jedem individuell anders erlebt wird und weder sich daraus ergebende Wünsche noch das Verhalten triebgebunden sind, ist sie ein *dynamisches* Geschehen.

Dynamik bedeutet hier stete Entwicklung, Bewegung und Veränderung. Jede neue Idee, jede Erkenntnis und jede neue Erfahrung vervollkommnen die Fähigkeit, *Neuland* zu betreten. Sexuelle Phantasien zu steigern und zu erweitern, ist also von immenser Bedeutung für die Intensivierung des sexuellen Erlebens. Der erste Schritt besteht in der Öffnung gegenüber »verbotenen« Wünschen und Vorstellungen. Angst oder gar Schuldbewußtsein sollten möglichst gar nicht erst entstehen. Im zweiten Schritt vertiefen wir unsere Kenntnisse über Sexualität und ihre vielen Variationen (sofern sie die psychische und körperliche Integrität beider Partner nicht verletzen). Pervers, das heißt abweichend von dem eigentlichen Sinn der Sexualität des Menschen, ist ein Verhalten erst dann, wenn darin Nichtachtung des anderen zum Ausdruck kommt, wenn Fixierungen auf bestimmte Praktiken beherrschend sind oder Verletzungen entstehen. Die Lustfunktion der Sexualität, ihre Bedeutung als intensive Ausdrucksform von Liebe, als Mittel der Kommunikation und Verständigung zwischen zwei Menschen, soll uns hier allein interessieren. Wenn mehr als zwei Drittel der Frauen in der BRD angeben, sie hätten sich von ihrem Partner oder Ehemann gegen ihren Willen *beschlafen* lassen, dürfte dies wohl die häufigste Perversion sein, auch wenn sie in den sexualwissenschaftlichen Fachbüchern nicht erwähnt wird, während ein im gegenseitigen Wollen spielerisch praktizierter »Sadomasochismus«, Stimulierung der Afterregion, voyeuristische und exhibitionistische Tendenzen nicht in die Rubrik »perversen Verhaltens« gehören.

Die Szenen sexueller Wunschvorstellungen sind so unterschiedlich wie die Menschen selbst. Sexuelle Phantasien entstehen, weil der Mensch sich (auch zum Zeitvertreib) etwas »Gutes tun« möchte, um ein langweiliges Erlebnis im nachhinein auszuschmücken, um ein Gefühl der Erregung zu haben, um ein tatsächliches Erlebnis zu intensivieren, um mit Personen, die man kennengelernt hat, aber mit denen es noch keinen sexuellen Kontakt gab, Nähe und Vertrautheit zu schaffen und um sich selbst, zumindest in der Phantasie, aufzuwerten.

Die wichtigste Funktion der sexuellen Phantasie ist die unbegrenzte Möglichkeit, das sexuelle Erleben immer weiter auszugestalten, variationsreicher zu machen. Sexualität ist eine oder vielleicht sogar *die* Form von Kommunikation zwischen zwei Menschen. Ich kann mich einem Menschen meines Vertrauens mitteilen einschließlich all meiner Schwächen und Stärken, indem ich wirklich, ehrlich und offen bin. Die Bilder meiner Phantasie spiegeln mein Selbstbewußtsein wider, den Grad meiner Offenheit oder meiner Verschlossenheit.

Zum Problem wird eine sexuelle Phantasie dann, wenn sie dazu führt, daß sexuelle Erregung ausschließlich mit Hilfe bestimmter Wunschvorstellungen möglich ist. Der Mensch reagiert dann sexuell nicht mehr auf seinen Partner, der Reiz wird einzig und allein von den betreffenden Phantasien ausgelöst und nicht mehr von einem lebendigen Menschen. Diese Art von Fixierung kann sich zu Zwangsvorstellungen entwickeln – mit entsprechenden Auswirkungen auf Denken, Fühlen und Verhalten.

Die verblüffend hohe Variationsbreite sexueller Wunschvorstellungen bezüglich der Szenerie und des Handlungsverlaufs hat unterschiedliche Ursachen und Einflußfaktoren. Eine bestimmte, oft im Verlauf des Älterwerdens immer wiederkehrende Phantasie hat ihren Ursprung meist in der entsprechenden Passage eines Buches, bei der sexuelle Erregung (zum ersten Mal) gespürt wurde, einer Filmszene oder einem tatsächlichen Erlebnis. War die Erfahrung angenehm, wird der Wunschtraum um sie herum arrangiert, Variationen selbstverständlich eingeschlossen.

Lustgewinn und sexuelle Erregung orientieren sich an der psychischen Struktur des Individuums und an sehr persönlichen Präferenzen. Einer Frau, die viel Wert auf ihr Äußeres legt und dementsprechend auf die körperliche Attraktivität ihres (potentiellen) Partners achtet, genügt vielleicht für die

Auslösung sexueller Erregung in der Phantasie schon die Vorstellung des Körpers, der Augen, der Bauchpartie, des Pos, der streichelnden Hände oder eines bestimmten Blicks. Verbindet sie dagegen Sexualität und die Bestätigung, die sie dadurch erfahren möchte, mit der *selbst*geschaffenen Vorstellung, die Handlung und die einzelnen Akteure zu kontrollieren oder selbst verfügbar zu sein, reicht die Vorstellung von einem schönen Körper allein nicht aus. Die sexuelle Phantasie und das ersehnte Sexualverhalten werden *komplexer*. Der erlebte Mechanismus von Macht-Ohnmacht-Gefühlen wird umgesetzt und integriert, um Sexualität positiver, intensiver, kurz: »geiler« zu genießen. Durch die eigene Kontrolle über das Geschehen in der Phantasie wird Sicherheit vermittelt, die Grundvoraussetzung für das Erleben von Sexualität.

Wie schnell schon die geringste Unsicherheit und Angst zu negativen sexuellen Reaktionen führen kann, werden die bestätigen können, die häufiger unter vorzeitigem Samenerguß oder Impotenz zu leiden haben.

Sexuelle Phantasien können folglich in vier Gruppen eingeteilt werden:

1. Intensität
Intensivierung von etwas real Erlebtem durch »Ausschmükkungen«. Jeder von uns ist Regisseur seiner eigenen Phantasien. Er nimmt frühere Sexualerfahrungen, schönt sie, eliminiert frustrierende Vorfälle, Ermüdung oder andere Störfaktoren, und kreiert auf diese Weise ein neues, äußerst animierendes Szenario.

2. Wunschdenken
Vorstellungen werden mit etwas scheinbar Unerreichbarem unterlegt, ein pubertierendes Mädchen phantasiert mit dem Bild eines Schauspielers (Don Johnson, Michael Rourke, John Travolta), ein Junge stellt sich in Gedanken vor, wie er das »Playmate des Monats« liebt oder prominente Frauen mit

58

großer erotischer Ausstrahlung wie Madonna oder Brigitte Nielsen. Dieses Verhalten kann auch im Erwachsenenalter beibehalten werden, so durch Identifikation mit Darstellern aus pornographischen Filmen.

3. Verbotenes

Es werden Szenen erfunden, die ein verbotenes, befremdliches, tabuiertes, abstoßendes oder bestürzendes Element enthalten, was keineswegs bedeuten muß, daß die betreffende Person ihre Vorstellungen auch realisieren möchte (eine 15 Jahre lang glücklich verheiratete und auch treue Frau phantasiert aufgrund von Ritualisierungen innerhalb der Sexualität mit ihrem Mann über eine außereheliche Verbindung). Das erregende Moment ist das Gefühl der Macht, die Phantasie verleiht Sicherheit, man darf sogar etwas Verbotenes oder Tabuiertes tun, ohne dabei negative Konsequenzen fürchten zu müssen. So stellt die freiwillige Vorstellung von Ohnmacht (»Vergewaltigung«, »verfügbar sein«) für die betreffende Frau wiederum Macht dar, da sie in der Phantasie jegliche Kontrolle — also auch die über ihre Ohnmacht — besitzt.

4. Erhöhung

Steigerung des Selbstbewußtseins und des Ich-Gefühls, indem wir uns selbst mit angenehmen körperlichen und geistigen Eigenschaften und Attributen ausstatten, die wir in Wirklichkeit nicht besitzen. Der angeblich zu kleine Penis, die schlaffen oder zu kleinen Brüste, die Schwangerschaftsnarben, der zu große Hintern, zuviel Speck oder die pickelige Haut — all dies ist vergessen bis hin zu der Hemmung, orgiastische Lustschreie auszustoßen, die in der Realität aus Angst vor den Reaktionen des Partners, der Kinder oder Nachbarn unterdrückt werden.

Gerade bei der dritten Gruppe tritt ein Problembereich in den Vordergrund. Der Mensch als Regisseur seiner Sexualphantasie schafft in seinen Traumbildern nicht nur die Handlungsabläufe im Detail, sondern auch den Gefühlsausdruck seiner Akteure: ob sie viel sprechen oder wenig, zurückhaltend, abweisend, fordernd oder aktiv sind. Die Phantasie schafft so Erlebnisdimensionen, die im Leben für die meisten Menschen unerreichbar sind. Denn in der Phantasie besteht ja eine Kontrolle über das Wesen und die Emotionen des Partners. Selbst wenn dieser bereit ist, die Sexualhandlungen mitzuspielen, bedeutet das nicht zwangsläufig die Kontrolle über seine Gefühle.

Zu den häufigsten Phantasien gehören Macht-Ohnmacht-Spiele, Verführungsszenen und der Sex mit mehreren Partnern oder Partnerinnen, Anonymität, Publikum, Vergewaltigung, Schmerz und Masochismus, Dominanz, der Reiz des Verbotenen, Prostitution, Sexualität mit Farbigen sowie Inzest. Neben dem Selbstwertgefühl spielen bei der Entstehung erotischer Phantasien auch Erlebnisse aus Kindheit, Pubertät und Jugendalter (Adoleszenz) eine wichtige Rolle, sofern sie in irgendeiner Weise eine Bestätigung bedeutet haben.

Die Ausbildung einer sexuellen Phantasie hängt neben den beschriebenen Prozessen noch von zwei weiteren Faktoren ab. Zum ersten vom Stellenwert der Sexualität im persönlichen Erleben des einzelnen. Menschen, die noch nie oder kaum eine Sexualität erlebt haben, die sie für sich als bestätigendes Element erfuhren, kompensieren häufig ihre Bedürfnisse nach emotionaler Bestätigung und Aufmerksamkeit mit Arbeit, Hobbies aller Art oder mit sozialem Engagement. Sexualität kann im Leben dieser Menschen ein so untergeordneter Faktor werden, daß sie Konfrontationen mit Sexualität, etwa durch die Medien, konsequent vermeiden und versuchen, alles, was damit zusammenhängt, aus ihrer Biographie und aus dem Alltag zu verbannen. Andererseits entwickeln manchmal gerade diese Menschen eine zwanghafte Überbetonung der Sexualität, die mit entsprechenden sexuellen Phantasien verbunden ist.

Zum zweiten ist die Ausprägung sexueller Phantasien von

der Vielfalt der Informationen, des Wissens und der Fähigkeit zur *Assoziation* abhängig. Es ist schlicht falsch, einfach zu behaupten, daß Menschen mit höherer Schulbildung oder vielleicht einer »höheren« Intelligenz über ein reichhaltigeres Phantasieleben verfügen. Wichtig sind allein Kenntnis und Assoziationsvermögen in sexuellen und angrenzenden Bereichen. Auch ein Mensch mit einer geringeren Schulbildung wird Neugier entwickeln und sexuelle Phantasien schöpferisch ausbilden. Er muß nur bereit sein, sich mit dem Thema Sex gründlich und lustvoll zu beschäftigen. Fallstudien über sexuell Fixierte, Fetischisten und andere mit abweichendem Sexualverhalten belegen dies genauso wie die Lebensgeschichten sogenannter »Normaler« mit nur geringer Schulbildung. Je mehr sich unsere Sexualität von dem rein physiologischen Akt löst, desto mehr Gefühlsebenen erschließt sie auch, und desto wichtiger werden Kenntnisse über sexuelle und emotionale Zusammenhänge.

Die meisten Menschen behalten ihre sexuellen Phantasien für sich, was fast automatisch zu Differenzen mit ihrem Partner/ihrer Partnerin führt. Sexualität wird in diesen Beziehungen zwar praktiziert, ist aber häufig ritualisiert, weniger lustvoll, eingeschränkt und defizitär. Wer Sex über längere Zeit so erlebt, vermeidet es oft, überhaupt noch aktiv zu werden, entwickelt vielleicht sogar Aversionen.

Um das Defizit auszugleichen, wird entweder außerpartnerschaftlicher Verkehr gesucht, was zu einer weiteren Entfremdung führt, oder aber der Betreffende zieht sich auf die eigene Sexualität (Masturbation) zurück – mit oder ohne Unterstützung von Pornographie –, die den eigenen Bedürfnissen und Phantasien am meisten entspricht. Mehr als zwei Drittel aller Männer und Frauen sprechen mit ihren Partnern nicht über sexuelle Wünsche, Bedürfnisse und Phantasien. Darin liegt ein hohes Potential für sexuelle und emotionale Unzufriedenheit. Die meisten Menschen jedoch können Gedanken beschreiben, die sie sexuell animiert haben, gespeist aus schon erlebten Episoden oder aus welchen, die sie gern erlebt hätten. Sexuelle Wunschvorstellungen mitzuteilen, kann in einer Partnerschaft eine wichtige und stabilisierende Wirkung haben. Allerdings ist auch hier zu differenzieren. Eine Beziehung, die von Machtkämpfen und mangelndem Vertrauen gekennzeichnet, also *partnerschaftlich defizitär* ist, eignet sich kaum für den Austausch sexueller Phantasien. Äußert ein dominanter Mann den Wunsch nach Analverkehr, wird die Frau das akzeptieren, aber nur, weil die Macht einseitig verteilt ist, und nicht, weil *beide* sich auf ein neues Experiment freuen. Macht-Ohnmacht-Mechanismen (etwa die spielerische »Vergewaltigung« der Frau) sind deshalb nicht unproblematisch, weil beide Partner sich während des Liebesspiels behutsam an das Neue herantasten müssen. Zunächst sollten Schläge, Zupacken, Beschimpfungen oder auch Verweigerung symbolhaften Charakter tragen. Die allmähliche Umsetzung von Phantasie in Realität, die langsame Steigerung der Erregung schaffen gleichzeitig das notwendige Vertrauen. Mangelndes Vertrauen führt zu folgenschweren Mißverständnissen, Verhaltensweisen werden schnell als Zeichen der Mißachtung angesehen. Nehmen wir ein Paar, dem das Macht-Ohnmacht-Spiel fremd war, bevor der Mann den Wunsch danach äußerte. Die Beziehung ist geprägt von einem Mangel an Geborgenheit und gegenseitiger Akzeptanz. Der Mann beginnt nun übergangslos, unsensibel und ohne tiefere Kenntnis psycho-sexueller Zusammenhänge die Frau zu beschimpfen: »Du dreckige Hure, du versautes Loch, du geile Sau!« Seine Partnerin wird sich – trotz des spielerischen Charakters – in ihrer Persönlichkeit gekränkt fühlen, weil ihr eben das nötige Maß an Vertrauen fehlt. Sie fühlt sich nicht in ihrer Gesamtheit, sondern nur als Geschlechtspartnerin akzeptiert. Hätte der Mann die Szene mit liebevollen Worten eingeleitet, beispielsweise mit »Ich werde dich jetzt verführen!«, »Ich nehme dich jetzt!«, »Du stehst mir zur Verfügung!« oder »Ich will dich!«, und die Härte seiner Aussagen dann langsam gesteigert, wäre nicht nur eine vertraute Atmosphäre entstanden, sondern auch zunehmend die Lust, diese Phantasie immer stärker umzusetzen. Die *mentale* Adaption von Macht oder Ohnmacht, oft nur sprachlich ausagiert, genügt häufig, um sinnliches Verlangen zu ekstatischer Erregung zu steigern. Den Partner an seinen Phantasien teilhaben zu lassen, ist schon deshalb luststeigernd, weil man sie sich gegenseitig immer weiter ausmalen kann. Allein die Vorstellung, Machtverhältnisse nur psychisch nachzuempfinden, auch wenn die Beteiligten Machtmißbrauch in der Realität strikt ablehnen (Vergewaltigung, Inzest, historische Vorbilder, Gefangenschaft), kann beide gewissermaßen in einen psychischen Ausnahmezustand versetzen.

In unserem Beispiel führt Stefanie dazu aus:

»Die Entwicklung meiner Phantasien bedeutet sehr viel für meine eigene Sexualität und hemmt nicht, wie oft angenommen, mein eigenes Erleben – im Gegenteil! Meine Phantasie und meine Sexualität ergänzen und potenzieren sich gegenseitig.

So stellte ich mir gern vor, ich würde ausgepeitscht. Glücklicherweise hatte ich einen Partner, der meine Phantasien als Bereicherung empfand und auch die seinen nicht zurückhielt. Ganz vorsichtig tasteten wir uns aneinander heran und loteten aus, was in unserer Beziehung möglich war. Ich fragte ihn, ob und wie er sich eine Erweiterung unseres bisherigen sexuellen Erlebens vorstellen könne. Er fragte vorsichtig zurück, ob ich mir vorstellen könne, auch stärkere Schläge als die bisherigen geilen Klapse auf meinen Po erregend zu finden. Ich war begeistert. Er fragte noch vorsichtiger, ob ich vielleicht einen schmalen Ledergürtel hätte. Ich mußte lachen, griff unter das Bett und legte ihm drei Gürtel zur Auswahl vor, die ich wenige Stunden vorher dort deponiert hatte, denn . . . ›man kann ja nie wissen‹. Am nächsten Tag ließ ich mir auf der Reeperbahn das gesamte Peitschensortiment vorführen und wählte eine mit langen schwarzen Lederschnüren, der Griff war mit Nieten beschlagen.

Was dann passierte, war richtig tierisch. Eine Vielzahl von Sinneseindrücken überwältigte mich geradezu, der Schmerz, das Gefühl, völlig hilflos und ausgeliefert zu sein (aber einem Menschen, den man liebt), Wogen von Erregung, die uns ins Unbekannte fortrissen . . .

Die Wörter für Sex und Erotik sind oft hart und häßlich, und es fällt mir schwer, Formulierungen für meine sexuellen Gefühle zu finden, damit andere Menschen sie verstehen oder nachvollziehen können. Aber es gibt Ausnahmen: Statt der emotionslosen mechanistischen Bezeichnung ›Geschlechtsverkehr‹ gibt es das wunderschöne Wort ›Liebesspiel‹. Diese Umschreibung trifft genau, weil nämlich nicht festgelegte frustrierende Rituale ablaufen, sondern Liebe spielerisch ins Unendliche fortgesetzt wird. Auf dieser Basis ist alles möglich, Macht/Ohnmacht, S/M, jede noch so wilde Phantasie, aber auch immer steigende Erregung und überfließende Zärtlichkeit. All dies bedeutet Vertrauen und Innigkeit von ungeahnten Dimensionen, einen Liebesbeweis. Ja, auch Auspeitschen!

Meine Erlebnisse befruchten nun wieder meine Phantasien, die ich bis zur Neige auskoste. Ich stelle mir etwa vor, daß mir die Beine auseinandergerissen und an den Bettpfosten gefesselt werden.

Im nächsten Liebesspiel wird das sofort ausgeführt, und ich habe plötzlich den Wunsch, daß mein Partner mir zusätzlich die Augen verbindet und mich knebelt. Und damit dringen nun wieder meine Phantasien zu neuen Ufern vor. Ein nicht enden wollender kreativer Austausch findet statt. Es ist ein unschätzbares Glück, einen Geliebten zu haben, mit dem gemeinsam man immer neue Dimensionen der Ekstase erschließen kann.

Ich schäme mich meiner Phantasien nicht, im Gegenteil, sie sind ein intimer, wunderbarer Teil meines Selbst. Wären sie mir peinlich oder würde ich sie verdrängen, käme ich mir inzwischen wie ein psychischer und sexueller Krüppel vor. Wenn man sich schon seiner sexuellen Träume schämt, wie will man dann in der Realität erotisches Glück als das empfinden, was es ist: eine seelische und körperliche Kostbarkeit.

Sexuelles Erleben wird nicht von der Phantasie gehemmt, sondern durch das gestörte Verhältnis zur Phantasie.

Jeder Mensch sollte zu seinen sexuellen Phantasien stehen, jeder hat sie, und ich glaube, daß sie sich gar nicht so sehr voneinander unterscheiden. Andererseits sollte man seine Phantasien nicht als sexuelles Dogma ansehen und verlangen, dies alles müsse in der Realität genau so ausgeführt werden, wie unsere Wünsche es uns vorgeben. Das tötet jede Kreativität und Spontaneität, der spannende Austausch zwischen Realität und Phantasie ist blockiert.

Die Phantasie soll ›Kicks‹ hervorrufen, rauschhaft sein, aber sie darf die Wirklichkeit nicht verdrängen, denn sonst tritt meiner Meinung nach ein absoluter Stillstand im sexuellen Erleben ein.

Bewußtes Umgehen mit sexuellen Phantasien und die positive Einstellung dazu sind eine Bereicherung der sexuellen Entwicklung, des sexuellen Erlebens. Man kann manche der Phantasien in die Realität umsetzen, die Realität in die Phantasie integrieren und aus dem real Erlebten weitere Phantasien ableiten, und so weiter.

Sexuelle Phantasien während des Geschlechtsverkehrs machen meinen Partner zum Akteur dessen, was ich mir in meinen Tagträumen und Masturbationsphantasien ausgemalt habe. Ich lasse ihn teilhaben an den intimsten Bereichen meiner Welt und er mich an der seinen: ein richtiger Rausch, der nur uns beiden gehört.

Die Frage, ob man dem Partner jede Phantasie mitteilen sollte, ist wohl nicht ganz leicht zu beantworten. Ich empfinde es als optimal, wenn es so funktioniert und meinen Partner glücklich macht. Schließlich lernt er mich dadurch noch besser kennen und betrachtet es als Vertrauensbeweis. Andererseits sind natürlich Situationen denkbar, in denen einer der beiden Partner überfordert ist. Eigene Unsicherheiten werden verstärkt, Gedanken wie ›Mein Gott, das bring' ich ja nie‹ können aufkommen und das sexuelle Erleben bremsen. An dem Austausch von Phantasien sollten beide Partner beteiligt sein. Falls es einem von beiden leichter fällt, sich zu öffnen, muß er genügend Einfühlungsvermögen besitzen, um den anderen nicht zu verstören.

Wenn die Liebesbeziehung ein festes, tragfähiges Fundament hat, kann meines Erachtens jeder lernen, auch von der normalen Sexualität abweichende Wünsche mitzuteilen und die des Geliebten als stimulierend zu empfinden. Wie man sich diesem Ziel annähert, ist von Fall zu Fall sicher sehr unterschiedlich. Ich denke hier nochmals an den Begriff Liebesspiel. Auch Phantasien sind Spiele und sollen spielerisch in die Realität umgesetzt werden oder auch nur Träume bleiben. Richtige Fixierungen aber sind zwanghaft und bedrohlich. Sie zerstören das erotische Glück.

Auch für die Form des Austauschens lassen sich wohl kaum verbindliche Regeln aufstellen. Grundsätzlich setze ich gegenseitige Liebe voraus. Abhängig davon, wie weit sich beide Partner sexuell schon ›freigeschwommen‹ haben, können sie sich abgestuft Intimes bis Intimstes mitteilen. Man sollte den anderen natürlich nicht gleich mit ausufernden Erwartungen verschrecken. Aber man kann doch sagen: ›Ich bin der Mensch, den du liebst, den du in seiner Gesamtheit gern hast. Und zu dieser Gesamtheit gehören auch meine sexuellen Phantasien. Sie sind ein Teil von mir, ein Teil meiner Gedanken, und ich möchte, daß du sie akzeptierst, so wie deine Phantasien und Gedanken ein Teil von dir sind. Das bedeutet ja nicht, daß du dir meine Gedanken und Phantasien zu eigen machen mußt. Aber du solltest wissen, daß es sie gibt, und wenn du sie als Bereicherung empfinden könntest, fände ich das sehr schön.‹

Ich kann nur wiederholen: Die ideale Basis für erfülltes sexuelles Verlangen ist Liebe. Vor diesem Hintergrund ist es dann nicht dramatisch, wenn der Partner manche Phantasien nicht nachvollziehen kann oder sie gar ablehnt. Auch das ist nämlich Teil seiner Persönlichkeit. Selbstverständlich sollte man darüber reden. Auf dieser Basis ist es dann nicht mehr möglich, den anderen einfach zu überfahren und ihm die eigenen Wünsche zu oktroyieren. Das Individuum wird in seiner Gesamtheit anerkannt. Mit dieser Gewißheit wird die Angst, den Ansprüchen des Partners, seien sie sexueller oder anderer Art, nicht zu genügen, besiegt.«

Viele Wissenschaftler hegen gegenüber sexuellen Phantasien immer noch Vorurteile, ganz zu schweigen davon, diese dem Partner auch noch mitzuteilen. Anhand verschiedener Untersuchungen an Ehefrauen, die während des Verkehrs mit ihrem Mann Sexualphantasien haben, wissen wir inzwischen aber, daß man weder vom Inhalt noch von der Existenz dieser Phantasien selbst auf Sexualprobleme, seelisch-emotionale Abweichungen oder gar Persönlichkeitsstörungen schließen kann. Da viele Menschen die Funktion ihrer Phantasien nicht verstehen, gerade auch dann, wenn die in der Phantasie sich widerspiegelnde Situation gesellschaftlich stark tabuiert wird, reagieren sie mit ausgeprägten Schuldgefühlen. Dies ist auch einer der Gründe dafür, warum es oft über die eigenen sexuellen Phantasien in der Partnerschaft keine Verständigung gibt. Grundsätzlich sollte darüber jedoch gesprochen werden, allerdings unter der Voraussetzung, daß eine von der Gesellschaft tabuierte Form der Sexualität als erotische Variation aufgefaßt werden kann, wenn sie das Erleben erweitert und nicht eine Fixierung auf eine bestimmte Praxis darstellt. Wie schon häufiger betont, ist dafür aber eine gründliche Kenntnis psychologischer und physiologischer Zusammenhänge erforderlich.

Ja mehr noch: Diese Phantasien können eine wichtige Funktion des Ausgleichs für die täglichen Macht-Ohnmacht-Situationen und für eine mangelnde Bestätigung sein.

In Einzelfällen mögen Sexualphantasien einer Unzufriedenheit mit der Wirklichkeit entspringen und daher ein hohes Konfliktpotential für die Partnerschaft darstellen. Dieses Faktum aber auf alle Sexualphantasien auszuweiten, wäre undifferenziert und darum falsch.

Wirklich gefährlich sind Doktrinen (oft aus der Psychoanalyse weiterentwickelt) wie etwa die des führenden amerika-

nischen Sexualwissenschaftlers Stoller (1979), der jede sexuelle Phantasie aus einer dem Individuum innewohnenden
Feindseligkeit erklären will, oder die der Autorin Shainiss
(1971), die Sexualphantasien während des Geschlechtsverkehrs als symptomatisch für Sexualprobleme und Anzeichen
sexueller Entfremdung ansieht. Rapaport (1977) versteigt sich
sogar zu der Ansicht, jegliche Phantasietätigkeit während des
sexuellen Beisammenseins zweier Personen sei erniedri-
gend, weil sie das persönliche Engagement und das Interesse
am »geliebten« Menschen verringere. Die Phantasien eines
Menschen mit starken Persönlichkeitsdefiziten können eventuell aus Feindseligkeit entstehen oder auch ein Zeichen
sexuell-emotionaler Entfremdung vom Partner sein. Die hier
theoretisch geschilderte Struktur sexueller Phantasien und
die persönlichen Schilderungen zeigen zwar Macht-Ohnmacht-Situationen, die auch mißbraucht werden können. Sie
dürfen aber deshalb noch lange nicht pauschal abgelehnt
werden. Solange keine Fixierung auf eine bestimmte Phantasie stattfindet, wird der geliebte Mensch damit auch nicht
erniedrigt. Wie bereits mehrmals ausgeführt, trifft eher das
Gegenteil zu. Mitteilung und Austausch von Sexphantasien
schafft oft mehr Nähe und Intimität.

Gerade viele Frauen fühlen sich wegen ihrer sexuellen
Phantasien schuldig. Selbst ein sehr einfühlsamer und auf-
merksamer Partner wird Schwierigkeiten haben, eigene
Hemmungen oder die seiner Freundin oder Frau abzubauen,
wenn sexuelle Wunschvorstellungen, die nicht der Norm
oder einem bestimmten Zärtlichkeits-Ideal entsprechen, tief-
sitzende Schuldgefühle verursachen. Der Normenpluralis-
mus unserer heutigen Gesellschaft kennt zwar noch die ein-
deutigen Rollenzuschreibungen für die Frau, wie sie bis weit
in die sechziger Jahre hinein existiert haben. Aber ein zunehmend anderes Selbstverständnis der Frau und ein verändertes
Bild von der Rolle des Mannes haben beide Geschlechter
gleichermaßen verunsichert.

Schuldgefühle entstehen meist dann, wenn wir versuchen,

in unserer Phantasie Grenzen zu durchbrechen, obwohl wir wissen, daß die Gesellschaft unser Verhalten als unzulässig stigmatisiert. Frauen billigen ihre eigene Phantasie oft deshalb nicht, weil beispielsweise eine gespielte Unterwerfung mit realer Demütigung gleichgesetzt wird. Wichtig ist es, Intimität, Innigkeit und Zärtlichkeit einerseits und phantasievoller Überschreitung eigener sexueller und vorgegebener Grenzen andererseits eine gleichwertige Bedeutung beizumessen. Es gibt keine »typisch weibliche« oder »typisch männliche« Sexualität, sondern nur eine, die in allen Variationen von beiden Geschlechtern als befriedigend, intensiv, erregend und ekstatisch erlebt wird.

Die Entwicklung und Ausprägung einer bestimmten sexuellen Phantasie hängt von der eigenen sexuellen Entwicklung, dem sexuellen Erleben, dem persönlichen Stellenwert der Sexualität, dem Grad der Information über mögliche Formen der Sexualität und dem erlernten Rollenmuster ab.

Sowohl Männer als auch Frauen können alle Formen von Macht- und Ohnmacht-Situationen in ihre sexuellen Phantasien aufnehmen. Tabuierte Vorstellungen wie beispielsweise Inzest, Sex mit Andersrassigen, mit mehreren Personen, mit dem gleichen Geschlecht oder die imaginäre Identifikation mit einer von der Gesellschaft negativ bewerteten Figur (Prostituierte/Callboy) kommen bei beiden Geschlechtern vor. Männer sind allerdings eher bereit, sich solche Phantasien einzugestehen.

In diesem Zusammenhang müssen auch die Sexualpraktiken diskutiert werden, die sich oft ausschließlich in der Phantasie abspielen und sie sogar beherrschen, weil sie mit angenehmen Empfindungen verbunden werden, aus verschiedenen Gründen aber nicht lustvoll in die Realität umgesetzt werden. Oralverkehr etwa ist zwar nicht mehr unbedingt ein Tabu. Da es aber selten bei Frauen und Männern in der realen Situation zu einem lustvollen Oralverkehr kommt, diese Praktik dennoch von vielen als sehr stimulierend empfunden wird und zusätzlich hervorragend geeignet ist, in ein Macht-

Ohnmacht-Spiel integriert zu werden, geben sich Männer und Frauen dieser Phantasie oft während des gesamten Verkehrs hin. Dies gilt auch für Analverkehr und Geschlechtsverkehr in bestimmten Stellungen: etwa den Penis zwischen den Brüsten zu reiben.

Auch bei der schon erwähnten wichtigen vierten Funktion sexueller Phantasien besteht prinzipiell kein Unterschied zwischen Frauen und Männern. Vermeintliche Defizite werden in der Phantasie korrigiert: Größe des Penis, Festigkeit und Volumen der weiblichen Brust, Form des Pos, Hautbeschaffenheit, Behaarung (besonders beim Mann), das Gesicht, die erotisierenden Körperbewegungen und Gestik bis hin zu dem von vielen Männern vorgebrachten Wunsch nach einer Rasur der Schamhaare, um sich vorstellen zu können, mit einer ganz jungen (unschuldigen) Partnerin Sex zu haben.

Fassen wir zusammen. Sexualität ist ein dynamischer Prozeß, dessen Weiterentwicklung von Information, deren Verarbeitung und der Bereitschaft, vertrauensvoll und offen mit sich selbst und dem Partner umzugehen, abhängig ist. Jeder von uns ist selbst dafür verantwortlich, wie sich seine »sexuelle Biographie« entwickelt; sexuelles (Fehl-)Verhalten einem Sexualtrieb, anderen genetischen Programmen oder gesellschaftlichen Normen zuzuschreiben, schützt vor Kritik an der eigenen Handlungsweise und behindert die notwendige eigene Veränderung. Positive Sexualität kann so nicht entstehen. Vorurteile auszuräumen und Phantasien ohne Schuldgefühle zuzulassen, sind Voraussetzungen dafür, diese Form der Sexualität zu erleben.

Im folgenden Kapitel wird der Weg zu anderen notwendigen Veränderungen gezeigt. Offenheit, Überwindung von Ängsten, Reflexion und Verantwortungsbewußtsein innerhalb der Sexualität beeinflussen auch den außersexuellen Lebensbereich positiv. Jeder Mensch braucht Innigkeit und Intimität. Geschildert wird der Prozeß der gegenseitigen Beeinflussung von Zuneigung und Liebe einerseits und erfüllter ekstatischer Sexualität andererseits.

7. Sexualität und Angst

»Ein Erlebnis hat mich sehr stark geprägt. Ich war wohl so acht Jahre alt. Ich hörte meine Mutter nebenan ganz schrecklich schreien und stöhnen. Ich bekam furchtbare Angst, lief ins Nachbarzimmer und wollte ihr helfen. Doch es war ganz ruhig, sie lag nackt mit einem Mann im Bett. Ich wußte natürlich überhaupt nicht, was los war. Sie hat mich dann angebrüllt und rausgeschmissen. Bis heute kann ich es nicht ertragen, Frauen stöhnen zu hören. Lange Jahre habe ich selbst jeden Laut der Lust unterdrückt und auf das Stöhnen meines früheren Freundes mit Angst und sexueller Frustration reagiert. Mein eigenes Stöhnen befremdet mich selbst heute noch manchmal.«

Dieses Beispiel zeigt deutlich, wie ein früheres negatives Erlebnis Angst ausgelöst hat und das sexuelle Verhalten dauerhaft stört.

Angst ist eine Erfahrung im Leben jedes Menschen. Selbstverständlich hat sie auch eine Schutzfunktion. Die Erfahrung des Kleinkindes, daß die Berührung einer heißen Herdplatte schmerzt, läßt es eine derartige Gefahr in Zukunft vermeiden.

Oft genügt eine solche Situation, damit Kinder zukünftig auf die Warnungen ihrer Eltern hören – auch wenn eine tatsächliche Bedrohung nicht vorhanden ist. Dies gilt auch für psychische Schmerzen, die Kleinkinder und Säuglinge schon dann erleben, wenn emotionale Zuwendung fehlt oder reduziert wird.

Jedes Kind erfährt im Drang nach Bestätigung körperlicher und psychischer Bedürfnisse Einschränkungen. Und sei es nur, weil seine Bezugspersonen nicht offen und souverän genug sind, jedes Thema pro und contra darzustellen, um das Kind oder später den Jugendlichen selbständig entscheiden zu lassen, was für ihn persönlich positiv oder negativ ist, selbst auf die Gefahr hin, daß daraus der eine oder andere »Irrtum« entsteht. Mit einem Wort: Den meisten Eltern fehlt

71

es an Risikobereitschaft. In unserer Gesellschaft ist das Kind immer noch ein Objekt, dem eigene Normen und Zielvorstellungen übergestülpt werden, nicht aber ein Individuum mit dem Recht auf Andersartigkeit. Auch anderen Erwachsenen räumen wir dieses Recht auf Individualität oft nicht ein, schon gar nicht, wenn es den tabuierten Bereich der Sexualität betrifft. Darin nämlich wollen wir alle besonders »gut« sein und beargwöhnen voller Neid, Mißgunst und Angst das von der Norm Abweichende, das »Perverse«, vielleicht sogar das »Bessere« und »Intensivere«. Aus Angst und Hilflosigkeit grenzen wir es dann aus. Die beschädigte Kindheit verhindert nicht nur die Entwicklung unserer Sinnlichkeit und Sensibilität, sondern eben auch unsere sexuelle Erlebnisfähigkeit. Einem anderen Menschen trotz seiner Andersartigkeit vorurteilsfrei und entsprechend unbefangen zu begegnen, wird uns zumeist systematisch aberzogen.

Den Ballast anerzogener Normen und Ängste schleppen wir oft unser ganzes Leben mit uns herum. Sogar das *Schweigen* über sexuelle Themen übernehmen wir als Information. Spätestens aber, wenn Eltern Begriffe mit sexuellem, sinnlichem oder gefühlvollem Inhalt oder bestimmte Fragen ironisieren oder mit strafenden Blicken ahnden, um sich zu distanzieren, werden Kinder und Jugendliche Opfer der eigenen inneren Zensur. Das Thema aber bleibt geheimnisvoll, es macht unsicher, neugierig und ängstlich.

Erst mit zunehmender Reifung sind wir fähig, uns vermittelte Inhalte als richtig oder unstimmig einzuordnen, mit Hilfe neuer Information alte Gedankenkonstruktionen aufzubrechen.

Häufig reichen schon Mimik oder Tonlage des Erwachsenen aus, dem Kind oder dem Jugendlichen »Gefahr« zu signalisieren. Dennoch setzen sich Kinder bekanntlich auch über deutlich ausgesprochene Verbote hinweg, wenn sie die Gründe dafür nicht verstehen. Ein typisches Beispiel dafür ist das Kleinkind, das trotz ausdrücklicher Ermahnung in die Steckdose faßt, denn die zwei kleinen Löcher wirken gar nicht bedrohlich, und doch soll es weh tun, die Finger hinein-zustecken. Für das Verständnis des Kindes ist diese Gefahr einfach zu abstrakt. Wieviel schwerer noch fällt es dem Kind, Dinge zu unterlassen, die Spaß und Freude bereiten, etwa die angenehme Berührung dafür empfänglicher Körperpartien. Wird die spielende Hand des Säuglings (oder Kleinkindes) immer wieder von den Geschlechtsorganen weggezogen, wird er die vergnügliche Spielerei zwar irgendwann unterlas-sen, aber nur aus *Angst*.

Jeder Eingriff in die körperliche oder psychische Integrität unserer Persönlichkeit ist schmerzhaft für uns, und niemand läßt sich gern verletzen oder wirft die über einen langen Zeitraum erworbenen Verhaltensmuster und Denkstrukturen einfach über Bord, weil irgendwer sie plötzlich kritisiert. Auch dann nicht, wenn sie uns selbst als falsch erscheinen. Die einzige Möglichkeit, uns vor Verletzung zu schützen, ist Sicherheit, die Gegenspielerin der Angst. Doch wie erreicht man das?

Sicherheit bedeutet zunächst ein hohes Maß an Bestäti-gung des eigenen Tuns und Seins, wozu wiederum ein breites Denk- und Verhaltensrepertoire gehört, das wir jedoch nur mit Hilfe von entsprechend viel Information entwickeln kön-nen. Über je mehr Information wir verfügen, desto leichter können wir uns aus dem dumpfen Gefängnis widersinniger, aber festgelegter Normen befreien, die uns ja nur eine Scheinsicherheit zu geben vermögen. An einigen Beispielen möchte ich diesen wichtigen Punkt erläutern.

Für einen Mann, der aufgrund seiner Erziehung und seines Interesses Sexualität nur als physiologischen Vorgang an-sieht, genügen sicher wenige Informationen, um sich sicher und zufrieden zu fühlen: Erotische Vorstellungen und Haut-kontakt führen zu Blutfülle in den Geschlechtsorganen. Be-stimmte Nerven reagieren daraufhin noch sensitiver, und schon nach kurzem Verkehr steigt die Erregung stark an und löst einen Orgasmus aus. Dieser ganze *physiologische* Vor-gang braucht nicht länger als zwei Minuten zu dauern.

Dieser sichere Mechanismus (!) stellt leider viele Männer schon zufrieden. Der Stellenwert der Sexualität in ihrem Leben ist gering und auf gelegentliches physiologisches »Abreagieren« beschränkt. Unsicher werden diese Männer erst dann, wenn sie selbst erfahren, daß Sexualität *mehr* bedeutet, oder ihre Partnerin Wünsche äußert, weil sie besser informiert ist oder Vergleiche mit früheren Erlebnissen zieht. *Dabei ist Sexualität der Gradmesser für soziales Verhalten in einer Liebesbeziehung.* Reduzierte Sexualität, gleich, ob sie rein physiologisch ausagiert oder nur äußerst selten praktiziert wird, bedeutet in den meisten Fällen ein gravierendes seelisches Defizit und führt häufig zu emotionaler Verarmung. Dennoch genießen die Beteiligten eine vermeintliche Sicherheit in ihrer Sexualität, weil sie eben nicht erkennen (wollen), wie sehr sie von der möglichen Erfüllung psychischen und physischen Erlebens entfernt sind. Sexualität ist vielleicht sogar das einzige, was wir, völlig losgelöst von unserer Herkunft, den materiellen Gegebenheiten, unserem Intellekt und unserer Bildung, als Ausdruck unserer Gesamtpersönlichkeit erleben und selbst gestalten können, und kaum ein Bereich unseres Verhaltens spiegelt die Einstellung zu anderen Menschen und zu uns selbst so genau wider wie der sexuelle.

Als Individuen haben wir ein Recht darauf, uns Einschränkungen aufzuerlegen und Freiheiten zuzugestehen: von der Freiheit, allein oder zu zweit zu leben, Kleidung, Nahrung, Beruf und politische Meinung ganz nach unserem Gusto auszurichten, bis hin zu der Freiheit, unserem Leben (oder Siechtum) ein Ende zu setzen. Unsere individuelle Freiheit wird da fragwürdig, beziehungsweise wir mißbrauchen sie, wo die Integrität eines anderen Menschen verletzt wird. Nur wer allein auf einer Insel lebt, hat auch das Recht, emotional zu verarmen. Denn jede soziale Beziehung, jeder Kontakt zu anderen Menschen schränkt die Freiheit, uns bedingungslos zu verhalten, ein, weil wir andere Menschen mit unserer beschädigten Gefühlswelt ihrerseits beschädigen. Wenn dies schon allgemein für soziale Kontakte gilt, um wieviel mehr muß es dann für die äußerst empfindsame, »störanfällige« menschliche Sexualität gelten.

Welch hohes Risiko soziale und damit emotionale Verarmung birgt, möchte ich gern an einem Beispiel demonstrieren. Nehmen wir an, ich hätte mich enttäuscht von der Außenwelt zurückgezogen, meinen gesamten Freundeskreis aufgegeben und fristete mein Dasein mit einsamen Spaziergängen, Briefmarken, Büchern oder einem anderen Hobby, Fernsehen, ja, vielleicht noch gelegentlichen Besuchen bei einem Freund oder Verwandten. Ich merke zwar irgendwie, daß mir etwas fehlt, besonders wenn ich im Fernsehen Liebesszenen sehe, aber entweder schalte ich um auf eine Sportsendung oder gieße vor mir selbst Häme aus über Liebe, Sexualität und diese »Gefühlsduselei«. Allmählich entwickle ich mich so zu einem Eigenbrödler, ich verliere jede Kontaktfähigkeit und jedes Interesse an Menschen und an *deren* Interessen. Für meine Nachbarn bin ich schon längst ein komischer, ein wenig unheimlicher Kauz. Alles hat sich verändert: meine Mimik, mein Gang, meine »Ausstrahlung«. Ständig brüskiere ich meine Umwelt, denn ich begegne der Offenheit eines Kindes schroff, der Frage eines Ausländers nach dem richtigen Weg abweisend, den freundlichen Fragen eines Kollegen unhöflich oder gar nicht und einer Frau, die mir Ekel wider alle Logik und Wahrscheinlichkeit noch Interesse entgegenbringt, hölzern und unsensibel.

Nicht auszudenken, was ich meiner Liebsten oder Ehefrau zumute, sollte sie mich bis zu diesem Stadium meiner sozialen Verarmung ertragen haben. Und Sexualität mit mir kann eigentlich nur noch zum Abgewöhnen sein. Sexualität bedeutet *Kommunikation*; das miteinander Verständigen ohne den Zwang, vermeintliche Stärke durch typisch männliches oder typisch weibliches Rollenverhalten durchsetzen zu wollen. Entwickelt sich dagegen eine intensive, gefühlvolle und nicht von Positionskämpfen eingegrenzte Sexualität, wirkt sich dies auch auf außersexuelle Bereiche aus. Das Interesse an anderen ist so groß, daß es gar nicht auf Sex beschränkt bleiben kann. Der tägliche Kleinkram in Haushalt und Beruf gehört ebenso zum Leben einer Person wie ihr Engagement für oder gegen eine politische Richtung, ihre Begeisterung für Musik, Literatur oder Liza Minelli. Sexuell defizitäre Beziehungen sind oft von einem erschreckenden Mangel an Lust auf Kommunikation gekennzeichnet.

Sexualität hat also eine starke soziale Komponente und unterliegt mindestens der gleichen Verantwortlichkeit wie andere soziale Vorgänge auch.

Wer glaubt, er könne sich von menschlichen Kontakten (auch sexuellen) gänzlich zurückziehen oder sie auf ein »unvermeidliches« Mindestmaß beschränken, gerät in die Gefahr, seine Persönlichkeit völlig zu verbilden – von dem Verlust an Lust ganz zu schweigen. Masturbation ist dafür nur ein armseliger Ersatz.

Die häufigste »sexuelle Verantwortungslosigkeit« ist wohl das bloße Beschlafen einer Frau. Wie viele Männer und Frauen ereifern sich über ihnen fremde Sexualpraktiken oder Homosexualität und bezeichnen sie als »schweinisch« und pervers, obwohl sie selbst aufgrund ihres Phlegmas oder ihrer Duldsamkeit diesen Mißbrauch der Sexualität begehen oder zulassen. Wenn zwei Drittel der Frauen in der BRD in der Altersgruppe von 18 bis 65 Jahren angeben, mit ihrem Partner Sexualität schon gegen ihren ausdrücklichen Willen gehabt zu haben, darf man dies getrost als die häufigste Perversion bezeichnen. Angst vor körperlichem oder psychischem Druck, Liebesentzug, Untreue oder Angst vor einer Auseinandersetzung über die eigenen Beziehungsprobleme führen zum »Duldungsverhalten«, dem »Über-sich-ergehen-Lassen«, zum Beschlafenlassen. Im Bewußtsein der meisten Menschen gilt dies *nicht* als Perversion, weil sie denken, pervers sei eine Handlung nur dann, wenn sie von der Norm stark abweicht. Das Beschlafen ist meines Erachtens deshalb pervers, weil es unter psychischem oder körperlichem Druck erfolgt und sowohl der Mann (durch den Zwang) als auch die

Frau (durch die Duldung) verantwortungslos handeln. Jede von einem der Beteiligten nicht gewollte sexuelle Handlung, die von dem anderen mit Hilfe von Druck oder gar Zwang erreicht wird, stellt einen schweren, nicht zulässigen Eingriff in die Persönlichkeit eines Menschen dar und führt zu emotionaler Verstörung.

Ein weiteres Beispiel für eine solche Verstörung ist der Narzißmus. Dieser Begriff ist von dem griechischen Jüngling Narziß abgeleitet, der sich in sein eigenes Spiegelbild verliebte und an ungestillter Sehnsucht nach sich selbst starb. Übersteigerte Selbstliebe bedeutet die Unfähigkeit, andere Menschen zu lieben.

Erfahren wir in unserer frühen Kindheit nicht genügend Wärme, Aufmerksamkeit, Hautkontakt, Bestätigung und Stimulation, entwickeln wir auch unser Selbst nur ungenügend. Wir lernen nicht, unsere Stärken und Schwächen zu regulieren und anderen Menschen offen zu begegnen. Da wir selbst in der Kindheit nicht angenommen wurden, nehmen wir aus Angst vor Ablehnung nun andere nicht an. Ich-Gefühl und Selbstbewußtsein und eine kritische Annahme seines gesamten Selbst sind unverzichtbare Voraussetzungen für eine spätere gleichberechtigte Kommunikation in der Partnerschaft. Ohne sie kann sich eine Liebesfähigkeit, die diesen Namen auch verdient, gar nicht erst entwickeln.

Narzißten zimmern sich ein künstliches Gehäuse für ihr Selbst, die Wirklichkeit wird verleugnet. »Größenwahnsinnige« Selbstdarstellung, Unfähigkeit, berechtigte Kritik zu verarbeiten, mal introvertiertes, mal »rechthaberisches« Verhalten, irreale Ansprüche schaffen bewußt oder unbewußt eine unüberwindbare Distanz zu anderen. Sogar der »geliebte« Mensch läuft gegen die Mauer, hinter der sein Partner sich vor der Realität versteckt. Der narzißtisch Persönlichkeitsgestörte ignoriert Wünsche seines Partners und löst so oft Aggressionen aus, die er dann (unbewußt!) als vermeintliche Bestätigung seines Selbst interpretiert: Ihm ist ja Aufmerksamkeit geschenkt worden.

Der Narzißt ist unfähig zur Liebe; er verlangt von anderen bedingungslose Hingabe an seine Person, um sie im nächsten Moment ohne erkennbaren Grund vor den Kopf zu stoßen und so erneute Distanz zu schaffen. So steuert er seinen Beziehungspartner mit Hilfe einer perfekten Mischung aus emotionaler (oft auch materieller) Zuwendung und Gefühlskälte. Viele narzißtisch orientierte Menschen halten es für sinnvoll, insbesondere nach mehrmaligen vergeblichen Versuchen eine Beziehung einzugehen, sich ihre Bestätigung in häufig wechselnden sexuellen »Erlebnissen« ohne Gefühlsengagement (promiskues Verhalten) zu suchen oder sich einfach einen Partner zu kaufen; das heißt materielle, nicht aber emotionale Zuwendung (Kosten-Nutzen-Rechnung) prägt dann die Beziehung. Ein simpler mechanischer Austausch, der die schon kaputte Persönlichkeit des Narzißten vermeintlich nicht gefährdet.

Fast alle Menschen sind teilweise narzißtisch, bestimmte Verhaltensweisen werden von ihrer Angst, ihren Minderwertigkeitskomplexen gesteuert. Um so wichtiger ist es, Narzißmus nicht mit der legitimen Freude an der eigenen Körperlichkeit, seiner erotischen Ausstrahlung, seines Intellekts oder seiner (im besten Fall ja schließlich sorgfältig erarbeiteten) ethischen Wertvorstellung zu verwechseln. Ein Narzißt aber mißbraucht diese Möglichkeit, indem er sich selbst mit den unterschiedlichsten Scheineigenschaften schmückt, also sich besser darstellt, als er in Wirklichkeit ist. Er erdrückt und dominiert andere Menschen, es fehlt ihm an Sensibilität und Reflexionsvermögen. Er kann das eigene Verhalten nicht sozial ausrichten. Er ist ein Beziehungskrüppel, der andere nur dann braucht, wenn er sie für seine Zwecke ausnutzen kann. Kritik ignoriert er oder schmettert sie mit Hilfe ausgefeilter Rhetorik ab; hat er damit keinen Erfolg, zieht er sich lieber von Freund, Freundin oder Bekannten zurück. Das Naheliegende zu tun, nämlich sich zu ändern, würde seine instabile Persönlichkeit zu sehr gefährden.

Wenn ein Mann oder eine Frau es dagegen schafft, das

schwach ausgeprägte Selbst ihres Partners so zu stärken, daß der Betroffene seine eigenen Vor- und Nachteile realistisch einordnen und deshalb auch akzeptieren kann, entsteht aus dieser Ehrlichkeit sich selbst und dem Partner gegenüber ein fast unzerreißbares Band zwischen zwei Liebenden. Allerdings nur unter der Bedingung, daß der »Stärkere« nicht seine »Macht« mißbraucht und den anderen unterdrückt und dominiert.

Wir leben in einer emotional verarmten, narzißtischen Gesellschaft, in der die Entfremdung zwischen den einzelnen Individuen immer stärker das soziale Gefüge bestimmt, obwohl der einzelne letztlich nur lieben und geliebt werden will. Daran haben auch Zeitgeist, Yuppie-Bewußtsein und Konsumzwang nichts ändern können.

Angst ist wie Sexualität nicht instinktgebunden, sondern das Ergebnis von Erfahrungen. Angst kann also überwunden werden. Fast jedes Kind fürchtet den dunklen Keller. Gruselgeschichten vom »Schwarzen Mann« oder irgendwelchen »Geistern« machen den eigentlich harmlosen Keller zum Schreckenskabinett. In Wirklichkeit soll das Kind vielleicht nur von den Einmachgläsern ferngehalten werden!

Die Bedrohung ist nur eine scheinbare und wird später meist auch als solche erkannt. Angst ist also sowohl er- als auch verlernbar. Die Angewohnheit vieler hilfloser, bequemer oder gestreßter Eltern, ihre Kinder zur Strafe in ein dunkles Zimmer, die Abstellkammer oder den Keller zu sperren, baut dennoch irreale Ängste vor Dunkelheit und dem Allein- und Verlassensein auf, die trotz rationaler Erkenntnis oft rudimentär erhalten bleiben. Ähnliche Mechanismen aufgrund ähnlich fahrlässigen Verhaltens bestimmen leider oft auch die »Erziehung« zur Sexualität. Verklemmte und/oder denkfaule Eltern nehmen ihren Kindern die Unbefangenheit und programmieren sie systematisch auf die eigenen Ängste und Tabus. Sie wissen nicht, daß sie damit ihrem Kind die Chance nehmen, unbelastet und offen in der Jugend und als Erwachsener den in unserer Gesellschaft so wichtig gewordenen emotional-sexuellen Bereich der Persönlichkeit zu entwikkeln. In den weiter unten folgenden Erfahrungsberichten wird dies sehr deutlich.

Immer wieder wird (nicht nur von Frauen!) in Interviews oder Therapiesitzungen beklagt, daß sie selbst oder der Partner nicht fähig sind, Innigkeit und die Annahme des Gegenübers mit Worten wie »Ich liebe dich« oder anderen Zärtlichkeitsäußerungen auszudrücken. Wer Kinder gern hat und sich gefangennehmen läßt von der spontanen Neugierde und Offenheit so eines kleinen Wesens, das ständig auf der Suche nach Aufmerksamkeit und Bestätigung ist, dabei gleichermaßen verletzlich und vertrauensvoll, wird wissen, wie stark seine Resonanz auf Gefühle und Zuwendung ist. Das Kind nimmt die Streicheleinheiten, Stimmungen und auch die Bedeutung des Wortes »Ich liebe dich« als etwas Besonderes, sehr Intimes und als ganz persönliches Geschenk auf und gibt sie entsprechend zurück. Das Kind kann das Einzigartige daran noch ganz ungehemmt ausleben.

Es ist faszinierend und bedrückend zugleich, Erwachsene im Umgang mit Kindern zu beobachten: »Ach, wie goldig die Kleine ist«, heißt es da. Koseworte kommen leicht über die Lippen und sind sicher auch echt. Dieselben Erwachsenen aber gehen miteinander um, als seien Zärtlichkeit, Gefühl und Liebesbedürfnis Fremdwörter für sie. Kaum ein Paar gönnt sich auch nur einen liebevollen Händedruck. Was ist ihnen im Laufe ihres Erwachsenwerdens verlorengegangen!

In diesem Zusammenhang noch einige Bemerkungen zum Thema »Sexualität und Sprache«:

Eine ausdrucksvolle Sprache ist für die Entwicklung und das Erleben von Sexualität von nicht zu unterschätzender Bedeutung. Sie kann sowohl Nähe vermitteln als auch Distanz schaffen. Zwar ist unser Sprachvermögen angeboren; wie wir es aber in seinem ganzen Facettenreichtum optimal gebrauchen, die Wünsche, Bedürfnisse, Sehnsüchte und Phantasien in die passenden Worte kleiden, müssen wir erst erlernen.

Fast alle Kinder erfahren Wörter, die die Geschlechtsteile, den Koitus oder eine bestimmte sexuelle Ausrichtung (zum Beispiel Homosexualität) beschreiben, zunächst aus einer Art Gassenjargon, das heißt auf abwertende, verletzende und vulgäre Weise. Es gibt Hunderte solcher Ausdrücke für die Scheide (Loch, Büchse, Bumsetui, Butte, Dattel, Einfahrt, Einstiegsluke, Etui, Falle, Falte, Fickgrube, Fleischtopf, Lustschnecke, Puhlloch, Pflaume, Samendattel, Spritzdose, Stachelbeere u. v. a.), den Penis (Nille, Pumpenschwengel, Fotzenhobel, Karl der Große, Stange, Kanone, Schwanz, Johannes, Rute, Riemen, Ramme, Schlitzsprenger, Unterleibszerstörer u. v. a.) und jegliche sexuelle Handlung. Diese Wörter ziehen Sexualität ins Lächerliche oder Anstößige und würdigen damit den Partner herab. Wie sehr ihr Gebrauch die eigentlich ersehnte Nähe verhindert, ist gerade Männern oft erschreckend wenig bewußt.

Das Wort »Liebe« oder der Satz »Ich liebe dich« machen dagegen Nähe möglich, wenn sie nicht nur als Phrase geäußert werden. Oft aber kommen sie im Sprachschatz eines Paares gar nicht vor. Da verhalten sich Liebende wie Militärstrategen: Der andere soll zuerst »abrüsten«, denn man selbst will sich um keinen Preis verletzbar machen.

Die Worte allein sind jedoch Schall und Rauch, ihr Inhalt muß konform gehen mit der Fülle nonverbaler Ausdrucksmöglichkeiten, über die der Mensch erfreulicherweise ebenfalls verfügt oder die er erlernen kann. Unser Gang, unsere Gestik, der Ausdruck unserer Augen und unseres Mundes, die Art, wie wir unsere Hände bewegen, unsere Körperhaltung und vieles mehr, sagt dem Gegenüber deutlich, wie es in unserem Innern aussieht, ob wir ängstlich, verlegen, aggressiv, dominant, leidenschaftlich, sanft oder verzweifelt sind. Vor allem aber: ob unsere Worte unseren inneren Zustand Lügen strafen.

Wie aber soll ein erwachsener Mensch die Vielfalt an Gefühlen ausdrücken können, wenn er im Elternhaus kein entsprechendes Vorbild hatte? Wem als Kind nur die sattsam bekannten deutschen Tugenden Vernunft, Disziplin, Ordnung und Korrektheit eingebleut wurden, dessen Gefühlswelt und Sprachphantasie verkümmern. Darüber hinaus schließen diese »Tugenden« mit ihrer unterkühlten Atmosphäre ein ungezwungenes Verhältnis zum Körper (Nacktheit) aus.

Enttäuschte und Frustrierte leben oft in einem Gefängnis bloß mechanistischer Wertesysteme, aus dem sie auch ihr Kind um keinen Preis entlassen wollen, geschweige denn, es ermutigen, aus diesen Mauern auszubrechen. Sie fühlen sich als lebenslängliches Opfer ihrer ehelichen Pflichten (!). Alles, was lustbetont, unbefangen ist oder irgendwelche verinnerlichten Normen sprengt, wird herabgesetzt oder tabuiert. Und im verstärkten Maß gilt dies für Sexualität. Töchter und Söhne werden jeweils vor hinterlistigen Männern und Frauen gewarnt. Jede Drohung aus der Requisitenkiste der Disziplinierungsmaßnahmen kommt da gerade recht: ungewollte Schwangerschaft, Geschlechtskrankheiten, zerstörte Berufskarrieren, frühzeitige Impotenz und last not least: das Gerede der Nachbarn. Das Bild des anderen Geschlechts wird in schwärzesten Farben gemalt, so, als sei jeder Mann ein potentieller Vergewaltiger und jede Frau nur darauf bedacht, den Sohn zu verführen, ihm ein Kind »anzuhängen«, um an sein Geld zu kommen. Gerade jungen Männern werden häufig sehr subtil die Ideale einer beruflichen Karriere eingeimpft, bei der allein schon aus Zeitgründen eine zu intensive Beschäftigung mit Gefühlen und einer Frau als nicht sinnvoll dargestellt werden.

Die emotional unbefriedigende Ehe der Eltern wirkt auf die heranwachsenden Kinder wie eine materielle Zweckgemeinschaft, in der Lust und Freude oft geradezu verpönt sind. Viele Eltern halten es offenbar für ihre unbestreitbare Aufgabe, ihr Kind in jeder Hinsicht zu lenken und zu dirigieren. Hinter der Fassade der »heilen«, anständigen, erfolgreichen und »glücklichen« Familie verbergen sich oft Eltern, die selbst unsichere, einsame und unglückliche Menschen sind und ihre armseligen, selbstgebastelten, phantasielosen »Wertvorstellungen« für über jede noch so sinnvolle Kritik erhaben halten. Eigener Wille und ein reiches, nicht von irgendwelchen Normen zugerichtetes Gefühlsleben sind ihnen ein Graus. Arme Kinder!

Als Kinder passen wir unser Handeln den Richtwerten unserer Eltern und unserer Umwelt an, wir versuchen, ihre Erwartungen um jeden Preis zu erfüllen, denn ohne ihre Anerkennung wollen wir nicht leben. Nur macht uns unsere kindliche Spontaneität häufig einen Strich durch die Rechnung, die uns dann prompt in wenig einfühlsamer Weise von unseren Eltern aufgemacht wird: »Du Nichtsnutz«, »Wir müssen dich durchfüttern«; »Nimm' dir ein Beispiel an deiner Schwester«, solche und schlimmere Vorwürfe bekommen wir als Quittung für unser »Fehlverhalten« präsentiert. Und diese Hypothek schleppen viele von uns noch als Erwachsene mit sich herum, inklusive einer entsprechend verzerrten Wahrnehmung! Schlimm daran ist, daß wir unseren Eltern daraus kaum einen Vorwurf machen können. In den meisten Fällen haben sie es nicht besser gewußt. Sie haben nur unser Bestes gewollt... und leider haben wir es ihnen gegeben. Das Gute daran ist, daß wir dank besserer Information erkennen können, was man mit uns angestellt hat – und uns dementsprechend verändern. So können uns die »vernünftigen« Argumente aus der Kinderzeit später doch noch zum Vorteil gereichen.

In unserem Bewußtsein spielen die gesellschaftlichen Veränderungen der letzten 40 Jahre meist nur eine geringe Rolle, so daß wir kaum das Verständnis entwickeln können, warum wir so und nicht anders erzogen wurden. Seit den fünfziger Jahren hat in den westlichen Industrieländern, besonders aber in der Bundesrepublik, die Freizeit kontinuierlich zugenommen. Wir haben uns von einer Arbeits- zu einer Freizeitgesellschaft entwickelt, ohne gelernt zu haben, diese Freiräume sinn- und lustvoll zu gestalten.

Auch unsere gesellschaftliche Ordnung, der demokratische Rechtsstaat, ist jung. Die konservativen Wertesysteme, prägend für den »staatstragenden« Mittelstand und das Bürgertum, sind in der Freizeitgesellschaft nicht mehr in dem Maße sinnvoll, denn Fleiß, Pflichtbewußtsein und das Hintanstellen der eigenen Wünsche und Bedürfnisse haben für die heutigen Generationen nicht mehr dieselbe Bedeutung. Müßiggang ist nicht mehr aller Laster Anfang, wenn er dazu genutzt wird, die persönliche Gefühlswelt zu vertiefen. Der Vorstellung, das Leben müsse überwiegend mit Arbeit ausgefüllt werden, stehen die vielfältigen Möglichkeiten der Freizeitgestaltung entgegen. Auch unseren Liebespartner wählen wir nicht mehr primär nach den Kriterien einer Zweckgemeinschaft, zu denen etwa Strebsamkeit oder materielle Sicherheit gehören. Anders ausgedrückt: Die Palette wünschenswerter Eigenschaften ist neu bestückt worden. Man will gemeinsam Emotionalität, Kreativität und Sexualität neu entdecken und genießen. Charme, Esprit und Charisma sind gefragt. Wir haben heute also die Chance, *Liebes*beziehungen einzugehen.

Zu den wichtigsten Veränderungen einer Gesellschaft, die sich von einer Arbeits- zu einer Freizeitgesellschaft entwickelt hat, gehört auch der grundlegende Wandel in der Einstellung zur Sexualität. Die Generation unserer Eltern und Großeltern litt nicht nur unter wenig Information und moralisch-religiösen Skrupeln, sondern auch unter einem Mangel an Freizeit und Muße, die nun einmal Voraussetzung für intensives Erleben sind. Der Stellenwert der Sexualität und des gesamten Gefühlsbereichs muß nicht mehr hinter die Erfordernisse von Arbeit und Kindererziehung zurücktreten. Das Dilemma unserer und wohl auch der nachfolgenden Generationen besteht nun darin, daß wir noch in dem alten Wertesystem unserer Eltern erzogen sind, in dem Sexualität eine untergeordnete Rolle spielte, ja, bis zu einem gewissen Grade verpönt war. Dieses Wertesystem aber ist für das Leben der Jüngeren untauglich und steht in völligem Gegensatz zu dem, was uns Werbung, Filme, Talkshows, Bücher und andere Medien anbieten, die fortwährend eine »Zeitgeist«-Sexualität predigen. Selbst, wenn wir der Liebe in unserem eigenen Leben einen viel wichtigeren Platz einräumen wollen, als unsere (Groß-) Eltern es mit der obligatorischen Zwei-Minuten-Sexualität getan haben, bleibt die Schwierigkeit, wie wir sie füllen und erleben sollen, wenn wir von unseren Eltern weder eine positive Einstellung zu Nacktheit und zu unserem Körper noch zu Emotionen und Zärtlichkeit, zu Gesprächen über Sexualität, über unsere Stärken und Schwächen, zu einem konstruktiven Streit und zu Toleranz vermittelt bekommen haben. Die folgenden drei Beispiele illustrieren die Folgen problematischer Erziehung für die Entwicklung der Kinder – Eltern entlassen sie beschädigt in die Welt der Erwachsenen:

Angela, 25 Jahre alt: »Ich bin in einem streng katholischen Elternhaus aufgewachsen. Ich erinnere mich daran, daß ich als sechsjähriges Mädchen zu Hause in dem elterlichen Schlafzimmer vor dem großen Spiegel saß und mich betrachtet habe. Ich habe mich langsam ausgezogen und dann in allen Einzelheiten begutachtet. Dabei ertappte mich meine Mutter. Sie reagierte wie von Sinnen, schrie mich an, ich sei vom Teufel besessen, denn auf keinen Fall dürfe man sich nackt im Spiegel betrachten, da dies eine der größten Sünden sei. Alle drei Wochen mußten wir am Samstag zur Beichte, und meine Mutter befahl mir, meine große Sünde der Unkeuschheit dem Pfarrer mitzuteilen. Zuvor hatte sie mir schon eine kräftige Tracht Prügel verabreicht. Um mir darüber hinaus noch einen ordentlichen Schrecken einzujagen, erzählte sie mir von Verwandten, die auch unkeusch gewesen wären und die Gott zur Strafe zu Krüppeln gemacht hätte. Aus Angst, auch vor Liebesverlust, glaubte ich meiner Mutter, zumal ich ja auch dem Pfarrer meinen ›Frevel‹ beichten mußte. Der hatte daraufhin die Bibel zitiert und mir die größten Vorwürfe gemacht, weil ich mich vom Teufel hatte in Versuchung führen lassen. Heute, mit 25 Jahren, habe ich immer noch mit der Angst aus der Kindheit zu kämpfen. Ich glaube zwar nicht gerade, ein Krüppel zu werden. Aber wenn ich einen Mann kennenlerne, der mir gefällt, erlischt meine Erregung und Vorfreude in dem Moment, in dem ich beginne, mich auszuziehen. Obwohl ich einen schönen Körper habe, sexuell recht hemmungslos sein kann und Küssen, Streicheln und Körperkontakt mich sehr begehrlich machen, bin ich richtig blockiert, sobald ich mich einem Mann nackt zeige. Ich verliere einfach die Lust, ganz im Gegensatz zu meinem Partner, der in dem Moment vor Geilheit fast zerspringt. In dieser Situation will ich seine Lust nicht zerstören und ihm nicht meinen ganzen sexuellen Frust aufbürden. Also lasse ich ihn machen, befriedige ihn, indem ich einfach hinhalte, mit rein technischer Sexualität. Ich spiele ihm etwas vor und bleibe mit meinen Problemen allein.«

Michael, 29 Jahre alt: »Ich denke, daß man ein Kind wie eine Pflanze behandeln muß. Man umgibt sie mit einem Boden, der sie wachsen und gedeihen läßt. Ganz bestimmt schneidet man ihr nicht die ersten zarten Triebe ab. Meine Eltern haben mich wohl eher mit einem Klumpen Ton verwechselt, den sie nach ihren Vorstellungen formen wollten. Und das haben sie auch getan.

Sie haben mir nur dann Zuwendung und Aufmerksamkeit geschenkt, wenn ich in ihrem Sinne funktioniert und ihr Weltbild bestätigt habe. Meine emotionalen Probleme und meine manchmal gänzlich anderen Denkansätze fielen aus dem Rahmen dieses Weltbildes. Da wurden mir dann Bestätigung und Anerkennung versagt. Leistung war nur, was ihren Wertmaßstäben entsprach. Leistungen auf persönlicher Ebene, die sich nicht irgendwann materiell auszahlten, wurden als überflüssig, gelegentlich sogar als Zeitverschwendung verurteilt. Meine Eltern haben mir ihre Gefühle, inneren Ängste und Unsicherheiten, ihre Probleme miteinander und ihre Suche nach Liebe immer verborgen. Sie fallen sich oft ins Wort, und ich habe selten das Gefühl von Harmonie zwischen ihnen. Ich weiß, daß es hart klingt, und ich wünschte es mir anders, aber ich habe den Eindruck, daß die Ehe meiner Eltern ein reines Arrangement ist und nicht eine offene Liebesbeziehung zweier einander als gleichwertig akzeptierender Menschen. Ständig herrscht Kleinkrieg, der keinem von beiden das bringt, was er tatsächlich möchte. Mein Vater ist beruflich sehr gefordert und hat – das sehe ich auch positiv – unbestrittenen Erfolg. Nur fühlt meine Mutter sich ständig vernachlässigt und zurückgesetzt. Auch wenn sie das nicht zugibt. Sie behauptet, sie sei glücklich. Und das möchte ich auch gern glauben, aber es fällt mir schwer. Die ganze Atmosphäre zwischen meinen Eltern ist unterkühlt und selten herzlich. Kaum passiert jemals etwas spontan. Was mir aber am meisten weh tut ist, daß ich mich nicht erinnern kann, meine Mutter jemals lachen gesehen zu haben. Mir selbst sind viele Bereiche ihres Gefühlslebens, Einsamkeit, Beziehungsprobleme, fehlende Bestätigung und mangelndes gegenseitiges Vertrauen, von meinen Eltern verschwiegen oder verheimlicht worden. Es gab nie Streit zwischen meinen Eltern und keine Verzweiflungsausbrüche. Sie schienen nie ratlos zu sein, ganz im Gegensatz zu mir und Menschen, die ich sonst kenne. Meinen Eltern waren solche Gefühle natürlich nur nach außen fremd, und so konnten sie mir auch keine Lösungsmöglichkeiten anbieten. Meine emotionalen Schwierigkeiten wurden mit dem Hinweis auf problemfreie Bereiche abgetan und ignoriert, zumindest habe ich das so empfunden.

Meine Eltern haben an mir meist nur die Gedanken, Meinungen und Verhaltensweisen wahrgenommen, die ihnen wichtig waren. Gefühle gehörten nicht dazu. Ich glaube, meine Eltern haben sich ein Wertesystem zurechtgezimmert, das auf der in der Nachkriegsgeneration weit verbreiteten Ansicht beruht, materieller Wohlstand sei die entscheidende Grundlage für Glück und Zufriedenheit. Und ich habe deshalb als Kind und Jugendlicher Wohlstand erlebt und ihn auch genossen, aber ich war nicht glücklich. Ich wollte immer geliebt werden, Aufmerksamkeit und Zärtlichkeit empfangen. Auch wollte ich mit all meinen Eigenschaften akzeptiert werden.

An meiner Freundin habe ich in den Jahren, die wir uns kennen, viele ihrer Hoffnungen und ihrer optimistischen Denkansätze schätzen gelernt. Ich habe ihren Gefühlsreichtum und ihre außergewöhnliche Liebesfähigkeit erfahren, ihre Unabhängigkeit von materiellen Dingen. Sie respektiert mich als Mensch, mein Bemühen, auf sie einzugehen, sie einerseits konstruktiv zu kritisieren, andererseits aber ihre Individualität, ihr Anderssein zu achten und Freude daran zu empfinden. Genau das habe ich mir von meinen Eltern immer gewünscht. Warum können mich meine Eltern nicht so mögen, wie ich bin, mit anderen Gedanken und Gefühlen, als sie sie haben, aber mit einem selbstverständlich zugestandenen Recht darauf? Warum gilt für sie nur materieller Erfolg?«

Petra, 34 Jahre alt: »Als Kind habe ich mich immer einsam gefühlt. Meine Vorstellung von Liebe war, daß ein anderer Mensch durch meine Einsamkeit zu mir durchdringt. Richtige Geborgenheit und körperliche Zuwendung habe ich als Kind nicht bekommen. Nie hat mir jemand den Kopf gestreichelt. Wurde ich mal umarmt, dann geschah das eher kumpelhaft und kameradschaftlich oder ich erhielt einen Knuff, nie aber eine wirklich innige Berührung. Meine Mutter konnte wohl nicht viel mit mir anfangen, ich war ihr zu ruhig, zu introvertiert, zu unbequem. Einfach, weil ich anders war. Abends beim Schlafengehen hat sie meinen Bruder gestreichelt, mit ihm gelacht und gespielt, mir wurde nur ›Gute Nacht‹ gesagt. Um Liebe und Anerkennung zu bekommen, habe ich oft bei Familienfeiern den Abwasch ganz allein gemacht, aber auch das führte nicht zu der ersehnten Bestätigung.

Meine Oma dagegen mochte mich sehr, und ich fühlte mich von ihr geliebt: ›Aus dir wird was, du machst das richtig, und du bist lieb und ein guter Mensch.‹ Die Beziehung meiner Eltern ist nach meiner Ansicht nicht gerade partnerschaftlich. Meine Mutter war sehr dominant, schrie oft, bis ihre Stimme sich überschlug, und hatte meinen Vater voll unter dem Pantoffel. Ich bin mir nicht sicher, aber manchmal glaube ich, daß mein Vater sich gegenüber meiner Mutter nicht getraut hat, mir Zuneigung und Liebe zu zeigen. Vielleicht aber hat er einfach nie gelernt, Liebe mit entsprechenden Worten auszudrücken. Ich bekam einen ziemlich großen Busen und wurde deshalb mit Begriffen wie ›Seekuh‹ oder ›südvietnamesisches Hängebauchschwein‹ belegt, andere ›Kosenamen‹ waren ›Schmieruela‹ und ›Brunhilde‹. Ich war damals davon sehr verletzt und fühle mich bis heute in meinem Selbstbewußtsein eingeschränkt. Obwohl ich später als hochbezahltes Fotomodell gearbeitet und tagtäglich anerkennende Blicke von Männern und bewundernde Reaktionen von Frauen geerntet habe, empfinde ich bis heute Unsicherheit und weiß nicht, ob ich in Wirklichkeit so gut aussehe oder mir das nur einbilde. Ich vergleiche mich mit den Werbeschönheiten, obwohl doch gerade ich wissen müßte, wieviel von Schminke, richtiger Beleuchtung und der Wahl der Photolinse und ähnlichem abhängig ist.

In der Pubertät habe ich mich zum ersten Mal von einem anderen Menschen angenommen gefühlt. Ich liebte meine Schulfreundin Ursel. Früher war meine Vorstellung von Liebe mit der von Unendlichkeit verbunden. Ich malte mir aus, einen Mann zu treffen, die ganz große Liebe, mit der ich auf ewig zusammenbleiben würde. Ich konnte nicht verstehen, daß Partner sich unterschiedlich entwickeln und sich auseinanderleben. Heute habe ich begriffen, daß, um lieben zu können, ich mich zunächst selbst lieben muß. Daß ich mich nicht anpassen, sondern meine Individualität anerkennen muß – mit allen Stärken und Schwächen. Allerdings weiß ich oft nicht, ob ich nicht Bestätigung anstatt Liebe suche. Aber ich liebe heute. Und ich hoffe, daß ich morgen anders lieben werde. Ich habe immer noch das romantische Ideal von einer Liebe im Kopf, in der ich für einen Mann einzigartig bin, nicht austauschbar, exklusiv, und daß der Mann um meine Liebe kämpft. Aber ich habe auch Liebe erfahren, die ganz anders ist.   .

Heute gehe ich davon aus, daß jeder dem anderen sein Ich läßt, seine Freunde und seine Freiräume, ohne daß dies als Angriff auf die eigene Person oder Liebesentzug gewertet wird. Liebe ist für mich wie ein Weg, den man allein weitergehen könnte, aber man hat Spaß und Freude daran, ihn gemeinsam weiterzugehen. Auch wenn der Weg sich aufgrund veränderter Lebensumstände und unterschiedlicher Interessen teilen sollte und beide Partner in unterschiedliche Richtungen gehen, ist zwar die Beziehung vielleicht brüchiger, die Gefühle aber bleiben. Vielleicht stört mich von nun an manches, aber ich liebe immer noch den Kern des anderen, den ich hinter seinem Rollenspiel und seinen Ängsten entdecken durfte.«

Gerade das letzte Beispiel zeigt, daß eine intakte Gefühlswelt auch dann aufgebaut werden kann, wenn die kindliche Persönlichkeit systematisch unterdrückt wurde. Beschädigungen in der Kindheit können zu emotionaler Verarmung führen und zu einer Reduzierung auf physiologische Sexualität, sie müssen es aber nicht, denn als Erwachsene haben wir die Möglichkeit, unsere Ängste und Unsicherheiten mit objektiver Information und größerer Offenheit auf sexuellem Gebiet zu bekämpfen. Wir können damit auch den Stellenwert der Sexualität in unserem Leben bestimmen und eine bewußte positive Sexualität entwickeln. Stimulierung durch Streicheln, Mund und Zunge und der Geschlechtsverkehr selbst rufen Erregung und angenehme Gefühle hervor; dagegen kann intensivste, sich immer weiter steigernde Ekstase und Wollust nur erreicht werden, wenn Bewußtsein und Phantasie beteiligt sind. Dazu müssen wir aber zunächst Vorurteile und falsche Annahmen über uns selbst und unsere Sexualität aufgeben.

In uns kämpfen immer mindestens zwei Persönlichkeitsbilder. Jenes, das versucht, sich den Anforderungen der Umwelt anzupassen, und jenes, das unserem eigenen Ich-Ideal entspricht. Das nächste Kapitel beschreibt – ohne Anspruch auf Vollständigkeit –, wie sehr Vorurteile und mangelnde Differenzierungen uns in unserer Gefühlswelt einschränken. Um bewußte positive Sexualität zu erleben, müssen wir unsere Vorstellungen von manchem Ballast entrümpeln und die liebgewordenen und naiven Gedanken ad acta legen, die uns manche sogenannte wissenschaftliche Untersuchungen als Dogma aufzwingen wollen.

Mit einigen Zeilen zu Wort kommen soll die heute 30jährige Elke, die durchweg eine positive Einstellung zur Sexualität entwickelt hat, aber oft an mangelnder männlicher Sensibilität gescheitert ist. Sie hatte keineswegs »perfekte«, aber liebevolle Eltern mit einer bejahenden Einstellung zu Gefühlen und Sexualität. Ich glaube, treffender kann man es nicht formulieren.

»Ich würde von mir nicht behaupten, eine hervorragende Geliebte zu sein. Es ist nur so, daß ich, wenn ich Vertrauen gefaßt habe, richtig hemmungslos bin, weil ich Sexualität nie schamhaft erlebt habe. Zu Hause liefen meine Eltern immer nackt rum, und es gab nie ein böses Wort, wenn ich bei ihnen mal hereinplatzte. Vieles könnte ich den beiden vorwerfen, aber verklemmt haben sie mich ganz bestimmt nicht erzogen. Ich werde nie vergessen, wie zart und einfühlsam mich mein Vater aufgeklärt hat. Damals war ich acht oder neun Jahre alt, und wir saßen beide nackt auf dem Bettrand. Mein Vater demonstrierte (nicht falsch verstehen, mir fällt kein anderes Wort ein) an sich und an mir, wie alles zu benennen sei und wie es funktionierte. Er hat das alles eigentlich so en passant erzählt, nebenher haben wir uns auch über andere Dinge unterhalten. Aber es beeindruckte mich schwer, wie mein Vater erzählte, daß Penis und Vagina auch noch zu etwas anderem da waren als nur zum Pinkeln. Und ich glaube auch, daß er mir dabei deutlich gemacht hat, daß Sexualität etwas mit Gefühlen, Liebe und Phantasie zu tun hatte, daß sie untrennbar miteinander verbunden sind.«

Am Ende dieses Kapitels folgt der Bericht von Stefanie, in der Werbung tätig. Im Gegensatz zu Elke nämlich, zeigt er, wie das *Erleben* eine Verbindung zwischen Theorie und Praxis knüpft.

»Eigentlich hatte ich immer eine unverkrampfte Einstellung zur Sexualität. Alle Fragen, die ich als Kind danach stellte, wurden genauso selbstverständlich beantwortet wie jede andere Frage auch. Bis ich zehn Jahre alt war, wußte ich überhaupt nicht, daß Sexualität für viele Menschen ein Tabuthema ist.

Ein ›Aufklärungsgespräch‹ war in meinem Fall überflüssig. Schon als Kleinkind wußte ich, woher die Babys kamen, daß Mama schöne Unterwäsche anzieht, um Papa abends zu gefallen, usw. Meine Eltern hatten auch keine Probleme damit, sich nackt vor uns zu zeigen, und ich wurde immer zusammen mit meinen drei Brüdern in einer großen Badewanne abgeschrubbt. Sie taten mir leid, weil sie ›untenrum‹ so empfindlich waren und es ihnen weh tat, wenn meine Mutter ihnen beim Waschen die Vorhaut zurückschob. (Himmel noch mal, Mütter aller Länder vereinigt euch und laßt eure Söhne beschneiden, wenn ihr sie liebt! Es ist hygienischer und sieht schöner aus! Diese unbeschnittenen Tütenschwänze sind schon saumäßig ungeil.)

Bewußte sexuelle Empfindungen hatte ich, glaube ich, erst mit dreizehn. Ich las in Simone de Beauvoirs ›Memoiren einer Tochter aus gutem Hause‹, wie sie beim Barrenturnen so ein angenehmes warmes Gefühl zwischen den Beinen hatte, sobald sie sich auf der Stange bewegte. Ich begann, mich für meinen Körper zu interessieren. Im Gegensatz zu den anderen Mädchen in meiner Klasse, die alle älter waren, hatte ich noch keine Menstruation und kaum Busen. Es war die Zeit, in der wir alle anfingen, uns schweinische Witze zu erzählen. Eines Tages wurde das Buch ›Emanuelle‹ in der Klasse herumgereicht. Jede war wild darauf. Wir verbargen es in einem hübschen harmlosen Hochglanzumschlag mit der Aufschrift ›Vorwärts Balto – Die Erlebnisse eines Schlittenhundes‹. Wir lasen uns daraus vor, übergingen aber natürlich die endlosen philosophischen Teile und hielten uns allein an die Sexszenen. Ich war sehr beeindruckt.

Nachts versuchte ich zu masturbieren, es war sehr schön, sehr angenehm, aber bis zu meinem ersten Orgasmus sollten noch sechs Jahre vergehen.

Gern stellte ich mir vor, wie ich gefesselt und vergewaltigt wurde, ausgepeitscht u. ä., um danach von meinem Peiniger mit Zärtlichkeiten überschüttet zu werden. In der Realität wurde ich von meinen Eltern und zeitweise auch von meinem großen Bruder oft brutal geprügelt, manchmal richtig zusammengeschlagen. Es war grauenvoll, ich wollte nicht mehr leben.

Wenn ich im Film sehe, wie jemand geschlagen wird, fang' ich an zu zittern, und mir wird speiübel. Brutalität in der Wirklichkeit versetzt mich in haltlose Wut. Wenn ich geschlagen wurde, steckte immer Haß und Aggression dahinter, man wollte mich physisch verletzen, in manchen Augenblicken hatte ich das Gefühl, Opfer richtiger Vernichtungsgefühle zu sein. Der Schmerz war nicht einmal das Schlimmste daran, obwohl er manchmal in Kopf und Körper zu explodieren schien und ich einer Ohnmacht nahe war. Wenn ich das hier niederschreibe, überfällt mich panische Angst und hilflose Trauer. Der Schock, daß da ein Mensch über mich gebeugt ist (Vater/Mutter/Bruder), den man doch eigentlich liebhat und der einen eigentlich auch lieben müßte, statt dessen aber gnadenlos Haß, Aggression und Frustration an mir austobt, ist in der Erinnerung noch so lebendig, als hätte ich es eben erst erlebt. Sich diese Emotionen deutlich zu machen, verursacht mehr Verzweiflung als der Gedanke an alle Tritte, Schläge und andere Roheiten: Man wird durch das Zimmer geschleudert und versucht dabei Gesicht, Nase, Zähne, Brüste und Unterleib vor den Gewaltausbrüchen zu schützen, vor den Augen zerplatzen tausend Sterne, alles dreht sich, und wenn man etwas sieht, dann ein haßverzerrtes Gesicht und mächtige, unerbittliche Fäuste. Und unabhängig von allen äußeren

Verletzungen, ausgerissenen Haarbüscheln, gequetschten Brüsten, wackelnden Zähnen, roten Handabdrücken am ganzen Körper, spürt man, wie ganz tief in einem etwas zerreißt, das vielleicht nie mehr heilen wird. Mit 15 Jahren war ich zweimal das Opfer von Vergewaltigungsversuchen. Doch wäre ich lieber gestorben oder hätte getötet, als mich anfassen zu lassen. Das haben die Männer offenbar gemerkt und es vorgezogen zu verzichten. Jungen beachteten mich nicht sonderlich. Ich galt als kratzbürstige kleine Brillenschlange (beziehungsweise ich dachte, ich würde dafür gehalten, und benahm mich entsprechend!). Auf Parties war ich das Mauerblümchen; niemand tanzte mit mir, ich hatte nie eine romantische Teenagerfreundschaft mit Händchenhalten, Rumknutschen, Spazierengehen usw. Mein Gott, war ich neidisch und frustriert.

Jahre später erzählte mir ein Junge, daß seine Mitschüler und er sich durchaus für mich interessierten, sich aber niemand so recht an mich rantraute, weil ich so abweisend war. Mist, wieviel Glück hatte ich verpaßt. Mir blieben nur meine Phantasien.

Als ich 18 Jahre alt war, begegnete ich Konrad, damals 102 Kilo schwer, 14 Jahre älter als ich, Liedermacher und selbsternannter ›größter lebender Dichter Deutschlands‹ (Originalzitat). Ich beschloß spontan, daß er mich entjungfern sollte. Ich fand ihn faszinierend – und auch die Tatsache, daß er sich für mich interessierte, obwohl er doch genügend andere Frauen haben konnte. Wegen seiner sexuellen Erfahrung vertraute ich auch darauf, daß mein erstes Erlebnis nicht traumatisch für mich sein würde. (Meine Freundinnen wußten erschreckende Geschichten zu erzählen.) Nun ja, die Tatsache, daß ein Mann alles fickt, was ihm zwischen die Beine gerät, ist offenbar noch lange keine Garantie dafür, daß er das auch wirklich kann. Meine Entjungferung war ganz o. k., ich war nach über fünf Jahren Wartezeit so geil darauf, daß wahrscheinlich auch der unsensibelste Trottel eine halbwegs passable Figur dabei gemacht hätte. Doch ich will nicht ungerecht sein. Zum ersten Mal in meinem Leben wurde ich geleckt, und ich fand das wundervoll. Ansonsten war der Sex mit Konrad beschissen. Ich als Mensch interessierte ihn überhaupt nicht. Alles lief immer nach demselben Schema ab. Einige Stunden erging er sich in Selbstbeweihräucherung (zitierte aus seinen Büchern und sang seine neuesten Kompositionen vor), und dann rammelte er sich einen ab. Stöhnte tierisch, der Schweiß lief immer in richtigen Bächen an seinem fetten Körper runter, überhaupt sah er nackt aus wie ein vollgeschissener Strumpf. Was, oder ob überhaupt was mit mir vorging, interessierte ihn offensichtlich wenig. Im Zustand höchster Erregung fing er dann immer an, mich zu würgen und ins Gesicht zu schlagen. Später erwähnte er mal so ganz beiläufig, daß Frauen, wenn man sie erwürgt, kurz bevor sie tot sind, einen Superorgasmus bekommen. So, so. Ich fand's total ungeil und litt Todesangst.

Eigentlich schlief er gar nicht mit mir, sondern befriedigte sich selbst und fand sich wahnsinnig toll dabei. Merkwürdigerweise wehrte ich mich nie, sondern verdrängte immer sofort, was gerade geschehen war. Ich fand es schrecklich. Seelische Grausamkeit nennt man das wohl, und die beschränkte sich keineswegs aufs Bett. Nach einem Jahr war ich am Ende.

Dazu kamen Terror und Schläge zu Hause. Ich sah aus wie eine heroinsüchtige Ausreißerin, und innerlich war ich genauso verwahrlost. Ich wäre eine erstklassige Besetzung für ›Wir Kinder vom Bahnhof Zoo‹ gewesen. Dennoch gab ich nicht auf. Meine Erfahrung mit Konrad konnte nicht das sein, was Liebe und Sexualität bedeuten.

In dieser Zeit hatte ich einen kurzen One-night-Stand mit einem 23 Jahre älteren Mann, der ausgesprochen kuschelig und zärtlich mit mir war, sich dann aber, als er erkannte, wie problemzerfressen ich war, völlig von mir distanzierte.

Es mußte doch einen Mann geben, der hinter diese kaputte Fassade schauen konnte und wollte, der bereit war, mir eine Chance zu geben.

Es gab ihn, oder zumindest glaubte ich, ihn gefunden zu haben. Mit fast 20 Jahren begegnete ich Rolf, 17 Jahre älter, 175 cm groß, Typ Jack Nicholson, interessant, aufregend, witzig, charmant und . . . heiß umschwärmt. Er wurde meine erste große Liebe. Ich kam mir vor wie Eliza Doolittle. Und ich lernte nicht nur, wie ich einen großen Schwanz gut blasen mußte, sondern beispielsweise auch, wie man manierlich mit Messer und Gabel ißt, was mir übrigens wesentlich mehr Schwierigkeiten bereitete. Zum ersten Mal in meinem Leben liebte ich und wurde wiedergeliebt. Da grabschten nicht irgendwelche Hände nach meinen Titten, sondern die Hände des Mannes, den ich liebte, der mich liebte. Er hatte wahnsinnig viel Freude daran, mich zu lecken, und ich bekam dabei den ersten Orgasmus meines Lebens.

Sex mit Rolf war sehr toll, eine perfekte Mischung aus Zärtlichkeit und gespielter ›Brutalität‹. So leckte er mich bis kurz vor dem oder während des Orgasmus, packte mich dann plötzlich, drehte mich um, schlug mir auf den Hintern und fickte mich ›brutal‹ von hinten – bis ich völlig außer Atem war, packte mich dann wieder und rammte mir seinen großen geilen beschnittenen Schwanz in den Mund, bis ich fast erstickte.

Es war tierisch geil, ihm einen zu blasen und seinen Schwanz immer noch tiefer reinzunehmen. Und ich liebte es, wenn er mir dann seinen warmen Samen über das ganze Gesicht oder in den Mund spritzte, vor allem, wenn ich dabei in den Spiegel sah. Wir nannten das immer ›den Werwolf spielen‹.

Im nachhinein fällt mir auf, daß er immer den dominanten Part hatte, aber damals störte mich das überhaupt nicht.

Ich glaube, daß mich die drei Jahre, die wir zusammen waren, sehr geprägt haben. Er war so unverkrampft und voll positiver Energie, und wir haben auch heute noch ein sehr vertrauensvolles Verhältnis zueinander.

Aber er litt leider auch unter einer Neurose. Er glaubte, ständig andere Frauen zu brauchen. Das hatte er mir auch gleich am Anfang erzählt und mich gefragt, ob ich mir wirklich mit meinen 19 Jahren zutrauen würde, so etwas zu verkraften. Er könne sich in seinem Alter nicht mehr ändern. Also müßte ich mich anpassen. (Scheißargumentation! Jeder Mensch kann sich jederzeit ändern!)

Zwei Jahre ging das auch recht gut. Ich hatte ein unvorstellbares Defizit an Liebe, Zärtlichkeit, Geborgenheit, Verständnis. Und er gab mir all dies im Überfluß. Ich hatte und habe absolutes Vertrauen in ihn, und umgekehrt ist es genauso.

Nach zwei Jahren ließ sein sexuelles Interesse an mir nach, obwohl er nach wie vor sehr zärtlich zu mir war. Ich weiß nicht mehr, was Ursache und was Wirkung war, jedenfalls fing das Rumgeficke mit den anderen Frauen an, mich zu nerven. Ich stritt mich häufig mit ihm. Nun ja, keifende Frauen sind wohl nicht sehr attraktiv.

Er war unglücklich, weil ich unglücklich war. Ich wurde immer unzufriedener. Da saß ich nun in meiner Villa mit Park und hatte das Gefühl, daß das Leben an mir vorbeiging, während ich zuhörte, wie mein Freund mit anderen Frauen fickte. Jeder Lustschrei gab mir einen Stich ins Herz.

Dann traf ich Hans, damals 30 Jahre alt, einen jener Männer, denen es gar nicht wirklich Spaß macht, mit einer Frau zu schlafen. Ein verkrampfter Typ, ständig von Unsicherheit und Versagensängsten gestreßt. Schuld daran sind natürlich wieder einmal die Frauen. Ich würde sogar so weit gehen zu behaupten, daß solche Männer Frauen in diesem Moment richtig hassen. Da macht man die Augen auf, und der Typ hängt über einem und macht ein Gesicht wie Boris Becker beim Aufschlag. Hans konnte es nicht ertragen, gestreichelt oder berührt zu werden. Ich glaube, er würde, wenn das möglich wäre, am liebsten auf zehn Meter Entfernung mit einer Frau ficken. Ich konnte ihm nicht helfen. Ich zog nach Hamburg und begann ein neues Leben. Und zwar mit Daniel, der in den nächsten Jahren bestimmend für meine Entwicklung sein sollte. Sein schöner Körper erinnerte mich immer an diese Duschgel-Reklame, in der ein Mann von einer Klippe ins Meer springt. Er war immer sehr, sehr zärtlich und aufmerksam. Aber ich bin sicher: Kaum fiel die Tür hinter mir ins Schloß, hatte er mich schon vergessen. Er inszenierte nämlich nur ein Theaterstück ›Daniel und Stefanie, das Liebespaar des Jahrhunderts‹, wenn der Vorhang fiel, war es vorbei. Hinter meinem Rücken redete er abfällig über mich, wenn er mir zufällig in der Öffentlichkeit begegnete, war es ihm peinlich. Ich wollte es nicht wahrhaben.

Mir wurde zum ersten Mal klar, wie sehr Sexualität vom Kopf gesteuert wird. Wenn ich bei ihm war, fühlte ich (eingebildete!) Geborgenheit. Er war der zweite Mann, bei dem ich mich so weit fallen lassen konnte, daß ich einen Orgasmus bekam. Dabei war Sexualität mit ihm gar nicht so, wie ich es eigentlich mochte: Sein Schwanz war relativ klein, er litt unter vorzeitigem Samenerguß und fickte mich nicht gern von hinten. Aber er gab mir eben viel Zärtlichkeit, streichelte mich stundenlang und leckte mich hingebungsvoll. Ich kam nicht los von ihm.

Es gab auch andere Männer, die sich ebenfalls nicht für mich interessierten, nicht für meine Wünsche, Träume, Sehnsüchte, Ängste, selbst wenn sie vorgaben oder wirklich glaubten, in mich verliebt zu sein. Ich war zunehmend enttäuscht, fühlte mich benutzt: ausgenutzt. Ich begann, Männer für das, was sie mir meiner Meinung nach antaten, beziehungsweise für das, was ich mir antun ließ, zu ›bestrafen‹.

Ich ließ mich abschleppen, nachdem ich zuvor klargestellt hatte, daß ich *nicht* mit ihnen schlafen würde (so was wird prinzipiell ignoriert). O Gott, sie kommen sich nicht blöde dabei vor, einem stundenlang zu erzählen, was für tolle Liebhaber sie seien, halten es aber keinesfalls für nötig, ihre verschwitzten Ärsche und Schwänze zu waschen, bevor sie sich über einen hermachen. Oder sie finden nichts dabei, ihre häßlichen Tütenschwänze in einen reinzustopfen, obwohl man seine Tage hat und einen Tampon trägt.

Ich ließ mich immer lecken, bis ich einen Orgasmus bekam, und das konnte sehr lange dauern, oft funktionierte es

98

erst, wenn ich mir den Mann gewissermaßen ›wegdachte‹.
Dann zog ich mich an und verabschiedete mich. Ich fand sie
eben zum Kotzen, und dieses Gefühl beruhte am Ende sicherlich auf Gegenseitigkeit.

Schließlich beschränkte ich mich fast nur noch auf Selbstbefriedigung. Ich mußte einfach mindestens einmal täglich
von jemandem angefaßt werden, der mich liebte, und so
blieb mir nichts übrig, als es selbst zu tun. Es ging mit mir
bergab. Morgens beim Aufstehen graute mir schon vor dem
neuen Tag. Ich ertrug mein Leben nur, weil ich mir der
Freiheit bewußt war, es jederzeit zu beenden. Diese Gewißheit verschaffte mir ein Mindestmaß an innerer Balance, und
ich konnte wenigstens einer geregelten Arbeit nachgehen.
Arbeiten und schlafen, schlafen und arbeiten, mehr gab es
nicht. Meine Arbeit, ich hatte mich erfolgreich selbständig
gemacht, und das liebevolle Zusammensein mit meinen
Freundinnen hielt mich aufrecht. Ich mag Frauen sehr und
sehe in ihnen keine Konkurrenz, im Gegenteil, Männer empfinde ich dagegen wie Wesen von einem anderen Stern. Da
ich aber nicht lesbisch bin, bleibt mir nichts anderes übrig,
als weiterhin zu versuchen, diesen merkwürdigen Geschöp-
fen näherzukommen. Auch hatte es in meinem Leben ja
wenigstens einmal einen Mann gegeben, der mich wirklich
liebte. Dieses Gefühl war oft das einzige Hindernis zwischen
mir und diesem großen schwarzen Loch, an dessen Rand ich
entlang krebste. Und wenn mich noch so viele Männer wie
ein Stück Scheiße behandelten, ich war geliebt worden, es
war also möglich und konnte jederzeit wieder geschehen.

Dr. T., 43, trat in mein Leben, seines Zeichens Psycho- und
angeblich auch Sexualtherapeut, Neurochirurg, Dozent, bla,
bla, bla. Ha! Es beziehungsweise er war wirklich das Allerletzte. Kotz! Seine letzte, inzwischen auch von ihm geschie-
dene Frau (insgesamt hatte er deren fünf oder sechs gehabt!)
befand sich seit einem Jahr in psychotherapeutischer Behandlung und weigerte sich, ihn zu sehen. Das gab mir schon
zu denken. Angeblich war er in mich verliebt, was sich

überzeugend darin äußerte mir einzureden, daß ich geisteskrank und alles an mir total kaputt sei. Er sah sich als der große Erlöser und Retter, der das alles ändern würde. Seiner Meinung nach zeigte sich meine Geisteskrankheit schon darin, daß ich diesbezüglich anderer Meinung war.

Meine Arbeit hielt er für absolut wertlos, er mokierte sich über meine angeblich beschissene schlaffe Figur und erklärte mich zur Niete im Bett, meine Probleme mit Männern hatte ich nur, weil ich sie sexuell nicht zufriedenstellen konnte.

Es war unglaublich! Da stand dieses kleine Männchen mit seiner Hühnerbrust und seiner E.T.-Physiognomie, menschlich und beruflich total gescheitert, und knallte mir diese kranken Texte an den Kopf. Er steigerte sich noch, wenn ich mich über irgend etwas freute und sagte, daß ich es schön fände, warf er mir vor, ich hätte gesagt, es wäre häßlich. Wenn ich etwas Liebes sagte, behauptete er, ich hätte ihn beleidigt. Es war nicht zu fassen. Alles Positive wurde von ihm ganz ernsthaft ins Gegenteil verkehrt. Wenn ich versuchte, die Dinge zurechtzurücken, war das nur wieder ein Beweis für meine psychischen Störungen. Er war unerträglich stolz auf seine ›phantastische‹ Potenz, was bedeutete, daß er dieselbe stereotype Rammelnummer oft hintereinander abziehen konnte.

Ich hatte das gefälligst zu ertragen, bis er mindestens zehn- bis zwölfmal gekommen war. Leider war ich davon kein bißchen beeindruckt und sagte ihm, ich käme mir vor wie in der DDR bei der Erfüllung eines Plansolls. Ich verweigerte mich. Er konterte, ich hätte als Frau meine Pflicht zu erfüllen!!! Unglaublich! (Und so was schimpft sich Psycho- bzw. Sexualtherapeut!)

Ich sei die erste Frau in seinem Leben, die von ihm sexuell nicht begeistert sei. Er warf mir vor, daß ich keinen Orgasmus bekam, alle anderen Frauen hätten damit bei ihm nicht die geringsten Schwierigkeiten. Ha! Ich begann zu verstehen, daß manche Frauen Orgasmen vortäuschen, um sich solchen ätzenden Vorwürfen zu entziehen. Ich stehe dazu, wenn ich

100

keinen Orgasmus bekomme. Aber jede meiner Erklärungen führte automatisch zu der Entgegnung, daß ich wirklich sehr schwer gestört sei. Endlich schmiß ich ihn raus. Er lauerte mir nachts nochmals auf der Straße auf, um mich zu beschimpfen, mir klarzumachen, wie geisteskrank ich doch sei. Unglaublich!

Anfang '88 ging dann auch noch die Sache mit Daniel nach fast drei Jahren auf ziemlich scheußliche Weise in die Brüche. Ich fiel in ein großes schwarzes Loch und konnte die Kurve zur Realität nicht mehr kratzen, wußte nicht mehr, was wirklich war und was nicht. Ich konnte nicht mehr arbeiten, nicht mehr essen, nicht mehr leben.

Ich suchte Zuflucht in einer psychotherapeutischen Behandlung und kam zum ersten Mal seit zehn Jahren innerlich zur Ruhe – wenn auch sehr allmählich.

Mein ganzes Leben lang habe ich mich sehr einsam gefühlt. Obwohl ich immer einen zwar kleinen, aber ganz besonders liebenswerten Freundeskreis hatte. Die meisten meiner Mitmenschen kommen jedoch mit mir nicht klar. Ich bin oft laut, launisch, unbeherrscht, hysterisch, rede viel zu schnell und heftig (aus Angst, daß mir niemand zuhören will). Ich bin überkritisch, ironisch, verletzend, meinerseits aber übertrieben schnell beleidigt. (Uff, nicht gerade eine Liste mit angenehmen Eigenschaften.) Oft wird mir vorgeworfen, immer im Mittelpunkt stehen zu wollen, anderen zu oft ins Wort zu fallen, sie zu bevormunden und selbstherrlich Fragen zu beantworten, die gar nicht an mich gerichtet waren. Wenn mir das von anderen vorgeworfen wird oder ich es selbst mal merke, bin ich total entsetzt über mich. Ich will doch gar nicht so sein. O Mann, wann hört das endlich auf, daß ich versuche, meine Minderwertigkeitskomplexe und mein Defizit an Liebe und Aufmerksamkeit auf diese Art und Weise zu kompensieren.

Kein Wunder, daß meine Umwelt Schwierigkeiten mit mir hat. Sie verstehen mein Verhalten vielleicht deshalb nicht, weil niemand weiß, welche komplizierten und schwer nachzuvollziehenden Gedankengänge meinem Verhalten vorausgehen. So weit ich zurückdenken kann, grübel ich permanent und konzentriert über so gut wie alles. Und dann stehe ich so unter Druck, weil ich vielleicht mit meinem Gesprächspartner in Gedanken schon ein langes Streitgespräch geführt habe und nun nicht weiß, wie ich mein inzwischen recht komplexes Argumentationsgebäude in der meist gebotenen Eile richtig darstellen soll. Ich bin frech, verklemmt, vorlaut, verunsichert – kurz: ein schwieriger, anspruchsvoller, manchmal schwer zu durchschauender Mensch.

Mein Gott – ich bin anstrengend!

Aber einige wenige kostbare, sensible Menschen sind bereit, diese Anstrengung auf sich zu nehmen. Und das rechne ich ihnen hoch an.

Ich glaube allerdings nicht, daß mein Verhalten potentielle Partner abschreckt. Ein Mensch/Mann mit einer gewissen Intelligenz und/oder Sensibilität, die ich für eine Partnerschaft voraussetze, sollte davor eigentlich nicht die Flucht ergreifen. Wer so ist wie ich, dessen Freundes- und Bekanntenkreis ist ziemlich ausgesiebt, es bleiben wirklich nur wenige Menschen ›an mir hängen‹. Das empfinde ich auch nicht als positiv, und ich denke, wenn ich mich ein wenig änderte, würden mich viel mehr Menschen mögen. Aber es wären nicht mehr Menschen, mit denen ich gern eine Partnerschaft hätte oder befreundet wäre. Vielleicht bereiten mir auch meine völlig übersteigerten Ansprüche in bezug auf Liebe und Partnerschaft Schwierigkeiten, die ich aber nicht herunterschrauben will, denn eine Beziehung auf einem reduzierten emotionalen Niveau stelle ich mir frustrierend vor. Dann lebe ich lieber allein. Und ich will ja nicht nur Forderungen stellen, ich will meine anstrengende, nervende Art in den Griff bekommen und bin sehr froh darüber, daß es mir ganz allmählich auch gelingt. Und die Männer, die sich wirklich für mich interessieren, hätten mich auch in meinen Katastrophenphasen gemocht.

Merkwürdigerweise ist mein Verhalten in der Sexualität

102

anders. In diesem Bereich schaffe ich leichter, was mir im normalen Leben nicht gelingen will.

Ich bin sexuell selbstbewußt, zumindest was meine Fähigkeiten angeht, den Ansprüchen normaler Männer zu genügen. Ich weiß, daß ich sehr viel geben kann und daß Männer Sexualität mit mir als sehr schön erleben. Ich lasse mich von ihrer Unsicherheit weder beeinflussen noch anstecken, reagiere auf verletzende Bemerkungen nicht eingeschnappt oder gleichfalls verletzend. Ich versuche, lieb einfühlsam, ruhig und entspannt zu sein, weshalb ich im Normalfall auch immer ein positives Feedback erhalte.

Dennoch war ich nach jedem ›Akt‹ deprimiert, ganz im Gegensatz zu den Männern, die offenbar meist befriedigt waren (nicht zu verwechseln mit zufrieden).

Sicher, ich wurde geküßt und gestreichelt, aber mit gigantischer Lieblosigkeit und Routine. Meine Person wurde auf Titten und Fotze reduziert und einen Mund, der richtig blasen konnte. Weil ich mich einsam fühlte, ließ ich diese Reduzierung zu und perfektionierte meine sexuelle Technik. Auch eine Art der Selbstbestätigung. Wie armselig die war, merkte ich erst später.

Alle diese Männer, die mit meinem Körper schliefen, merkten gar nicht, daß ich mich psychisch völlig ausgeklinkt hatte. Sie fanden Sex mit mir toll, und ich verachtete sie dafür.

Erst als ich Christoph begegnete, ist es mir gelungen, Angst und Verachtung Schritt für Schritt abzubauen. Ich bin wieder fähig, Nähe zuzulassen und das Risiko einzugehen, daß ich dadurch verletzbar bin. Denn Christoph war einfühlsam, liebevoll und unendlich geduldig.

Ich kann heute Sexualität nicht mehr als isolierten Faktor betrachten, sie ist Teil einer Einheit von gegenseitigen Gefühlen. Ich kann nicht zwischen sexuellen und seelischen Defiziten trennen.

Die selektive Wahrnehmung der Männer hat mich sehr unglücklich gemacht, ob ich einen IQ von 50 oder 150 habe, ob ich NPD oder Grüne wähle, war ihnen scheißegal. *Ich existierte* überhaupt nicht! Ich hatte doch soviel mehr zu bieten, als bloß zu ficken und zu blasen!

Leider waren die Vertreter der ›anderen Fraktion‹ nicht weniger deprimierend. Sie verliebten sich zwar, aber nicht in mich, sondern in ein irreales Traumbild von Frau, das ich dann gefälligst zu verkörpern hatte. Sie waren genauso ignorant wie all die beschissenen Ficktypen.

Ich kam mir vor wie aus lauter Mängeln zusammengesetzt, von denen mein sexuelles Defizit natürlich ein Teilbereich war, allerdings ein entlarvender. Orgasmuserleben und Innigkeit – forget it! Doch anstatt meine Aggression gegen meine Plagegeister zu richten, kehrte ich sie gegen mich selbst. Immer wenn ich gestreßt und unglücklich war, zerkratzte ich meinen ganzen Körper, riß überall (auch im Gesicht) kleine Hautfetzen ab und malträtierte meine Ohren. Morgens wachte ich mit blutverkrusteten Nägeln auf. Überall in meinem Bett lagen Hautschuppen und -fetzen, ich riß meine Ohren regelrecht ein, und es kam vor, daß ich morgens am Kopfkissen festklebte. Manchmal war fast meine gesamte Kopfhaut eine richtige Wundfläche.

Nun soll aber niemand glauben, Männer würden auf solche Alarmsignale mit etwas anderem reagieren als mit Ignoranz. Es kam mehrmals zu folgender Situation: Ein Typ streicht mir durchs Haar und berührt dabei mein Ohr, faßt vielleicht sogar in die offene Wunde. Ich schreie ›Aua‹ (logisch!). Er fragt: ›Was ist denn?‹ Ich erkläre ihm, daß ich, wenn es mir nicht gut geht, nachts im Schlaf immer an meinem Ohr reiße und kratze und mich dabei manchmal erheblich verletze. Antwort: ›Ach so.‹ Ach so! Selbst mein zerkratzter Körper schreckte sie nicht ab, schließlich konnte man ja das Licht ausmachen.

Neben den Ignoranten gibt es noch die Unsensiblen, die mich doch tatsächlich für hübsch, fröhlich und unkompliziert halten und die – aus meiner Sicht – armselige Betterlebnisse ganz toll finden. Wer behauptet bloß immer noch,

Männer seien die größeren Realisten?! In ihrer ganzen Verkrampfung schaffen sie sich ein irreales positives Bild – von Frauen und von der Welt überhaupt. Ich verstehe das gar nicht: Mir macht es Freude, für andere da zu sein, ihnen zu helfen. Und ich will dafür auch gar keine Gegenleistung. Trotzdem macht mich diese Einseitigkeit manchmal fertig. Und das ist kein Widerspruch!

Mein ganzes mieses Leben, all die Enttäuschungen haben mir den Glauben nicht rauben können, daß menschliches Zusammensein auch noch anders funktionieren kann als durch Ausbeutung. Daran änderte auch die Tatsache nichts, daß ich inzwischen hoch neurotisch geworden war, mich Verzweiflung und Selbstmordgedanken umtrieben.

Ich war gerade wieder mal aus einem großen schwarzen Loch gekrabbelt und faßte wieder Fuß in der Wirklichkeit, als mir der schon erwähnte Christoph begegnete. Er gefiel mir sehr gut, und deshalb hatte ich große Angst vor den Gefühlen, die er in mir auslösen könnte.

Inzwischen kann ich manchmal mein Glück gar nicht begreifen, daß mir so ein Mensch begegnet ist, mit dieser unerschütterlichen Verständnisbereitschaft für all meine Macken, der nie erlahmenden Energie, die Kulisse einzureißen und dahinter mich zu entdecken. Natürlich hat auch er seine Macken und Eigenarten, aber noch nie ist mir ein Mensch begegnet, der so voll von Liebe ist. Neulich las ich einen Satz, bei dem ich sofort an ihn denken mußte: ›Es gibt nur Menschen, die ihn lieben, und Menschen, die ihn nicht kennen.‹

Dieser mittlerweile über alles geliebte Mann war ein *Mensch*.

Er war entsetzt über mein verstümmeltes Ohr, meinen zerkratzten Körper, mein schönes, aber verunstaltetes Gesicht, das ich unter einer Kiloschicht Make-up verbarg. Jedesmal wenn ich mich elend fühlte, fing ich an, an mir herumzudrücken und zu kratzen.

Wenn ich früher in der Umkleidekabine eines Kaufhauses, in diesem gnadenlosen Licht, meinen Rücken und mein Dekolleté betrachtet habe, wäre ich wegen dieser sinnlosen Selbstzerstörung fast in Tränen ausgebrochen.

Wenn ich mein eigentliches Ich jahrelang hinter einer Maske versteckt habe, ja auch mein Äußeres hinter einer gigantischen Schicht von Schminke. Na ja . . . vielleicht wollte ich wenigstens aus einiger Entfernung gut aussehen.

Bloß immer alles verstecken!

Aber Christoph war nicht *abgeschreckt,* als er das sah, er war *entsetzt,* weil er ahnte, welches Drama sich da in mir abgespielt haben mußte!

Wie lange war es her, daß sich ein Mann ernsthaft mit mir als Individuum beschäftigt hatte. Ich faßte Vertrauen zu ihm. Eines Tages stand er dann leibhaftig in meiner Wohnung. Puh, Streß total! Gott sei Dank war er genauso unsicher und verlegen wie ich. Er schenkte mir ein Buch. Ein Mann, der höchstwahrscheinlich mit mir schlafen wird, schenkte mir ein Buch! Ein intelligentes noch dazu. Angstbarrieren bröckelten weiter. Wir tasteten uns ganz vorsichtig aneinander heran, auch sexuell. Christoph lag neben mir und streichelte ganz sanft mein Gesicht. Ich wartete die ganze Zeit darauf, daß er aufhören würde, denn meine Haut mußte sich furchtbar anfühlen. Aber nichts dergleichen geschah. Mit einem Male war mir klar, daß ich gestreichelt wurde und daß es völlig egal war, ob ich alt oder jung, faltig oder picklig gewesen wäre. Au Mann, ich glaube, er ist wirklich der einzige Mann, bei dem es mir ganz gleichgültig ist, wenn ein Pickel meinen Hintern verunziert und ich von hinten gefickt werde. Es gibt mir wirklich tierisch viel Selbstbewußtsein zu wissen, daß er meinen Arsch trotzdem absolut göttlich findet. Es ist schon eine Supererleichterung, diese ewige Verkrampfung los zu sein, diese Angst, daß er mein Make-up verschmieren könnte, den Zwang, als hübsche Larve mit eingezogenem Bauch aufzutreten.

Das heißt – logo! – nicht, daß ich mich nun völlig gehenlasse, meinen Neurosen freien Lauf lasse, es mir etwa wurscht ist, wie ich aussehe. Ich bin wieder voller Energie und muß nicht meine ganze Kraft darauf verwenden, die innere und äußere Fassade zu wahren.

Die ersten Male, die wir miteinander im Bett waren, fühlte ich mich geborgen, es war schön, auch erregend, aber einen Orgasmus bekam ich nicht. Später hatte ich dann einen. Einen, und den auch nur beim Lecken. Ich hielt multiple Orgasmen prinzipiell für möglich, kannte auch Frauen, die davon erzählten. Aber für mich?

Ich dachte, das sei eine Frage der Veranlagung. So 'n Quatsch!

Kurz nachdem ich ihn kennenlernte, wurde ich sehr krank. Ich lag im Bett und hatte wahnsinnige Schmerzen. Christoph rief an, er wollte mich besuchen. Ich versuchte, ihn abzuwimmeln. O Scheiße! All diese Jahre, in denen Männer mich wie einen Putzlappen behandelt hatten. Aus Männersicht war ich ja doch ›zu nichts zu gebrauchen‹. Daß jemand mich einfach nur besuchen wollte, um ein bissel lieb zu mir zu sein und um sich mit mir zu unterhalten, konnte ich mir immer noch nicht vorstellen. Christoph ließ sich nicht abwimmeln.

Als wir dann wieder miteinander schliefen, war es soweit. Ich saß auf seinem Gesicht, er hatte seinen Kopf zwischen meinen Knien und leckte mich hingebungsvoll. Ich sah auf ihn herunter: Dieser wunderschöne Mann, der so wahnsinnig gut lecken kann, den es so geil macht, wenn er mich leckt, dieser wunderschöne Mann mit all seinem Verständnis und all seiner Zärtlichkeit, den ich so lieb habe, der mich so lieb hat – all dies in seiner Gesamtheit war so schön, so erregend, ich war so glücklich, es war kaum noch zu ertragen – und plötzlich bekam ich einen Orgasmus nach dem anderen. Es war der bis dahin schönste Moment in meinem Leben. Nie hätte ich gedacht, daß ich fähig wäre, so zu fühlen. Und dabei war das erst der Anfang.

Denn dieses Glücksgefühl wurde immer wieder von meiner Angst unterbrochen, nicht geliebt und akzeptiert zu werden.

Meine Unterstellungen verletzten Christoph. Er sagte, es

täte ihm weh, wenn ich ihm all das Schlechte nachtragen würde, das andere Männer mir angetan hatten.

Und ich durchlebte ein Wechselbad von Vertrauen und Angst. Zwei Schritte nach vorn, ein Schritt zurück. Christoph machte mir unendlich geduldig klar, daß ich mich von meinen irrealen Ängsten lösen müsse, um Gefühle richtig bewerten zu können.

Ich beschloß, mich nicht länger auf Distanz zu halten. Ich glaube, der alles entscheidende Wendepunkt war gekommen, als ich all meinen Mut zusammenraffte und ihm sagte, daß ich ihn liebe. Ich ließ mich einfach fallen in dieses Gefühl von Wärme und Geborgenheit. Schon bis dahin war Sex mit Christoph schön gewesen, aber im Vergleich zu dem, was danach kam, war es nur eine Art Vorspiel.

Inzwischen kriege ich manchmal schon einen Orgasmus, wenn ich mit geschlossenen Augen daliege und mir vorstelle, wie es das letzte Mal war oder was das nächste Mal alles passieren könnte. Ich war richtig überwältigt. Allein meine geilen Phantasien und Erinnerungen führten mich zum Höhepunkt der Lust. In sehr intensiven sexuellen Träumen hatte ich zwar schon zwei- oder dreimal einen Orgasmus erlebt. Aber jetzt passierte es bewußt, von mir gesteuert. Manchmal, wenn ich beim Autofahren an Sex denke, an Sex mit ihm (!), wird mir vor Erregung so schwindlig, daß ich rechts 'ranfahren muß, um mich wieder zu beruhigen. Oder tagsüber, während ich arbeite oder mich unterhalte, muß ich plötzlich an ihn denken und schon fangen meine Knie an zu zittern. Ich muß mich dann ganz schnell hinsetzen.

Und wenn er dann tatsächlich da ist...

Ich liege neben ihm und betrachte seinen traumschönen Körper, ertaste, wie sich die feste braune streichelweiche Haut anfühlt, sehe seinen Mund, seine Augen, alles so sensibel und verletzlich. Jede Berührung, jeder Blick ist wie ein kleines Morsezeichen, das signalisiert ›Ich hab dich lieb‹, ›Ich vertraue dir‹, ›Ich bin froh, daß es dich gibt‹. Ich bin glücklich. Alle Ängste, die ganze Welt sind meilenweit entfernt.

Einige leichte Berührungen oder auch nur Worte, die unsere sexuellen Phantasien ausdrücken oder das, was wir gleich erleben werden, und ich bin schon so erregt, daß ich es kaum noch aushalten kann. Es ist wahnsinnig schön, sich auf dieser Basis auf Macht-Ohnmacht-Spiele einzulassen. Ich liebe es, wenn er mir die Augen verbindet und/oder mich ans Bett fesselt, mir ›befiehlt‹, wie ich mich hinzulegen habe, mir ›droht‹, was er gleich alles mit mir tun wird. Es ist einfach irre, sich ihm völlig zu unterwerfen, zuzulassen, daß er Macht über mich hat, über mich verfügen und mich benutzen kann. Er ist mein Herr und Gebieter – ich bin seine Sklavin. Wow! Diese Vorstellung ist so geil! Wenn er mich dann noch vor sich ›aufbockt‹ und anfängt, meinen Hintern einzuölen, mich fest anpackt, ich weiß, daß er uns beide jetzt im Spiegel betrachtet, ich höre und spüre seine Erregung, die ihn richtig fortreißt, und schon bekomme ich meinen ersten Orgasmus. Raum und Zeit sind aufgehoben.

Allein zu wissen, daß ich ihn in wenigen Stunden oder am nächsten Tag sehen werde, regt mich auf. Christoph kommt wirklich zu *mir,* nicht zu irgend einem Phantom, und das ist für mich ein neues und kostbares Gefühl.

Wir brauchen keine Vorwände, Sex ist selbstverständlich und ein Ausnahmezustand zugleich. Verständnis und Vertrauen sind Voraussetzung dafür, sich einem Rausch so völlig hinzugeben. Das muß man erst lernen und sich dabei immer vor Augen halten, daß man niemals einen Endpunkt erreicht. Der Idealfall ist eben ein nie endendes beidseitiges Zulassen von Gefühlen, beidseitige Bereitschaft, den Partner in all seinen Facetten zu akzeptieren, Höhen und Tiefen gemeinsam zu erleben, Liebe nicht statisch, sondern dynamisch.

Anfangs war auch Christophs Bedürfnis, zärtlich zu mir zu sein, begrenzt. Ich habe das schmerzlich registriert, er ist ja so sensibel und hat nie die geringste Scheu gezeigt, anderen Menschen Zuwendung auch dann zu geben, wenn Freunde dabei waren. Ich fühlte mich von dieser spontanen Zärtlichkeit ausgeschlossen. Unter vier Augen waren wir uns immer so nahe, wenn wir dann aber mit anderen zusammen waren, spürte ich plötzlich Distanz. Als ich ihn darauf ansprach, sagte er, daß ich eine zu große Erwartungshaltung ausstrahle und er sich davon gestreßt fühle. Und Zärtlichkeit kann er nur in dem Moment geben, in dem er sie auch empfindet. Sie dürfe weder mechanisch noch berechnend sein. Ich konnte das nicht nur verstehen, sondern sah es auch ein. Aber weh tat es trotzdem. Um so glücklicher machte mich jeder Kuß, jedes Streicheln, Kuscheln, Drücken, jeder zärtliche Blick. Ich muß es noch mal wiederholen: Es ist ein großes Glücksgefühl, an tausend kleinen Dingen zu merken, wie sich die Beziehung weiterentwickelt und immer mehr Nähe entsteht.

Ganz automatisch wirkt sich diese Innigkeit auf unsere Sexualität aus, auch auf die Fähigkeit, Macht und Ohnmacht zuzulassen: Ich liefere mich ihm völlig aus, lasse mir die Augen verbinden oder mich fesseln oder beides. Es ist ein Liebesbeweis, wenn ich ihm Macht über mich einräume, ihm zur Verfügung stehe, weil ich nämlich so viel Vertrauen habe. Macht und Gewalt sind dann zwischen uns nur andere Bezeichnungen für Liebe. Liebe bis zur völligen Selbstaufgabe.

Auf dieser Basis ist beliebig austauschbar, wer die Machtposition einnimmt und wer sich unterwirft, die Übergänge sind fließend. Keiner von uns beiden ist auf eine bestimmte Rolle fixiert. Schläge, mit der Hand oder mit der Peitsche, gespielte Vergewaltigungen empfinde ich deshalb physisch und psychisch als lustvoll. Das hat mich anfangs ein wenig erschreckt, da ich ja in meiner Kindheit und Jugend oft brutal geschlagen worden bin. Und nun dieses Lustempfinden.

Aber über der ›Gewalt‹ im Liebes*spiel* steht die Gewißheit, daß keiner von uns beiden den anderen verletzen oder demütigen würde. Es ist eben kein Ritual, das mehr oder weniger zwanghaft vollzogen wird, sondern ein Vergnügen, gemeinsam auszuloten, wann etwas noch als Lust, lustvoller Schmerz oder Schmerz empfunden wird.

Wenn ich ihn beispielsweise ›zwinge‹, mich zu lecken,

ihn an den Haaren packe und seinen Kopf zwischen meine Beine zwänge, genieße ich einerseits dieses Gefühl der Macht über ihn (vor allem, wenn er zuvor die Macht über mich hatte), genieße seine Erregung, die er in seiner Ohnmacht empfindet, reagiere aber auch sofort, wenn ich merke, daß ich ihn zu sehr an den Haaren reiße und der Schmerz die Lust nicht mehr steigert, sondern überlagert.

Christoph seinerseits würde nie versuchen, mir ein schlechtes Gewissen einzureden, weil ich das eine oder andere nicht möchte. Wir verständigen uns im Alltag. Ebenso verständigen wir uns auch sexuell, egal, ob wir Macht/Ohnmacht spielen oder einfach nur so miteinander schlafen.

Christoph hat mir noch nie weh getan, wenn er in mich eindringt, selbst wenn er dabei einen ›brutalen Typen‹ markiert. Noch nie bin ich wund gewesen, obwohl wir es oft tagelang über viele Stunden treiben, noch nie bin ich eingerissen, dagegen haben mir diese kleinschwänzigen unsensiblen Schweineseppls schon mehrmals ansatzweise zum Dammriß verholfen.

Nur ein höllischer Muskelkater erinnert mich manchmal an unseren letzten Fick. Aber egal, wie schief und krumm ich meine vier Stockwerke hochschleiche, ich kann den nächsten kaum erwarten. An manchen Tagen klingt meine Stimme wie die von Zarah Leander, weil ich vor unersättlicher Geilheit stundenlang seinen Schwanz bis zum Schaft geblasen habe. Wow, ich wußte wirklich nicht, wie wild und unendlich steigerungsfähig ich diesbezüglich sein kann.

Wenn ich nach einem Riesenorgasmus langsam wieder zu mir komme, fragt er ganz lieb: »Pause?«, stellt den Fernseher an, deckt mich ordentlich zu, damit ich mich nicht erkälte, holt mir etwas Kaltes zu trinken oder kriecht einfach zu mir und kuschelt ein bißchen. Ich würde dann am liebsten in ihn hineinkriechen.

Ich liebe dieses Wechselspiel zwischen wahnsinnig intensiver Sexualität und liebevoller zärtlicher Kuschelpause. Dann reden wir über das eben Erlebte und über die sexuellen

Spiele, die gleich noch folgen sollen, über unsere Gefühle, Freuden, Ängste, Alltagsprobleme, Wünsche, Sehnsüchte.

Wenn ich meine Tage habe, leckt er mich genauso intensiv und gern. Dieser süße Mann, wie sehr ich ihn dann liebe, wenn seine Nase von geronnenem Blut ganz schwarz ist. Seine Geilheit und Hingabe sind eben grenzenlos.

Auch der Analbereich ist längst kein Tabu mehr zwischen uns. Eine supererogene Zone. Christoph hatte alle Zeit und Geduld dieser Welt. Wochenlang stimulierte er mich nur mit der Zunge, und ich wurde regelrecht süchtig danach. Am liebsten hätte ich gleich seinen ganzen Schwanz drin gehabt. Aber er bereitet mich ganz langsam vor, seine Zunge dringt immer tiefer, bis ich ganz entspannt bin. Hin und wieder führt er mir behutsam einen Massagestab ein, und ich weiß, daß wir irgendwann genauso unkompliziert Analverkehr haben werden wie Vaginal- oder Oralverkehr. Auch ich lecke ihn dort, das törnt mich sogar unheimlich an, weil ich weiß, daß er der einzige Mann ist, bei dem ich das je gemacht habe. Dieses tolle Gefühl der Exklusivität macht mich geil. Geil macht mich aber auch, wenn ich seine feste, geschmeidige Haut fühle und schmecke, miterlebe, wie seine Erregung sich bis zur Verrücktheit steigert. Ich liebe es, wenn er meinen Arsch leckt, mir seine muskulöse Zunge hineinbohrt, saugt und beißt und dabei fest und kraftvoll meine Arschbacken hält. Natürlich bin ich supersauber und gepflegt, aber ich möchte völlig entkrampft und streßfrei sein, wenn ich ihm meinen Arsch darbiete. Jedesmal bevor er mich besucht, sitze ich mindestens eine halbe Stunde auf dem Klo und versuche, auch wirklich noch das allerletzte Stückchen Scheiße rauszupressen. Und jedesmal wenn ich da sitze und schwitze und leide, stelle ich mir vor, wenn mich jetzt jemand sehen könnte, würde er denken, daß ich nicht alle Tassen im Schrank habe, und ich denke mir, verdammt noch mal, wie sehr liebe ich diesen Mann, daß ich all das für ihn, für mich, für uns tue und mich nicht schäme, es zuzugeben.

Dann lege ich mir unsere Musikkassetten zurecht. Eigent-

112

lich immer dieselben, auf manche Musikstücke reagieren wir schon wie pawlowsche Hunde, jedesmal wenn ich zum Beispiel Terence Trent d'Arby mit ›Sign your Name‹ im Radio und Fernsehen höre, merke ich, wie ich feucht werde.

Die Heizung wird hochgedreht, die Katze ins Wohnzimmer gesperrt, Kerzen werden angezündet. Vorher war ich noch in der Videothek, bin zielstrebig an all den verklemmten Typen vorbeigestiefelt und hab' mir mit (inzwischen) Kennerblick ein paar Pornokassetten herausgesucht. Wenn mir das vor einem Jahr jemand vorausgesagt hätte, hätte ich ihm kein Wort geglaubt.

Ich hatte zwar nie etwas gegen Pornographie, fand sie aber für mich persönlich weder an- noch erregend. Es hatte mich auch nicht gestört, als Christoph mich eines Tages fragte, ob wir nicht, während wir bumsen, einen Porno laufen lassen sollten. Allerdings kann ich bis heute den Ton – ätzende Dialoge und Synchronsprecher – nicht ertragen und drehe ihn ab; ihm geht es genauso. Manchmal machen wir auch den Ton an, um uns über die unsinnigen, total abtörnenden Dialoge zu amüsieren. Aber eine ganz neue Erfahrung war es für mich, Pornoszenen in unsere Sexpraktiken zu übernehmen. Es gibt mir wieder so ein Gefühl von Exklusivität, mit dem Menschen, den ich liebe, im warmen Bett zu liegen, zu masturbieren, dieselben Szenen geil oder langweilig zu finden, sich inspirieren zu lassen, darüber zu reden, nachzuahmen, weiterzuführen...Wow!

Das Zimmer ist warm und kerzenbeleuchtet. Ich bin frisch gebadet, meine Schamhaare sind rasiert (auch eine Anregung von Christoph), weil es sich viel schöner anfühlt und aussieht, die Haare sind griffbereit zum Pferdeschwanz gebunden. Griffbereit neben dem Bett sind auch Babyölflasche, Augenbinde, Peitsche, Massagestäbe und Strümpfe, mit denen er mich fesseln kann. All dies muß keineswegs benutzt werden, das Wort ›muß‹ ist in diesem Zusammenhang sowieso völlig fehl am Platze. Wir wissen beide vorher nicht, was sich alles abspielen wird. Jeder hängt seinen Phantasien nach, spricht sie auch aus, aber ganz spontan passiert dann vielleicht etwas ganz anderes, immer ist es neu und aufregend.

Ich mache mich schön für ihn, ziehe Pumps und Strapse an und zähle die Minuten, bis er klingelt. Wahnsinnige Vorfreude, wenn ich höre, wie er die vier Stockwerke hochkommt! Und dann ist er da, dieser Mann, den ich so sehr liebe, schmust kurz mit der Katze, hüpft kurz in die Badewanne, und dann ist er wirklich da. Liegt neben mir und schaut mich aus seinen dunklen Augen liebevoll an. Sein Mund verzieht sich zu einem ganz bestimmten Grinsen, das in etwa bedeuten soll: ›Da liegt sie nun, die kleine Steffi, die mich so liebt, die mir oft so viel Sorgen und Streß bereitet und mich soviel Kraft kostet. Es ist schön, daß es sie gibt und daß ich hier sein kann. Und gleich werden wir in diese absolut wahnsinnige, geile Sexualität abtauchen.‹

Pornos, Analsex, Macht-Ohnmacht-Spiele waren für mich mehr oder weniger tabuierte Bereiche, die ich anderen zwar gönnte, mit denen ich selbst aber nichts zu tun haben wollte. Und nun gehören sie zu *meinem* ›Intimleben‹ wie die mechanische Vorbereitungsschmuserei zu dem anderer Leute. Arme Leute, glückliche Steffi!

Ich liebe es, wenn er mich vor sich aufbockt und mich einölt. Meist verbinde ich mir dann schon die Augen, genieße dieses Gefühl von Ausgeliefertsein. Es ist wahnsinnig aufregend zu denken, o Gott, was wird er jetzt wohl gleich mit mir machen, was wird er mir ›antun‹? Einem Menschen Macht über sich einzuräumen und gleichzeitig zu wissen, daß er sie nie mißbrauchen wird, vermittelt gleichermaßen ein Gefühl von Hilflosigkeit und Geborgenheit, als würde man sich mit schlafwandlerischer Sicherheit in einen Abgrund stürzen, weil man weiß, daß man unten aufgefangen wird.

Diese Macht-Ohnmacht-Spiele beflügeln die sexuelle Phantasie: Wir nehmen etwa die Rolle von Sklave oder Sklavin ein, der/die mißbraucht oder sexuell dressiert, vergewal-

114

tigt oder verführt wird, alles ist möglich. Die Augenbinde macht mich blind, versetzt mich in eine anonyme Welt, in der ich mich von allen möglichen Männern durchficken lassen kann. Und doch ist es immer mein Geliebter, der alle ihre Rollen spielt. Ich sehne mich danach, daß er mich seine Macht spüren läßt, mich an den Haaren packt und ›zwingt‹, seinen Schwanz in den Mund zu nehmen, mit den Händen seine Brustwarzen zu stimulieren, gleichzeitig meinen Arsch rauszustrecken, dem er noch eins mit der Peitsche überzieht. Das Ganze verfolgt er dann noch im Spiegel über dem Kopfende meines Bettes, über dem sich auch noch eine Pornoszene mit einem gigantischen Arschfick widerspiegelt. Ich bekomme einen Orgasmus, wenn er mir seinen Schwanz in den Mund rammt, wenn ich spüre, wie sehr es ihn erregt, daß ich in seine Brustwarzen kneife, wenn ich seine Hände oder die Peitsche auf meinem Po spüre.. oh, oh, oh, ich liebe ihn so sehr, daß ich ihm in diesem Moment gewissermaßen freiwillig hörig bin und weiß, daß er alles mit mir machen kann. Er wirft mich über das Bett, und wir machen eine Stunde lang ›69‹. Eine Stellung, die ich früher nie mochte. Es war mir einfach zu viel und zu stressig. Ich konnte mich immer nur auf eines konzentrieren, entweder Blasen oder Gelecktwerden. Ich dachte immer, o je, jetzt muß ich ihm tierisch einen blasen, und dabei ›vergaß‹ ich dann, selbst geil zu werden, obwohl ich doch geleckt wurde.

Mit Christoph ist das ganz anders. Es gibt keine Ängste und keinen Leistungsdruck. Schon zu spüren, wie wahnsinnig gerne und toll er mich leckt und wie sehr ihn das erregt, wie sehr er mich begehrt, macht mich so geil, daß ich am liebsten seinen ganzen Schwanz mitsamt den Eiern schlucken würde. Wir können das stundenlang so treiben: Ich liege auf oder unter ihm und lasse mich von einem Orgasmus nach dem andern mitreißen. Die Geilheit explodiert nicht nur in meinem Körper, sondern auch in meinem Kopf. In jedem dieser Momente bin ich mir so sehr meiner Liebe zu ihm bewußt, und dieses Gefühl ist so intensiv, daß es fast schmerzt und sich im Orgasmus Erleichterung verschafft. Je intensiver das Gefühl, um so intensiver der Orgasmus. Manchmal muß ich vor lauter Glück und Überwältigung weinen.

Raum und Zeit sind aufgehoben. Fünf, sechs oder sieben Stunden sind vergangen. Manchmal habe ich wohl an die 100 Orgasmen gehabt. Bei nüchternem Nachdenken kann ich das selbst nicht glauben. Dennnoch stimmt es.

Und, so unfaßlich es klingt, die Intensität des sexuellen Empfindens ist immer noch steigerungsfähig.

Jedesmal hinterher denke ich, diesmal war es am schönsten. Und immer wieder erlebe ich noch mehr, noch tiefer:

Ich lag auf ihm, meinen Kopf zwischen seine Knie geklemmt, seinen Schwanz tief in meine Kehle gerammt, er hielt meinen Hintern fest und bohrte seine Zunge abwechselnd in mein Arschloch und meine nasse Fotze. Ich sah Liebe, ich hörte Liebe, ich schmeckte und roch Liebe, in meinem ganzen Denken war nur noch Liebe. Alle Sinnesorgane empfanden und signalisierten nur noch eines: Liebe. Auf der ganzen Welt gab es nur noch eine Empfindung, die alles ausfüllte, meine Liebe zu Christoph. Es war der wahnsinnigste Orgasmus meines Lebens. Ich weiß nicht mehr, wie lange er gedauert hat.

Irgendwann fiel ich zurück in die Wirklichkeit. Ich lag auf meinem Bett und bekam einen Weinkrampf. Daß aus einem Menschen so viel Gefühl kommen konnte! Alles andere wurde weggespült, hatte aufgehört zu existieren. Nie mehr möchte ich Sexualität ohne Liebe erleben.

Wenn ich an all diese Männer denke, die mit ihren sexuellen Erlebnissen und Eroberungen prahlen, denke ich immer nur: Mein Gott, was euch alles entgeht! Meinetwegen können sie Strichlisten darüber führen, in wie viele Fotzen sie ihre Scheißschwänze schon gesteckt oder wieviel wahnsinnige Orgasmen sie schon gespendet haben, aber sie können mir nur leid tun. Sie wissen nicht, was sie verpassen mit ihrem armseligen Rubbel-Rubbel-Sex.

Die deutsche Sprache kennt kaum sinnliche Begriffe für

sexuelle Vorgänge. Die meisten Ausdrücke klingen steril oder abfällig. Aber immerhin kann man statt ›Geschlechtsverkehr‹ (igitt!) auch ›Liebesspiel‹ sagen. Es umfaßt das ganze Spektrum von Zartheit über Frivolität bis Ekstase.

Und das erste Wort dieses Begriffs heißt Liebe. Mit viel Glück eine Liebe wie zwischen Christoph und mir.«

8. Lust und »Laster«: von der Zärtlichkeit bis zum Machtspiel

Für ein besseres Verständnis dieses Kapitels fasse ich noch einmal zusammen, was wir bislang festgestellt haben:

a) Es gibt weder einen Sexualitäts- noch einen Aggressionstrieb, mit dem wir menschliches Verhalten erklären können. Daher müssen wir auch erkennen, daß wir für alles, was wir tun, eigenverantwortlich sind.

b) Sexuelle Phantasien dürfen weder von vornherein unserer eigenen »Zensur« noch der unseres sozialen Umfeldes unterliegen. Dagegen sind sie wichtig für unsere Konfliktbewältigung und eine schöpferische Ausgestaltung sexuellen Erlebens.

c) Unser Charakter wird uns nicht in ›die Wiege gelegt‹. Als Kind nehmen wir Information – zunächst unabhängig davon, ob sie richtig oder falsch ist – auf und konstruieren uns ein Gebäude aus Gefühlen und Gedanken. Mit zunehmender psychischer und intellektueller Reife lernen wir (mit etwas Glück), ein Wertesystem zu erstellen, das uns »richtig« und »falsch« unterscheiden läßt. Anders ausgedrückt: Als Erwachsene sind wir fähig, die (emotionale) Beschädigung aus Kindheit und Jugendzeit aufzulösen und unsere Persönlichkeit gewissermaßen neu zu gestalten.

Im Folgenden werde ich versuchen, Verwirrungen zu klären, die entweder aufgrund schwer zu beweisender theoretischer

Dogmen oder tradierter Mythen und Vorurteile entstanden sind. Dazu gehören am Rande auch Mutmaßungen über die *Fehler* der Männer.

Feministinnen oder Vertreter anderer radikaler Meinungen mögen sich dabei übergangen oder in grundlegenden Positionen angegriffen fühlen. Das Thema Sexualität wird häufig als Vorwand dafür benutzt, Persönlichkeitsdefizite zu projizieren oder gar in aggressiver Form auszuschlachten. Werbung und Politik sind dafür gute Beispiele.

Sexualität ist ein Phänomen, das neben der Einstellung zu sich selbst und zum anderen Menschen auch kulturelle, traditionelle und gesellschaftliche Faktoren widerspiegeln kann. Ausgerichtet am Bewußtseinsstand des einzelnen ist eine entsprechend »richtige« oder »falsche« Sexualität weitgehend vom Individuum steuerbar.

Es ist ein Vorurteil zu glauben, Sexualität bestehe nur aus Zärtlichkeit und Intimität. Macht, Ohnmacht und nachgeahmte Gewalt spielten nur in Männerphantasien eine Rolle, seien pervers und bedeuteten eine Unterdrückung der Frau.

Es ist ein weiteres Vorurteil zu glauben, die von Männern und Frauen ersehnte und als befriedigend erlebte Sexualität sei grundsätzlich unterschiedlich. Frauen bevorzugten Zärtlichkeit, Männer dagegen »Technik«.

Die überwiegende Zahl aller Frauen in der BRD wünscht sich mehr Zärtlichkeiten vom Freund oder Ehemann. Dabei spricht nichts dafür, daß dieses ursprüngliche Bedürfnis bei Männern und Frauen unterschiedlich verteilt ist. Die pränatale Erfahrung von »Gebärmutter-Geborgenheit« ist allen Menschen eigen, ebenso der Schock, diese Geborgenheit zu verlieren, wenn wir als Neugeborene nicht entsprechend umsorgt werden. Die angstfreie Spontaneität, die wir als Säuglinge und als Kleinkind ausdrücken und unsere Hilflosigkeit lösen bei Erwachsenen meist eine ebenso spontane Zuwendung aus. Die Angst davor, ein anderer könne Berührung und Nähe als Verletzung seiner Intimsphäre verstehen, ist typisch für die psychische Deformation Erwachsener.

Das Dilemma mit der Zärtlichkeit besteht darin, daß wir Zuwendung und Körperkontakt nicht mehr automatisch erhalten (wie in unserer Säuglings- und Kleinkinderzeit), sondern erneut lernen müssen, beides annehmen, aber auch geben zu können. Wir müssen die Intimität also aktiv und neu erlernen. Erwachsene müßten – im *Normal-*, nicht im Durchschnittsfall – ein zwar verlagertes, aber auch differenziertes und intensiveres Bedürfnis nach Körperkontakt und Nähe haben. Unsere Gesellschaft verbannt Zärtlichkeit und Liebesäußerungen in die Privatsphäre. Intimität wird nur in dieser Nische zugelassen, weshalb die meisten Menschen irrtümlich glauben, sie müsse auf das sexuelle Beisammensein beschränkt bleiben. Das ist ebenso falsch wie auch die Haltung vieler Frauen, sexuellen Verkehr lediglich deswegen in Kauf zu nehmen, weil er mit Zärtlichkeiten verbunden ist. Denn in der Öffentlichkeit ausgetauschte Zärtlichkeiten zeigen ein Zugehörigkeitsgefühl. Jeder Mensch sucht die Vertrautheit wiederherzustellen, die uns mit dem Schock der Geburt zumindest teilweise genommen wurde. Unser Interesse richtet sich in erster Linie auf andere Menschen, bleibt es unbefriedigt, wenden wir uns ersatzweise oft einem Tier zu oder flüchten in die (vermeintliche) Geborgenheit einer Religion oder einer anderen Überzeugung (etwa in eine Sekte). Wenn wir als Jugendliche unser Interesse auf einen potentiellen Partner richten, erfassen wir den anderen zunächst in seiner Gesamtheit: die Ausstrahlung seiner Körperlichkeit und seiner Bewegungen. Dann suchen wir Blickkontakt. Intensive Blicke jedoch werden oft als verletzend oder gar aggressiv empfunden. Wir fühlen uns unsicher, erröten und versuchen, dem Blick und der Situation auszuweichen. Erkennen wir in dem Blick des anderen dagegen nichts Feindseliges und keine Geringschätzung, überprüfen wir, wie weit sein Interesse wohl gehen wird. Wir lesen in seinen Augen nicht nur seine momentane Stimmung, sondern wir suchen auch Sensibilität und Offenheit herauszuspüren. Je nach dem Ergebnis unserer Einschätzung reagieren wir ebenfalls mit

»gefühlvollen Blicken« oder mit Desinteresse. Wie wichtig dieser Augenkontakt zwischen Menschen ist, die entweder Intimität suchen oder ausdrücken wollen, wissen wir aus der Beobachtung von Säuglingen. Die körperliche Trennung durch die Geburt wird durch das Stillen und intensiven Blickkontakt wieder ausgeglichen. Einheit und Intimität zwischen Mutter und Kind sind weitgehend wiederhergestellt.

Treffen sich die suchenden Blicke zweier Personen, entsteht eine unwillkürliche Spannung, die mit einem Lächeln oder direktem Anlachen zum ersten Sprechkontakt überleitet. Auch hier sind der Klang der Stimme und die Intonation der Worte wichtiger als das Gesagte selbst für die Entscheidung, ob man sich weiter annähern will oder nicht. Erst dann kommt es im positiven Fall zu ersten flüchtigen Berührungen. Im Gespräch werden nun Gemeinsamkeiten, aber auch Andersartiges aufgedeckt, wird einer Art Wesensverwandtschaft nachgespürt, die Vertrauen schafft; man will aber auch Spannendes, Neues beim Gegenüber finden, seine Neigung vertiefen und sich weiter öffnen. Zum Bedürfnis, den anderen Menschen aktiv zu erkunden, gehört auch, ihn zu berühren, ihm eben eine andere Art von Aufmerksamkeit zu schenken: Streicheln der Haut, abtastendes Suchen und erwartungsvolles Hoffen auf eine Reaktion, der erste behutsame Kuß, all dies signalisiert Empfindsamkeit und Nähe. Die Zunge ertastet das Unbekannte, Individuelle und wird mit zunehmender Erwartung und Erregung beweglicher und temperamentvoller. Hände und Lippen erspüren jetzt den Körper und jede einzelne seiner Reaktionen, bis sich beide aktiv stimulieren, weil sie sich begehren, und sich so allmählich an immer intimere Zonen herantasten und für beide endlich auch die Berührung der Genitalien, der intimsten Partien, ganz selbstverständlich ist. So wird die vollkommene Umarmung mit dem begehrten und geliebten Menschen in der intimsten Vereinigung, ob beim Geschlechtsverkehr oder der gegenseitigen Stimulierung der Genitalien durch Mund und Lippen (Oralverkehr), wieder erreicht, die uns bei der Geburt verlorenging. Sexualität ist das stärkste Ausdrucksmittel für Akzeptanz und Intimität. Sie löst das Bedürfnis aus, dem Partner Glück, Leidenschaft und Nähe zu vermitteln: Mit zärtlichen Worten, Streicheln, Massieren, in den Arm nehmen und liebevollen Blicken, eben dem Nachspiel, klingt der Liebesakt langsam aus. Das Besondere an dieser Form der Zärtlichkeit und Zuwendung ist, daß sie nicht aus sexueller Motivation, mit der Absicht also, den anderen auf Sexualität einzustimmen, entsteht, aber sowohl während des Nachspiels als auch in anderen, ursprünglich nicht sexuellen Situationen zu sexuellen Zärtlichkeiten überleiten kann. Anders ausgedrückt: Das innige Gefühl, das die erlebte Sexualität hervorruft, kann ich im Alltag durch nicht sexuelle Zärtlichkeiten und Aufmerksamkeit in Form von sprachlicher, visueller oder taktiler (Berührung) Zuwendung zeigen. Ein Satz, Blick, Kuß oder ein Streicheln können dabei wiederum in eine sexuelle Handlung übergehen. Fehlen diese Äußerungen der Zuwendung im Alltag und die geschilderte Annäherung innerhalb der Sexualität, ist *spontane* Sexualität nur schwer möglich. Das sichere Gefühl, von dem Partner angenommen zu werden und mit ihm etwas Schönes erleben zu können, fehlt. Nicht sexuell gefärbte Zuwendungen in Worten, Gesten, Mimik und Berührung sind deshalb für die Sexualität selbst von so großer Bedeutung, sondern die gesamte Stimmung zwischen zwei Partnern.

Vertrauen ist für Männer und Frauen die Ausgangsbasis, auf der dann in spielerischer Form alles erlebt werden kann, auch Macht-Ohnmacht-Spiele. Darüber hinaus entwickeln wir ein Gespür dafür, ob der andere denn überhaupt für Sexualität empfänglich ist. Wer Mimik und Stimmung während des Austauschs von Zärtlichkeiten bis hin zum realen sexuellen Erlebnis beobachtet, kann auch in einer Situation, die nicht von vornherein sexuell bestimmt ist, die mögliche Bereitschaft für Sexualität erkennen. Insbesondere Männer unterliegen leicht dem Irrtum, diese Phase der Entdeckung zu verkürzen. Sie sind oft gar nicht erst bereit, die Persönlichkeit der Partnerin in ihrer Gesamtheit wahrzunehmen, sondern mit einer kurzfristigen Bestätigung, der physiologischen Sexualität, (scheinbar) zufrieden. Die sexuelle Begegnung wird damit schal und ihres faszinierenden Facettenreichtums beraubt, einmal ganz davon abgesehen, daß diese Art Sexualität eine gravierende Verletzung der Integrität der Partnerin darstellt. Lieblose Begattungsakte in ökonomisch orientierten Vernunftehen, eheliche Pflichtübungen oder das trostlose Beschlafen der Partnerin sind leider immer noch die häufigsten Formen sexuellen Verhaltens in unserer Gesellschaft. Das Beschlafen gilt im Bewußtsein der meisten Menschen nicht als Perversion, weil sie denken, pervers sei nur, was stark von der Norm abweiche. Das Beschlafen, also Sexualität mit Hilfe psychischen oder physischen Drucks, ist – wie schon gesagt – wohl die weitest verbreitete Perversion in unserer Kultur überhaupt. Jede von einem der Beteiligten nicht gewollte sexuelle Handlung ist ein schwerer Eingriff in die Persönlichkeit. Viele Männer, aber auch die das Beschlafen duldenden Frauen wissen nicht, daß die physische und psychische Gewalt, etwa einer Vergewaltigung, die Persönlichkeit nicht in jedem Fall mehr schädigt als widerwillig hingenommene Sexualität mit der Person, die man liebt.

Wären sich beide Beteiligten der Tatsache bewußt, daß positive Sexualität aus dem Bedürfnis entsteht, dem anderen Menschen das Höchstmaß an Innigkeit, Geborgenheit, Intimität, Zärtlichkeit, Erregung, Ekstase und Wollust zu geben, nicht aber ein kurzfristiges physisches Abreagieren zum Ziel haben kann, hätten die lieblosen Begattungsakte in den Ehebetten wohl keine Chance mehr.

Immer wieder wird in diesem Zusammenhang, und nicht nur von Männern, aufgeführt, oft um die phantasielose »Pflichtübung« zu rechtfertigen, es bestehe ein prinzipieller Unterschied zwischen den Geschlechtern: Frauen hätten nun einmal ein größeres Bedürfnis nach Zärtlichkeit, Aufmerksamkeit und liebevoller Zuwendung. Dies ist ein unsinniges Vorurteil, wie im Folgenden erläutert werden soll.

Nehmen wir einmal an, Sie haben Kinder. Zweieiige Zwillinge. Ein Junge und ein Mädchen, Philipp und Yasmin. Und Sie teilen sich die Erziehung (wozu auch die nächtliche Betreuung gehört, wenn das Kind getröstet werden muß, weil es schlecht geträumt hat oder wach ist!) gleichberechtigt. Ich habe schon an anderer Stelle ausgeführt, daß Zuwendung beim Kind Sicherheit erzeugt und die Basis für das spätere Beziehungsverhalten ist.

Philipp und Yasmin werden diese Zuwendung – Gespräche, Spiel, Augenkontakt oder Streicheln und Küssen – von Ihnen beiden erhalten, ganz unabhängig davon, daß Philipp ein Junge und Yasmin ein Mädchen ist. Am Anfang unseres Lebens – ob mit einem Penis oder einer Scheide ausgestattet – haben wir das gleiche Bedürfnis nach Aufmerksamkeit und Bestätigung und auch nach den gleichen Formen der Aufmerksamkeit und Zuwendung. Die Bezugspersonen Mutter und Vater können vom Säugling zwar erst im Alter von sechs Monaten überhaupt differenzierter wahrgenommen werden, und auf ihren Verlust reagiert das Kleinkind mit Nahrungsverweigerung, Apathie und Abkehr von der Umwelt, die Reaktion auf Zuwendung aber ist bei männlichen und weiblichen Säuglingen gleich. Als Erwachsene müßten Philipp und Yasmin folgerichtig eigentlich auch die in der Kindheit erfahrenen gleichen Formen der Zuwendung durch Gespräche, Blickkontakt, spielerisches Entdecken, Berühren und Streicheln des Körpers und des Gesichts als angenehm erleben. Gehen wir noch weiter. Wenn wir Babys oder Kleinkinder niedlich finden und ihnen Zuneigung entgegenbringen, wollen wir uns diesem kleinen Wesen Mensch auch mitteilen, wollen, daß es lacht und vergnügt ist. Wenn das Baby unser Gesicht erkennt oder – später – versucht, unseren Namen nachzusprechen, reagieren wir mit einem Gefühl inniger Verbundenheit. Wir wollen angenommen und »geliebt« werden. Das gilt nicht nur für unsere Begegnung mit dem Kleinstkind, das uns vielleicht aufgrund seiner Hilflosigkeit besonders rühren mag, sondern auch für dessen weitere Entwicklung: Das Kind beginnt, »richtig« mit uns zu kommunizieren, sein Interesse auf uns zu richten. Als Erwachsene haben wir zumeist spontane Kommunikation und Zuneigung verlernt, weil die Rolle, die wir glauben spielen zu müssen, im Widerspruch zu unserem eigentlichen Bedürfnis nach Sinnlichkeit und Zärtlichkeit steht.

Der Begriff zart (Zärtlichkeit) bedeutete ursprünglich lieb, geliebt, teuer, vertraut, fein und schön. Das Wort trauen war gleichbedeutend mit zart, und beide hingen eng zusammen mit der Bedeutung von: *seinen Sinn auf etwas richten*. Anfang des 18. Jahrhunderts entstand dann der ursprünglich positive Begriff der Zärtling, aber auch (ver-) zärtelt im negativen Sinn von weichlich oder verweichlicht.

Heute wissen viele Menschen nicht, was Zärtlichkeit bedeuten kann und wie sie entsteht. Männer orientieren sich an einer rationalen Vorstellung von ihrer Geschlechterrolle. Die ausgeprägte Fähigkeit zur Zärtlichkeit wird – speziell vom männlichen Geschlecht – nicht als Stärke aufgefaßt, die entwickelt und gepflegt werden muß, sondern als Schwäche. Der Vergleich mit femininen Homosexuellen, die sich »weibisch« und unmännlich verhalten, wird ebenso als Argumentation für die eigene fehlende Zärtlichkeit herangezogen wie unsere Kultur, in der es sich – zumindest in der Öffentlichkeit – nicht gehöre, diesen Gefühlen Ausdruck zu verleihen. Zärtlichkeiten werden als Vorspiel und unvermeidliche Legitimation für den Geschlechtsverkehr angesehen, nicht aber als Ausdruck von Zuneigung, Vertrauen und dem Wunsch, den anderen Menschen mit den eigenen Sinnen zu entdekken. Zärtlichkeiten sind also meist zielgerichtet.

»Ich wünschte mir früher von den Männern, mit denen ich schlief, viel Zärtlichkeit. Das Verlangen nach Geborgenheit, danach, mich dem anderen hinzugeben und mich verwöhnen zu lassen, war groß. Behutsam im Gesicht begonnen, den Hals entlang und über Busen und Bauch, fortgesetzt bis zur Innenseite der Schenkel und dann zärtlich wieder zurück – so sollte es sein. Doch diesen Wunsch hat mir so recht kein

Mann erfüllt. Zwar empfing ich hin und wieder Zärtlichkeiten, aber mehr so ein mechanisches Streicheln, das eben dazugehört. Mal kurz den Busen angefaßt und zwischen den Beinen, dann wieder ein Kuß, und schon war er in mich eingedrungen. Gespräche darüber, was man gerne hätte vorher, dabei und nachher, gab es so gut wie nie. Ich denke, das ist einer der schlimmsten Fehler – wenn nicht über solche Gedanken und Gefühle gesprochen wird.«

Zärtlichkeiten setzen *Zustimmung* voraus. Auch wenn ich als Erwachsener das Bedürfnis habe, meine ganze Person, meine Gefühle, Ängste und Freuden einem anderen mitzuteilen, dieses Bedürfnis aber nicht realisieren kann, gelingt mir das Kindern gegenüber, wie oben beschrieben, meist ganz zwanglos und unproblematisch. Doch schon wenn das Kind schreit, später patzig oder trotzig ist, fällt es uns schwer, auch tatsächlich das Bedürfnis nach Zärtlichkeit auszudrücken. Weil wir in diesem Moment nicht so empfinden. Wir sind nicht in der Stimmung.

Unser Bedürfnis nach Zärtlichkeiten entspringt ganz unterschiedlichen Quellen. Wir empfinden Mitleid und wollen Anteilnahme zeigen, Geborgenheit vermitteln, um dem anderen Menschen unser Verständnis auszudrücken. Oder wir wollen Interesse, Freude an seiner Schönheit, seiner Augen, seines Mundes, der Haare, der Haut und des Körpers, signalisieren. Oder: Wir genießen das Zusammensein mit unserem Gegenüber, weil wir die gleichen Gedanken teilen und uns verstanden fühlen. Lieben wir, verfügen wir über unendlich viele Möglichkeiten, eine feste Vertrauensbasis zu schaffen, zu der intensive Zärtlichkeit und ein ebenso intensiver Gedankenaustausch gehören. Das Problem der meisten Menschen, insbesondere der Männer mit ihrer mangelnden Zärtlichkeit, liegt darin, sich nicht in die entsprechende Stimmung versetzen zu können oder zu wollen, kein Gefühl für den richtigen Blick, die richtige Stimmlage oder die gerade gewünschte Streicheleinheit zu haben. So wie eine Mutter für ihr innerlich abgelehntes Kind kaum Zärtlichkeit empfindet oder sich, umgekehrt, ein Kind nicht liebevoll einem Erwach-senen zuwendet, der es nicht annimmt, werden auch die Partner in einer Beziehung kaum oder gar nicht jene intensive Stimmung von Zärtlichkeit erzeugen können, die entsteht, wenn zwei Menschen sich einander vorbehaltlos mitteilen wollen und fähig sind, sich an der vielschichtigen Persönlich-keit des anderen zu erfreuen.

Wer sich vom anderen nicht wirklich faszinieren lassen kann, sich nicht ganz und gar auf ihn einläßt, wird unfähig bleiben, *entdeckende* Zärtlichkeit zu geben, weil er nur ein einseitiges Interesse an ihm hat. Der unendliche Facetten-reichtum der Zärtlichkeit bleibt ungenutzt, die körperliche Zuwendung auf das mechanische Moment reduziert. Diese technische Zärtlichkeit besteht in Berührungen oder Küssen, die dem einzigen Ziel dienen, sich Erregung und Vergnügen zu verschaffen, eventuell sogar nur um Frieden zu bewahren und Ruhe vor erneuten Ansprüchen, Wünschen oder Kritik zu haben. Technische Zärtlichkeiten sind der »Muß-Kuß« vor dem Einschlafen, am sonntäglichen Mittagstisch oder bei der Rückkehr von der Arbeit, unsensibles Streicheln der einmal erlernten »erogenen Zonen« und mangelndes Einfühlungs-vermögen in die Stimmungsabhängigkeit aller körperlichen Zuwendung. Sinnlichkeit erleben zu wollen setzt auch Sinn-lichkeit, oder besser noch Empfindsamkeit aller Sinne beider Beteiligten voraus.

»Früher konnte ich nur zärtlich sein, wenn ich die Frau in jeder Hinsicht körperlich attraktiv fand. Meine Hände und Lippen berührten sie, erkundeten die Wärme, den Duft, die Festigkeit und Weichheit der Haut, den zarten Flaum des Haaransatzes, die Fülle und Wuchsform der Achsel- und Schamhaare, die wilden, schmalen oder buschigen Augen-brauen, die langen, gebogenen Wimpern, die so unter-schiedlichen Hautpartien vom Gesicht bis zu den Füßen. Mich faszinierte die Schönheit, die Ästhetik des Körpers, und ich hatte aus der Freude darüber, das Schöne und Neue entdecken und berühren zu können, ein zärtliches Gefühl.

Heute versuche ich, in jedem Blick, in der Berührung den ganzen Menschen, nicht nur den Körper zu erfassen. Egal, ob die Haut faltig, der Busen klein ist oder herunterhängt, sich Schwangerschaftsnarben am Bauch oder Falten um die Augen abzeichnen, die Nase zu groß oder zu breit, die Zähne nicht perlweiß sind und gerade in einer Reihe stehen, der Po Birnen- anstatt Kugelform hat, die Hände und Füße breiter, kürzer und dicker statt schmal sind. Ich ignoriere das kleine Bäuchlein. Ich bin zärtlich zu der Frau, dem Menschen, und nicht zu formvollendeten Körperteilen. Wichtig sind mir Augen und Mund. Sie signalisieren mir, was mir an Gefühlen entgegengebracht wird. Dabei ist es auch egal, ob mich schwarze, glühende ›erotische‹ Augen ansehen oder graugrüne, die auf viele Menschen abweisend und kühl wirken. Der Ausdruck der Augen ist es, der in mir das zärtliche Gefühl auslöst. Mit meinen Augen suche ich die ihrigen, beobachte den Wechsel der Stimmungen. Der lachende, fragende oder gerade verletzliche Ausdruck, auf den ich dann zärtlich reagiere. Mit Blick und Stimme und der behutsamen Berührung ihrer Lippen will ich sie ganz erkunden. Ich versuche, aus ihrer Mimik Gedanken und Stimmungen zu lesen. Dann kann ich den Körper erforschen, immer bereit zu prüfen, wie auf meine Zärtlichkeiten, mein Begehren und meine Zuneigung reagiert wird. Ich erforsche die Seele über meine Zärtlichkeiten und lasse mich auf gleiche Weise entdecken. Über die Jahre habe ich von meinen verschiedenen Freundinnen erfahren, daß sie durch meine Zärtlichkeiten, die eben nicht nur auf sexuelle Stimulierung gerichtet, sondern von meiner ehrlichen Begeisterung für die Frau bestimmt waren, von meiner Freude darüber, was sie mir entgegengebracht hat, großes Vertrauen geschöpft haben. Gerade sexuell waren sie dann besonders offen, konnten Spiele und Dinge machen, die sie zuvor für undenkbar, ja pervers gehalten hatten. Die Offenheit, die sie entwickelten, war auch außerhalb der Sexualität zu spüren, zunehmende Toleranz und die Bereitschaft zu Kritik und Selbstkritik haben das ermöglicht.«

Wie weit sich Menschen auf der Basis von Zärtlichkeit, Zuwendung und Akzeptanz tatsächlich öffnen können, wird in den ganz unterschiedlichen sexuellen Biographien im letzten Teil des Buches gezeigt.

Eines der häufigsten sowohl von Männern als auch Frauen vertretenen Vorurteile ist, daß Macht, Gewalt und Sadismus zum männlichen und Zärtlichkeit, Innigkeit, der Wunsch nach Geborgenheit und Intimität zum weiblichen Geschlecht gehören. Diese Polarisierung (und Klassifizierung) der Sexualität ist falsch, denn grundsätzlich können beide Geschlechter auch den Mechanismus von Macht sexuell genießen. Ich möchte versuchen, die Gründe dafür anhand unserer Persönlichkeitsentwicklung so darzustellen, daß jeder sie nachvollziehen kann.

Homo ludens. Das ist jeder von uns. Der spielende Mensch, der auf diese Weise schöpferisch seine Phantasie erweitert. Als Kinder erkunden wir unsere Umwelt spielerisch. Wir versetzen uns in unterschiedlichste Rollen und Wesen, um zu erfahren, wie das ist. Wir erleben wirkliche und ausgedachte Geschichten: von Indianern, Detektiven, Sagen- und Märchengestalten, Kriegen und Frieden, von Kasperle und dem Teufel, Räuber und Gendarm, bösen und guten Mächten, Tanten, Nachbarn, Kindern, vom guten Onkel Doktor und dem geheimnisvollen Schwarzen Mann. Haben wir wenige Spielkameraden, denken wir uns um so mehr Geschichten aus, in denen wir in die unterschiedlichsten Rollen schlüpfen. In jedem der Spiele aus unserer Kindheit gibt es gute und schlechte Menschen und Wesen, starke und schwache, mächtige und verletzliche. Meistens wollen wir selbst als die Stärkeren und Guten auftreten, als Kasper, nicht als Teufel, als Anführer, Detektiv, Prinzessin, Fee, Elfe oder entführte weiße Frau, die aus der Gefangenschaft der Indianer befreit werden muß. Später spielen wir Sequenzen aus Film- und Fernsehszenen durch, rennen hinter Bällen her und weinen, wenn wir im »Mensch-ärgere-dich-nicht«-Spiel verloren haben, freuen uns darüber, wenn unsere Mitspieler ihre

128

Häuser beim Monopoly-Spiel abreißen müssen, weil sie unsere Wucherpreise in dem Hotel in der Parkallee nicht mehr bezahlen können. In fast allen Spielen gibt es Verlierer und Gewinner, Schwächere und Stärkere. Und jedes Spiel hat seine Gesetze, ungeschriebene oder vereinbarte. Die beste Freundin wird zur Feindin, wenn sie die geliehene Lieblingspuppe bestraft, obwohl sie doch im eigenen Bewußtsein brav und unschuldig ist. Und was ist der Freund noch wert, der trotz der am Marterpfahl geschlossenen Blutsbrüderschaft ein wohlgehütetes Geheimnis an die feindliche Indianergruppe der Nachbarjungen verrät?

Was hat dies alles mit Sexualität und der Ausgangsfrage dieses Kapitels zu tun? Viel. Unser gesamtes Leben, im Spiel und in der Realität, sind wir damit konfrontiert, Stärken oder Schwächen zu haben und zu zeigen. Unsere Spiele haben sich hinsichtlich der Form, des Inhalts und der handelnden Figuren über die Jahrtausende verändert, nicht aber der Mechanismus, der dahinter steht. In fast allen Spielen nämlich gibt es – wie schon erwähnt – Gewinner und Verlierer, also Stärkere und Schwächere. Selbst Spiele, mit denen wir uns allein beschäftigen können, wie der millionenfach verkaufte Zauberwürfel »magic cube«, erhalten ihren Reiz durch den Vergleich: Wer kann ihn am schnellsten so drehen (und dementsprechend denken), daß alle Seiten einfarbig sind, der Arbeitskollege, der Intellektuelle oder das Kind? In unserer Mediengesellschaft wird Kindern der Mechanismus von Macht und Ohnmacht, oder besser von mehr und weniger Macht, von Gut und Böse, von Stärke und Schwäche über Zeichentrickserien und Fantasy-Plastikfiguren, Comics oder auch der Sesamstraße nahegebracht. Die heute bei Kindern so populären Figuren von »Masters of the Universe« mit den Gegenspielern He-Man und Skeletor symbolisieren Ruhe, Frieden, Freundschaft und den Sieg des Guten über den totalitären Mißbrauch von Macht, die Skeletor mit allen bösen Mitteln versucht zu erreichen. Selbst das kreative Bauspiel Lego hat (wie auch Playmobil) Ritter, Cowboys und

Astronauten. Und selbst die liebevollen Schlümpfe haben als Gegenspieler die bösen Haps-Schlümpfe, die die guten in den Po beißen, worauf sie ganz dunkel und selber aggressiv werden. Die Nachkriegsgeneration ist mit Walt Disneys Figuren wie Donald Duck aufgewachsen, die von Superman und anderen abgelöst wurden, die stark sind und gegen das Böse kämpfen. Erwachsene spielen Schach, lassen also starke und schwache Figuren gegeneinander kämpfen, lesen Tolstois »Krieg und Frieden«, in dem von militärischer, politischer und persönlicher Macht erzählt wird, oder sehen »Denver« und »Dallas«. Jedes Spiel und die meisten Spielfilme spiegeln diesen Mechanismus von mehr und weniger Stärke und Macht wider, der auch unsere Alltagsrealität kennzeichnet. Wir vergleichen uns und das, was wir erreicht haben, mit anderen und deren Errungenschaften, gleich ob es um soziale Statussymbole, Attraktivität des Partners, rhetorische oder intellektuelle Begabung, Körperkraft, Geschicklichkeit, sportliche Leistungen oder um den Umgang mit anderen Menschen geht: Immer sind wir konfrontiert mit dem Mechanismus größerer oder geringerer Stärke oder Schwäche. In unseren Beziehungen zu anderen Menschen und zum Partner bringen wir diese eigenen Stärken und Schwächen ein, reflektieren aber auch die des Gegenübers. Da wir ungern kritisiert werden, uns der Wunsch nach Ausgleich unserer Defizite verunsichert, reagieren wir zumeist aggressiv, ziehen uns in uns selbst zurück und schweigen. Oder wir versuchen, von unseren eigenen Schwächen abzulenken, indem wir die des anderen aufdecken.

Leider machen sich nur wenige Menschen ihre Schwächen ebenso bewußt wie ihre Macht und ihre Stärke. Würden wir dagegen nachvollziehen, wie sehr jeder von uns in diesen Macht-Ohnmacht-Mechanismus verstrickt ist, wäre uns auch bewußt, daß er gerade im sexuellen Bereich eine wichtige Funktion, ja, eine Sonderstellung hat. Wir würden also die bewußtere, die intensivere Sexualität erleben, die in diesem Buch beschrieben wird.

Macht, Gewalt, Stärke, Kraft. Zumindest die ersten beiden Begriffe verbinden die meisten von uns mit negativen, verletzenden Bildern, Erfahrungen und Erlebnissen: Staatsmacht und Staatsgewalt, Machtausübung und Machtgier, Machtbesessenheit und Machtanhäufung, Gewaltakt und Gewaltandrohung, Gewaltherrschaft und Gewaltmensch, Gewaltverbrechen und Vergewaltigung. Diese Wörter beschreiben aber den Mißbrauch von Macht und Machtgefälle. Macht bedeutet im neutralen Sinn zunächst *die Gesamtheit der Kräfte und Mittel, die jemandem für sich selbst und gegenüber anderen Lebewesen oder Dingen zur Verfügung stehen.* Wenn wir alles tun wollen, was in unserer Macht steht, um jemandem zu helfen, ist der Begriff der Macht positiv besetzt. Dies gilt auch, wenn wir uns selbst in der Gewalt haben, uns also beherrschen und die nötige Zurückhaltung üben können.

In der Sexualität stehen uns viele unterschiedliche Ausdrucksformen von Macht und Ohnmacht zu Gebote, die ihren Sinn allerdings nur erfüllen, wenn wir sie mit einem sorgsam entwickelten Bewußtsein zu handhaben verstehen. Ich kann Nähe ausdrücken in einem liebevollen Blick, mit einer Umarmung, die Zartheit und Respekt vor der Individualität des anderen zeigt und Intimität herstellt. Stimmlage und Worte machen mir seine Psyche zugänglich, sowie auch ich mich öffne, wenn ich entsprechend behandelt werde. Meine Zärtlichkeiten und meine Zuwendung bedeuten also Macht über die Vertrautheit und das Innere eines anderen Menschen. In dem Spiel einer Verführung, aber auch der Verfügbarkeit des Partners (einer Vergewaltigung oder gespielter Abhängigkeit) übe ich ebenfalls Macht aus. *Aber sie wird mir vom anderen verliehen, also hat eigentlich der Partner in diesem Fall die Macht.* Geben wir dieser Aussage mehr Authentizität:

Michael, 30 Jahre, Arzt: »Ich liebe es, wenn meine Freundin und ich abwechselnd Macht- und Ohnmachtspiele spielen.

Das war nicht von Anfang an so, sondern hat sich erst langsam entwickelt. Als wir uns kennenlernten, haben wir beide sehr zärtlich miteinander geschlafen. Wir haben uns stundenlang geküßt, gestreichelt, gegenseitig erregt und jeden einzelnen Zentimeter unserer Körper mit seinen so unterschiedlichen Reaktionen entdeckt. Ich will nicht behaupten, daß ich schon gleich zu Anfang das Bedürfnis hatte, ein Macht-Ohnmacht- oder S-M-Spiel in die Tat umzusetzen. Es ist ja nicht so, daß ich, wenn ich beispielsweise den Part des Stärkeren übernehme, irgendeine x-beliebige Frau dominieren will. Sie muß es wollen, mich begehren und ich sie, aber nicht nur den Körper, das Gesicht, die Reizwäsche und andere eventuell vorhandene Accessoires, sondern die ganze Frau – mit ihrer Seele! Wollte ich nur irgendeinen geilen Körper (der mich in der Phantasie schon sehr anmachen kann), könnte ich zu einer Prostituierten gehen, zu einem S-M-Treff oder einer entsprechenden Party. Aber dort würde die Handlung im Vordergrund stehen und nicht die psychische Macht über den anderen Menschen, die doch gesteigert wird, wenn ich weiß, daß die Frau mich nicht nur körperlich oder in meiner Rolle in dem jeweiligen Spiel ›begehrt‹, sondern eben auch psychisch stark beteiligt ist. Wenn meine Freundin mich liebt, weil ich ihr viel Aufmerksamkeit, Zuneigung und Zärtlichkeit – auch in Gesprächen – entgegenbringe, entsteht eine tiefe Innigkeit zwischen uns, die psychisch noch viel tiefere Schichten erreicht, wenn wir spielerisch Rollen und Eigenschaften annehmen, die wir in der ›Realität‹ nie ausagieren würden. An dem anonymen Sex mit einer mir fremden Frau auf einer S-M-Party wäre nur die Handlung (und das Neue) geil, ein, wie ich meine, reduzierter und eingeschränkter Genuß. Nicht sie oder ich sind begehrenswert, sondern eben nur die Handlung.

Unser zärtlicher Umgang hat zwischen meiner Freundin und mir nicht nur eine beispiellose Innigkeit möglich gemacht, sondern auch das Vertrauen, das Voraussetzung dafür ist, über sexuelle Wünsche und Phantasien zu sprechen. Da

132

wir auch außerhalb der Sexualität unheimlich viel kuscheln, liebevoll und zärtlich miteinander sind, auch schöne Abende zusammen verbringen, an denen wir zu müde sind, um miteinander zu schlafen, macht es andererseits uns beiden Spaß, Spiele zu inszenieren, in denen wir zwar zärtlich miteinander umgehen, aber auch Macht, Ohnmacht und spielerische Gewalt ausüben. Ich denke, weil Zärtlichkeit zwischen uns wirklich tägliche Selbstverständlichkeit ist, erleben wir in der Sexualität so gern auch ganz andere Dimensionen. Wir verhalten uns anders als die Paare in unserem Freundeskreis: Wir zeigen auch nach außen, in der Öffentlichkeit, was wir fühlen, das Glück unseres Zusammenseins, unser Begehren, unsere Zuneigung. Innige Blicke, Koseworte, zärtliche Berührungen gehören einfach dazu. Wir sagen uns eben, daß wir uns lieben, wir sehen uns an, wenn wir miteinander sprechen (und sind tatsächlich interessiert!), wir umarmen und küssen uns, wir schmusen und hängen dennoch nicht wie frisch verliebte Kletten zusammen. Dahinter verbirgt sich keineswegs ein gegenseitiges Besitzdenken, sondern die Freude über die Existenz und die Offenheit des anderen. Und wir stehen dazu, auch wenn andere dabei sind, und hoffen, daß wir sie damit nicht verletzen.

Wenn es in einem Scenelokal ›in‹ ist, nur in schwarzen Klamotten möglichst cool, emotionslos und mit einem ›arrogant face‹ am Tresen herumzuhängen, gehen wir bunt, unbefangen und vergnügt in den Laden und schmusen so, als wären wir zu Hause. Wir erleben leider auch, daß, zumeist ältere, Menschen empört darauf reagieren. Als wir einmal in einem Supermarkt eingekauft und uns dabei liebevoll umarmt und geküßt haben, einfach weil es soviel Spaß gemacht hat, die Zutaten für ein Abendessen mit Freunden gemeinsam auszusuchen, haben zwei Frauen das gleich giftig kommentiert: ›Wohl kein Zuhause‹, ›so etwas ist nicht christlich‹, ›das machen nur impotente Männer in der Öffentlichkeit‹. Auch solche Erlebnisse vertiefen aber nur unser Zusammengehörigkeitsgefühl, denn wir wissen, daß Neid, Mißgunst und die

Unfähigkeit anderer, ihre Gefühle auszudrücken, uns nicht dazu bringen wird, die unseren zu verleugnen. Viele freuen sich aber auch darüber, wenn wir einander unsere Zuneigung zeigen.

Unsere Machtspiele haben sich ganz allmählich entwikkelt. Zu Anfang wissen wir zum Beispiel oft nicht, wer denn nun eigentlich wen verführt. Manchmal beginnen wir zärtlich. Wir küssen und streicheln uns, aber schon am Kuß merken wir, wer sich von uns eher hingeben will oder der Fordernde und damit Stärkere zu sein wünscht. Aber schon in dieser Phase wechselt die Rolle auch häufig, mal fasse ich sie an der Schulter, am Busen, an der Hüfte, am Po, an den Beinen oder auch am Kopf fester an oder weicher, und je nachdem, wie sie darauf reagiert, übernehme ich die passivere oder aktivere Rolle. Wir achten beide auf die kleinsten Signale, die Bewegung unserer Körper und die Kopfhaltung, ein schwerer werdendes Atmen, ein Stöhnen. Es hat Monate gedauert, bis wir beide die Scheu (oder Scham?) überwunden hatten, wirklich jeden Millimeter unserer Körper zu erforschen und zu erregen. Ich denke, es bedeutet schon Macht, alle gesellschaftlichen Tabugrenzen bei der sexuellen Entdeckung des Körpers zu überschreiten. Meine Freundin war zunächst völlig verblüfft, als ich ihre Finger oder ihre Zehen nacheinander einzeln in den Mund genommen und daran gesaugt habe. Zuerst kitzelte es, später bekam sie einen sehr intensiven Orgasmus dadurch. Oder der Afterbereich. Am Anfang hat sie jede Berührung, auch die sanfte mit dem Finger oder mit den Lippen und der Zunge von mir abgewehrt. Sie sagte, es törne sie nicht an. Wir haben dann ein paarmal darüber gesprochen, daß Schleimhäute, also auch die des Afters, erregbar sind, weil dort besonders viele Nerven verlaufen. Man muß es eben nur vom Bewußtsein her zulassen können. Heute bekommt sie schon einen oder mehrere Orgasmen, wenn ich ihr ganz langsam mit meiner Zunge über ihren Arsch streiche oder hineingleite, ganz zu schweigen vom richtigen Analverkehr. Und sie leckt mir genauso gern den Arsch, weil es mich und deshalb auch sie anmacht! Auch war es für sie sehr ungewohnt, bei mir zu entdecken, wie sensibel ich auf eine Reizung meiner Brustwarzen reagiere. Von sich selbst und ihren Freundinnen wußte sie das. An all den Männern, die sie vorher hatte, war es ihr fremd. Da wir es beide als sehr lustvoll empfinden, Genitalien und After mit Lippen und Zunge zu stimulieren, rasieren wir uns regelmäßig. Zum einen finden wir das beide ästhetischer, zum anderen spürt man die Weichheit der Schleimhäute besser, sie mit den Lippen und der Zunge zu ertasten, sie feucht zu machen, um anschließend von ihnen umschlossen oder gar ›erdrückt‹ zu werden, ist ein phänomenal schönes Gefühl.

Unsere Machtspiele entwickeln sich oft aus ganz ›normaler‹ Sexualität. Wir mögen beide unheimlich gerne ›69‹, uns gegenseitig lecken und ›blasen‹, ein tolles Gefühl! Und weil wir ganz langsam und zärtlich anfangen, können wir die steigende Erregung am Pulsieren des Schwanzes spüren. Ich fühle, wie weit sie ihn reinnimmt, ob sie stärker oder schwächer daran saugt, wie die Schamlippen sich öffnen und der Klitorisschaft steif, die Scheide feucht wird. Und das Schönste daran ist: Wir sehen es auch. Wenn sie unten liegt und sich immer mehr daran erregt, daß sie meinen Schwanz im Mund hat, und ich sie gleichzeitig lecke, ihr leicht in die Schamlippen hineinbeiße, mit den Lippen daran ziehe, mit der Zunge ein zartes Tremolo auf der Klitorisspitze, die ich zart mit meinen Zähnen umfasse, spiele, um diese bewegliche, sensible, sich windende Zunge anschließend immer wieder unterschiedlich schnell, aber tief in eine der beiden Öffnungen zu stecken, ist sie soweit erregt, daß sie auf Macht-Ohnmacht-Spiele abflippt. Ich richte mich auf und sehe mir an, wie sie unter mir liegt und immer heftiger an meinem steifen Schwanz saugt, den sie immer tiefer in Mund und Rachen nimmt. Sie biegt den Kopf immer tiefer nach hinten, die Bewegung des Schwanzes in ihrem Mund kann ich am Spiel ihrer Wangenmuskulatur verfolgen. Aus Hals und Oberkörper treten die Muskeln hervor, ihr Körper windet sich in voller Hingabe. Ich setze mich noch weiter nach vorn, kneife leicht in ihre Brustwarzen und Brüste, berühre ihr Gesicht, ihre Scham oder ihren Arsch und frage mit tiefer Stimme: ›Na, wer will denn nun die Macht haben?‹ Dann ziehe ich ihren Kopf an den Haaren sanft noch weiter zurück und schiebe den Penis noch ein kleines Stück tiefer in ihren Mund. Ich merke, wie sie in diesem Moment von dem Gefühl ihrer (freiwilligen) Unterwerfung noch stärker erregt wird. Ich ziehe ein wenig mehr an ihren Haaren, lege meinen Kopf wieder zwischen ihre geöffneten Schenkel, aber ohne sie zu berühren. ›Ich weiß, du willst geleckt werden. Dann werde ich dich jetzt richtig auslecken.‹ Ihre Erwartung steigert sich bei diesen Sätzen ins nicht mehr Beschreibbare. Manchmal lecke ich sie dann wirklich wesentlich heftiger, so daß sie minutenlange Höhepunkte bekommt. Ich merke den Beginn ihres Orgasmus nicht nur am Zucken der Scheiden- und Analmuskulatur, wenn ich etwa, während ich sie lecke, zwei Finger zusätzlich langsam, aber immer tiefer in beide Öffnungen schiebe, sondern auch daran, daß sie stöhnt, schreien will, ich ihr aber in diesem Moment den Penis noch tiefer in den Mund stecke. Sie wird wild, will den Schwanz verschlukken, und ich schiebe ihn ihr bis zum Schaftansatz hinein. Ihre Erregung ist so groß, daß der Würgereflex aussetzt. Diese sich immer mehr steigernde Erregung zu spüren, macht auch mich immer geiler. Ich spüre, daß ich jede Sekunde kommen könnte, aber ich will nicht, ich will noch mehr. Kleine Orgasmen mit Mini-Ejakulationen habe ich, mir scheint, zehn und mehr Male. Ich reize sie immer weiter, damit auch sie mich noch stärker erregt. Sobald ihr Orgasmus beginnt, lecke ich sie heftiger, verstärke die Bewegung des Penis in ihrem Mund und die meiner Finger in After und Scheide. Ihr Orgasmus steigert sich weiter und höher, wird von einem neuen, noch intensiveren quasi überrollt, und in diesem Moment lecke ich sie nur ganz zart, fasse sie ein bißchen härter an oder spreize ihre Beine ein wenig weiter auseinander. Oder ich presse beide Beine von ihr so zusammen, daß sie meinen Kopf wie

gefangen hält. Sie kann in diesen Momenten sowohl Ausgeliefertsein als auch Macht spüren. Ich halte ihre Erregung
weiter so hoch, daß immer intensivere Orgasmen kommen,
sie richtig abdreht. Das können wir zehn Minuten machen,
zwanzig oder über eine Stunde. Geil daran ist für mich nicht
nur, ihr so tolle Momente zu verschaffen, sondern auch daß
ich sie mit steigender Erregung und immer mehr und längeren
Orgasmen so weit treibe, daß wir alles miteinander machen
können. Körperlicher Schmerz, der genauso allmählich wie
die Erregung gesteigert wird, löst bei ihr fast so etwas wie eine
Sucht aus. Sie kann es kaum erwarten, leichte, dann immer
festere Schläge auf die Pobacken, ein härteres Ziehen an den
Haaren oder einfach nur mein Gewicht auf ihr, das sie einerseits langsam erdrückt, andererseits uns beiden das Gefühl
gibt, total miteinander zu verschmelzen ... In diesen Momenten verschwimmt die Wirklichkeit. Es geht nur um noch
mehr. Ihre Orgasmen spülen einander fort, sie ist weggetreten, nimmt gar nicht mehr wahr, was sie von mir wie weit im
Mund hat, was sie leckt und wo ihre Zunge wie weit und tief
alles auslecken will. Sie ist auf einem so hohen ›Geilheitsniveau‹, daß alles von allein geht. Es ist wirklich schwer zu
beschreiben. Dieses Erregungsniveau erreichen wir auch
dann schnell, wenn sie erwartet, daß ich sie ›härter‹ lecke,
ich das aber nicht tue, sondern Lippen und Zunge einige
Millimeter vor den empfindlichsten Stellen verharren lasse
und ihr, während sie mich in der ›69er-Stellung‹ bläst, ausführlich erzähle, wie ich sie jetzt lecken könnte. Ihre Erwartung steigt dadurch ins Unermeßliche, sie stemmt mir auffordernd ihr Becken entgegen, und anstatt ihr Verlangen zu
erfüllen, lecke ich sie nur ganz sanft. Sie explodiert beinahe,
und ich reize sie weiter. Ist sie auf dem beschriebenen hohen
Erregungsniveau angekommen, wo ein Orgasmus vom nächsten stärkeren überrollt wird, verschluckt sie meinen Penis
vor Geilheit, und ich bekomme meinen Orgasmus zusammen mit einem von ihr. Genau in diesem Moment flippe ich
aus und lecke sie zumeist sehr wild, was einen noch stärkeren

Orgasmus bei ihr auslöst. Aus ihrer Erregung heraus – und trotz meines Orgasmus – nimmt sie meinen Penis – unvorstellbar, aber wahr – noch weiter und tiefer in Mund und Rachen. Oft bekomme ich dann zwei oder drei Orgasmen direkt hintereinander.

Wenn ich in der ›69er-Stellung‹ unten liege, hat sie die Macht. Sie kann sich direkt auf mein Gesicht setzen und mich für ihre Erregung so benutzen, wie sie es gerade gern möchte. Wenn ich dann ihre runden, weichen Pobacken einige Millimeter über mir sehe, ihre wunderschöne Möse und die Arschöffnung, den langen, muskulösen Rücken, über den die wilde Haarmähne fällt, wenn sie meine Brustwarzen mit den Fingern stimuliert, kann ich ohne jede Berührung meines Penis zum Orgasmus kommen. Wenn ich dann merke, daß sie sich immer mehr fallen läßt und eigentlich keine Rücksicht (was ja sonst zwischen uns nicht vorkommt!) mehr auf mich nimmt, weiß eigentlich keiner von beiden, wer die Macht hat: ich, der sie zuläßt und ›erlaubt‹, oder sie, die ›zuläßt‹ und erlaubt. Eine solche Steigerung von Erregung und Intensität der Orgasmen können wir auch durch den Geschlechtsverkehr, das ›Bumsen‹ haben. Ich bin kein ›Kaninchenficker‹, der schon im Stakkato anfängt und meist nach kurzer ›Rein-Raus-Prozedur‹ übergangslos ejakuliert. Eigentlich stimuliere ich grundsätzlich, indem ich lecke. Ich habe es selbst sehr gern, wenn ich auch oral erregt werde.

Dann spiele ich meist mit dem steifen Penis an der Öffnung der Scheide, am After und an der Klitoris und führe ihn extrem langsam ein. Dabei liegt meine Freundin oft unter mir (die Missionarsstellung muß nicht schlecht sein!), wir sehen uns in die Augen, küssen uns immer leidenschaftlicher, und ich halte sie eng umschlungen, oder ich nehme ihre Pobacken in meine Hände, drücke sie fest oder ziehe sie leicht auseinander, um mit einem oder zwei Fingern langsam in den After einzudringen, gleichzeitig stecke ich den Penis in die Scheide. Wir spüren das langsame Pulsieren und das Ausgefülltsein. Unsere Bewegungen werden schneller. Oft ziehe ich den Penis wieder heraus, um mich an ihrem flehenden ›bitte, bitte!!!‹ und dem auffordernd vorgeschobenen Becken noch mehr zu erregen. Manchmal lecke ich sie dann zwischendurch, einfach um ihr wieder diesen anderen Reiz zu verschaffen. Dann sage ich wieder mit tiefer Stimme: ›Okay, ich werde dir jetzt einmal den Schwanz in deine Möse rammen, aber nur einmal, und du wirst sofort einen Orgasmus bekommen. Okay, jetzt . . .‹ Sie explodiert geradezu, und ich beginne das Spiel begeistert von neuem, so daß wieder ein Orgasmus den nächsten überflutet.

Was ich hier zu schildern versuche, entsteht ganz allmählich und nicht beim ersten sexuellen Beisammensein. Nachdem wir eine solche Basis erreicht haben, können wir genau auf dieser Basis jegliche Rolle in einem inszenierten Machtspiel übernehmen, was häufig, aber nicht immer zu noch viel höheren Intensitäten führt. Das hängt immer von der Stimmung ab, die wir haben. Wir zwingen uns zu nichts in der Sexualität.

Unsere inszenierten Machtspiele fangen ganz unterschiedlich an. Das ist für uns beide auch das Faszinierende daran. Wenn wir wollen, können wir jeden Tag etwas Neues erleben, unsere Phantasien und deren Umsetzung immer weiter entwickeln. Manchmal beginnen wir damit, daß einer dem anderen ein weiches Kissen auf das Gesicht drückt, so daß sich nur der vor Erwartung und Erregung windende Körper unter dem Laken abzeichnet. Mir oder ihr werden die Augen verbunden, die Erwartung steigt so noch mehr, weil einer von uns beiden weder sehen noch ahnen kann, was als nächstes passieren wird. Wir fesseln uns, oft abwechselnd, je nachdem, wer eben gerade Lust hat, Macht oder Ohnmacht zu spüren. Manchmal zieht meine Freundin eine Strumpfhose an. Ich verbinde ihr die Augen, küsse sie zärtlich und sage ›Ich liebe dich‹. Ich streichele sie am ganzen Körper und merke ihre Erwartung und die steigende Erregung. Ich befehle ihr, sich hinzuhocken und den Arsch herauszustrecken. Sie tut es, und ich berühre nach und nach ihren ganzen Körper,

Busen, Bauch, Beine. Dabei frage ich sie, wie sie es denn gerne hätte. Oder ich sage ihr, was sie in diesem Moment für mich ist. Ich beginne, noch während sie überlegt, sie entweder ganz zart und langsam zu lecken, oder streichele ihr ebenso langsam über die Strumpfhose, sage ihr, daß ich sie fesseln werde, tue es auch, reiße heftig oder wie in Zeitlupe die gespannte Strumpfhose über ihrem schönen, gespreizten Arsch auseinander und bumse genußvoll. Oder ich lasse sie vor mir niederknien und peitsche sie zunächst leicht, und wir beobachten die ganze Szene im Spiegel.

Sie wird im Spiel zu einer Sklavin, einer Hure, einer Anhalterin, die ich mit nach Hause genommen habe, einer Drogensüchtigen, die von ihrem Dealer abhängig ist, zu einer Nachbarin, die scharf auf mich ist. Wir spielen Hure und Zuhälter, Vater und Tochter, Bruder und Schwester; die Beispiele lassen sich tausendfach variieren. Polizist und Studentin, als Hexe Angeklagte und Inquisitor, Schwarzer und Weiße. In den Phantasien spiegeln sich alle Machtverhältnisse und deren Mißbrauch in der Menschheitsgeschichte wider. Wenn ich diese Spiele hier erwähne, denke ich, ist es wichtig zu betonen, wie sehr wir beide von jeglichem Machtmißbrauch in der Realität entfernt sind. Wir haben beide noch nie einen Menschen geschlagen, halten Aggressionen und Beschimpfungen für Formen der Kommunikation, die nicht zu Verständigung führen und sich aus der Unfähigkeit der einzelnen speisen. Wir verurteilen die Ausbeutungsverhältnisse in der Prostitution und der Familie, Inzest, sexuelle Nötigung Abhängiger, Rassismus, Krieg und alles, was Frauen durch männliche Unterdrückung geschehen ist und was ihnen noch tagtäglich geschieht: Beschlafen und Vergewaltigung sind unzulässige Eingriffe in die Persönlichkeit, gegen die man gar nicht scharf genug Stellung beziehen kann.

Unsere Inszenierungen wechseln ständig. Oft praktizieren wir auch ›nur‹ 69 oder Geschlechtsverkehr und brauchen gar keine zusätzliche Handlung, sondern sprechen nur dabei, der eine dominant, der andere demütig. Bei anderen Gelegenheiten müssen die Peitsche und die Accessoires zum Fesseln und für die Augen da sein und werden auch vom ersten Moment an benutzt. Wir haben auch schon den chinesischen Kaiser und seine Konkubine gespielt, weil sich in dieses Spiel das Saugen an den Füßen so wunderschön einordnen läßt.

Das Tolle und ich denke auch sehr Wichtige an dieser Form der Sexualität, deren Folge langandauernde Höhepunkte von ungeahnter Intensität sind, ist es, daß keiner von uns fixiert ist. Weder auf den aktiven noch auf den passiven Part, weder auf Dominanz noch Unterwürfigkeit, weder auf Sadismus noch auf Masochismus. Wenn wir uns mit anderen Menschen über deren Sexualität unterhalten, wird uns manchmal, gerade von Männern, ›stolz‹ erzählt, daß sie Sklavenspiele treiben. Fragen wir dann weiter, erfahren wir, daß der Typ sich ständig bedienen, etwa blasen läßt und selbst zur Erregung der Frau nichts beiträgt. Kein Wunder, wenn bei solchen ›Machtspielen‹ die Intensitäten, die wir erleben, ausbleiben.

Jedes dieser Spiele hat auch eine kommunikative Funktion. Beim Machtspiel hat einer von uns die starke, die befehlende Position, der andere die schwache, demütige, dienende und ohnmächtige. In Gesprächen darüber ist uns dann aufgefallen, daß der, der ohne Macht ist, also Macht über sich zuläßt, eigentlich die Macht hat. Und eben auch umgekehrt. Anhand dieser Spiele lernen wir uns und unsere Wünsche auch besser kennen, weil es eben trotz starken gegenseitigen Vertrauens sehr schwer fällt, darüber zu sprechen oder die richtigen Worte dafür zu finden. Meine Freundin hat mit der Zeit immer mehr Freude an Sexualität entwickelt. Unsere Spiele entwickeln sich inzwischen immer häufiger zu rauschhaften Bumsereien in allen erdenklichen Variationen. Anfänglich konnte sie, wenn ich sie geleckt habe, nicht so aus sich selbst heraus, wie sie sich das in ihrer Phantasie eigentlich vorgestellt hatte. Als sie dann einmal die Rolle der ›Sex-Lehrerin‹ übernommen hat, die ihrem Schüler den Sex so beibringen will, daß sie selbst höchste Befriedigung dabei erfährt, hat sie mir wirklich gezeigt, wie, wie lange und wie intensiv ich sie genau lecken soll, wo und wie ich sie mit meinen Händen berühren darf oder muß. Ich war danach zwar erholungsreif, meine Lippen und meine Zunge waren überanstrengt, aber die Intensität dieses Erlebnisses war dafür unbeschreiblich.

In Gesprächen mit Freunden über das Thema Sexualität werde ich oft gefragt, wieso meine Freundin, aber auch Frauen aus meinem ›Vorleben‹ so frei seien und ich mit ihnen solche Dimensionen der Intensität erreiche. Sie zweifeln nicht an unserer Liebe, denn die strahlen wir einfach auch auf andere aus. Ich denke, es liegt daran, daß wir keine Angst haben zu versagen. Beide nicht. Wir können ›nur‹ zärtlich zueinander sein, egal, ob ich einen › Steifen‹ habe oder nicht. Wir können ein Spiel spielen, aber wir müssen nicht. Wir können jederzeit die Rollen wechseln und haben keine Angst, den anderen zu enttäuschen. Insofern gibt es keine Verkrampfung zwischen uns, und die Erwartung, die wir (sexuell) haben, kann nur positiv sein. Wir lieben uns eben.«

9. Die großen Mythen: Pornographie, Aprodisiaka, Gräfenberg-Spot

Da Sexualität mittels Information veränderbar ist, kann die Beschäftigung mit Pornographie auch zu einer Veränderung des sexuellen Verhaltens führen – und zwar sowohl in positiver als auch negativer Hinsicht. Verbieten wir uns von vornherein die Beschäftigung mit Pornographie, egal ob in schriftlicher oder bildlicher, in mehr oder in weniger anspruchsvoller Form, ersparen wir uns mit Sicherheit unerotische Sequenzen, nehmen uns aber auch die Möglichkeit, neue Formen von Sexualität kennenzulernen und uns damit auseinanderzusetzen.

Die folgenden vier Aussagen von Frauen deuten an, wie unterschiedlich die Einstellung zu Pornographie sein kann:

Nina, 33 Jahre alt, Boutiquebesitzerin: »Meinen ersten Pornofilm habe ich erst vor zwei Jahren gesehen. Bis dahin habe ich gedacht, daß da überwiegend nur Schweinereien drin vorkommen. Glücklicherweise war dieser erste Film ganz gut. Ich finde, die oft sehr schönen Darsteller und Darstellerinnen bringen einen in eine Art Zugzwang, für den eigenen Körper etwas zu tun, um geil auszusehen. Ich habe auch aus Pornos gelernt. Ich habe früher immer falsch geblasen, heute kann ich den Schwanz ganz tief in den Mund nehmen und habe auch Spaß daran, früher hatte ich Angst, etwas falsch zu machen.«

Beate, 29 Jahre alt, Zahnärztin: »Die pornographischen Erzeugnisse, die ich bis jetzt gesehen habe, erregen mich in keinster Weise; sie stoßen mich ab. Ich vermisse eine romantische Stimmung, die ich für meine Erregung ebenso benötige wie Zärtlichkeit.

Ich teile meine Liebe und Sexualität nur mit meinem Partner. In den Pornofilmen mangelt es an Nähe und Zuneigung. Die Bilder zeigen den Akt der Liebe fast brutal und abartig. Was haben beispielsweise mehrere Männer bei einer Frau zu suchen? Auch kann ich bei den Akteuren keine Freude an Sexualität erkennen; sie sind häßlich und gehen gemein miteinander um.«

Petra, 18 Jahre alt, Abiturientin: »Für mich bedeutet das Anschauen von Pornofilmen auch einen Lerneffekt. Wenn schöne Menschen auf der Leinwand das machen, was ich mir wünsche, erregt es mich. Meistens bin ich danach dermaßen geil, daß ich sofort mit jemandem schlafen möchte. Es gibt eigentlich in jedem Film, den ich bis jetzt gesehen habe, Phasen, die neu für mich sind. Manches finde ich toll und möchte es auch ausprobieren, die ständige Wiederholung von Bumsszenen törnt mich aber nicht mehr an. Lieber würde ich Szenen mit mehreren Männern an irgendeinem komischen Ort sehen. Vielleicht in einer Autowerkstatt.«

Natascha, 24 Jahre alt, Verkäuferin: »Ich denke, daß jeder Mensch anders auf Pornographie anspricht. Viele Menschen haben zwar sehr ähnliche Phantasien, aber eben doch auch differenzierte. Für mich spielt es eine große Rolle, ob die dargestellte Pornographie meiner Phantasie und meinen realen Wünschen entspricht. Sie muß so ›aufgemacht‹ sein, daß das Gefühl der Beteiligten herüberkommt. Zwei Leute beim Bumsen abzufilmen, reizt nicht. Es muß einerseits erotisch sein, andererseits aufregend, abwechslungsreich. Wie eben auch meine Idealvorstellung von Sexualität. Viele verschiedene Bilder und Handlungen, die eine mit erotischen Szenen, Zärtlichkeit und Wollust, eine andere wieder mit Macht-Ohnmacht-Spielen, mit Fesseln, Schlagen und Sado-Maso-Spielen. Es muß für jeden Bedarf und jede Phantasie etwas dabei sein.

Und es müßte etwas gezeigt werden, was ich auch schon selbst erlebt habe. Sonst kann ich mich nicht identifizieren.«

Auf den von Frauen oft geäußerten Hilferuf: »Mein Freund guckt heimlich Porno« wird vorschnell mit Verständnis reagiert. Pornos seien frauenfeindlich, eklig, der geschilderte Spaß in der Sexualität liege objektiv nur in der Herabsetzung und dem Benutzen der Frau, pornokonsumierende Männer würden Frauen, eigene und fremde Kinder viel eher sexuell belästigen. Manche Männer seien durch das Ansehen von »Gewaltpornos« sogar süchtig geworden. Auch verstärkte Neigung zu Gewalt und sogar zu Verbrechen wurden der Pornographie schon zugeschrieben. In diesem heiklen Bereich wird einfach nicht genug differenziert. Jede zweite Frau in der BRD hat in ihrem Leben bislang mindestens einen Pornofilm gesehen. Ein Drittel empfand dies als erregend, geil, ästhetisch und angenehm, zwei Drittel dagegen als abstoßend und ekelerregend. Ob aber eine Darstellung sexueller Szenen vom Betrachter als angenehm empfunden wird, hängt nicht nur von dem Film ab, sondern auch davon, mit welcher Einstellung der Betreffende an das Gesehene heran-

144

geht. Je größer die sexuelle Variationsbreite und Experimentierfreude der einzelnen Frau ist und je weiter ausgebildet die Fähigkeit, sich – auch in noch unbekannte Felder – »fallen zu lassen«, desto größer ist auch der Spaß an Pornographie und desto mehr kann sie der sexuellen Stimulierung dienen. Offenheit und Experimentierfreude sollen in diesem Zusammenhang bedeuten, daß eigene Wünsche (Phantasien) zunächst gedanklich zugelassen werden. Dann erst folgt der nächste Schritt: die sexuelle Kommunikation mit dem Partner. In beiderseitigem Einvernehmen kann dem Austausch von Wünschen und Phantasien dann die »Tat« folgen. Würde eine Frau sexuelle Handlungen, etwa die Stimulierung des Mannes durch Oralverkehr als Unterdrückung ihrer selbst interpretieren, anstatt darin die Möglichkeit für eine intensive Erregung des Partners zu sehen, wird eine solche Szene in einem Pornofilm wohl erst recht nicht als angenehm oder stimulierend empfunden.

Um auf eine erotische oder pornographische Sequenz überhaupt reagieren zu können, brauchen wir entweder eine sexuell-erotische Erfahrung, die sich in irgendeiner Weise in dem Film widerspiegelt, oder unsere Phantasie, in der wir uns ausmalen, das Gesehene mit einem geliebten Menschen auch zu erleben.

Die Wirkung von Pornographie auf Frauen hängt neben den Fakten Offenheit und Variationsbereitschaft in besonderem Maße von der Qualität der Pornographie ab. Auch den Akteuren messen Frauen eine große Bedeutung zu. Sie achten, im Gegensatz zu Männern, die sich leichter auf die sexuelle Darstellung und die gezeigten Genitalien konzentrieren können, auf Gesichter, den Oberkörper des Mannes, Hände, Po und Penis, also auf die Gesamtästhetik und auf die Atmosphäre. Die Einstellung von Frauen zu pornographischer Stimulation ist schwer zu bewerten, da sie zwar gern ästhetische Gesichter, Oberkörper, Brustbehaarung, Hände, Pos und Penisse gesehen hätten, die Auswahl der Darsteller dem aber nicht entsprach. Die meisten Frauen monieren

»Zuhältergesichter« oder Darsteller mit dümmlicher Mimik, die unsensibel und uninteressiert agieren; häßliche (»krumme«) Penisse haben, deren Eichel kleiner ist als der Durchmesser des Penisschaftes, oder aber sogenannte »Pilzeicheln«, bei denen die Eichel gestaucht ist. Darüber hinaus kritisieren Frauen Bauch- und Hüftfettansatz, lange Genital- und Afterbehaarung, unregelmäßige Brustbehaarung, lange Finger- und Fußnägel, Tätowierungen, falsche und unsensible Durchführung des Cunnilingus, reine Koitusszenen über längere Zeit mit Großaufnahme der Genitalien, Oralverkehr (Fellatio) seitens der Frauen, bei dem zu erkennen ist, daß er lustlos vollzogen wird (»Samenschlucken« und wieder »Ausspucken«); schlecht gespielte Erregung. Auch müsse das männliche Glied immer wieder »künstlich«, also von dem betreffenden Mann selbst (mit der Hand) steif gemacht werden, die Frauen vollführten Scheinbewegungen beim Koitus, und man könne erkennen, daß keine wirkliche Penetration stattfindet (sogenanntes »Falle schieben«). Auch pickelige Körper, Hautefflöreszenzen und Hämorrhoiden der Darsteller werden kritisiert. Neben dieser wahrlich vielfältigen Kritik lehnt die Mehrheit der Frauen und Männer die Synchronisation der pornographischen Filme als unecht, kitschig, unsensibel, künstlich und die sexuelle Erregung eher behindernd ab. Dies gilt besonders für das künstliche Gestöhne und die damit vorgetäuschte Wollust, die sich in Stakkato-Sätzen wie: »Fick mich«; »Du machst mich so geil«; »Gib mir dein geiles Sperma«, »Du geile Sau« äußern. Abgelehnt wird dabei nicht die »vulgäre« Sprache ganz allgemein, sondern daß diese Sprache der Situation nicht adäquat ist, nicht überzeugend. Den Produzenten, Regisseuren und Darstellern fällt es anscheinend nicht auf (oder ihnen mißlingt die Umsetzung), daß zwischen der Handlung, den Geräuschen, den Dialogen und der Mimik der beteiligten Darsteller eine Einheit bestehen muß, damit auch der Betrachter seine eigene Phantasie mit dem Film in Einklang bringen kann. Bleibt die richtige Atmosphäre aus, vielleicht, weil die Frau ein gelangweiltes

Gesicht macht, ihre Synchronstimme aber gerade erklärt, wie geil sie sei und wie toll es ihr gemacht werde, verläßt gerade den sensibleren Betrachter, besonders Frauen, jede Erregung sofort.

Die Information der Pornofilme erleichtert uns aber die eigene Phantasiearbeit. Wir können auf etwas Gezeigtes zurückgreifen. Besteht ein Mißverhältnis zwischen dem im Film Gezeigten und der eigenen Phantasie, können wir uns entweder nicht mit einer der handelnden Personen identifizieren oder wir sind unsicher, weil unsere Phantasie komplexer ist, wir auch in der sexuellen Realität auf die Mimik, Sprache, Intonation, Blicke und vieles andere achten. In beiden Fällen geht unsere Erregung zurück, wir finden den Porno deshalb nicht gut. Männer allerdings, die auch in ihrer sexuellen Wirklichkeit mit dem Zwei-Minuten-Akt zufrieden sind, werden den Pornofilm gut, also stimulierend finden. Sie entwickeln nicht die Sensibilität, die für eine bewußtere Sexualität Voraussetzung ist. Sie haben nicht begriffen, daß zu einer Sexualität, die mehr will als den rein physiologischen Akt, sowohl Stimmung als auch Zustimmung nötig ist.

Im Gegensatz zu den meisten Frauen ist für viele Männer Pornographie eine Art Masturbationsvorlage, eine Ersatzhandlung. Entweder haben sie keine Liebespartnerin, oder sie ziehen gelegentlich Pornographie vor, weil ihre Partnerin ihnen bestimmte Wünsche nicht erfüllen mag, oder aber die eigene Partnerin wird als so unattraktiv empfunden, daß um sexuelle Erregung zu erreichen, ein Vehikel, ein pornographisches Produkt, benötigt wird. Nur selten sehen sich Paare Pornographisches gemeinsam an, um sich zu stimulieren oder Szenen nachzuspielen. Ein kleiner Prozentsatz von Frauen lehnt Pornofilme ab, weil sie sich in ihrer Rolle als Frau mißbraucht und in ihrer Identität entwürdigt fühlen als jederzeit verfügbares Lustobjekt.

Wenn manche Feministinnen glauben, ein Pornographie-Verbot fordern zu müssen, weil es schon eine Unterdrückung der Frau bedeute, den Penis des Mannes oral zu stimulieren, oder eine gespielte Vergewaltigung sei frauenfeindlich, deutet dies nicht nur auf mangelnde Differenzierung und vielleicht übernommene Vorurteile hin, sondern auch darauf, daß eigene Vorbehalte leichtfertig generalisiert werden. Die Forderung nach einer auf weibliche Bedürfnisse zugeschnittenen Pornographie, einer »erotischen Gegenkultur« gewissermaßen, ist zwar wegen des überwiegend schlechten Angebots zu verstehen, sollte aber nicht zu einer Aufteilung in Pornographie für Männer einerseits und Frauen andererseits führen. Beide Geschlechter würden, hätten sie die gesellschaftlichen und individuellen Vorurteile erst einmal abgelegt, weitgehend ähnliche Formen der Sexualität anstreben. Sinnlichkeit und Zärtlichkeit empfinden wir in der Kindheit als angenehm und befriedigend. Als Erwachsene haben sich diese Bedürfnisse keineswegs geändert, es sei denn, wir haben Ängste aufgebaut, die uns daran hindern, sinnliche Erfahrungen ohne allzu große Unsicherheit auszutauschen. Gehen wir noch einmal zurück zu den am häufigsten dargestellten Formen der sexuellen Erregung im Pornofilm, also oralem, vaginalem oder analem Verkehr, Reiben des Penis zwischen den Brüsten. Ergebnisse verschiedener statistischer Untersuchungen zeigen übereinstimmend, daß Männer Szenen am lustvollsten betrachten, in denen die Frau den steifen Penis in den Mund nimmt, mit Lippen und Zunge daran saugt und ihn stimuliert. Der Aufstieg der Pornofilmsternchen Amber Lynn, Tracy Lords und Elle Rio zu »Pornoköniginnen« ist neben ihrer Attraktivität auch darauf zurückzuführen, daß es zumindest den Anschein hat, als seien sie mit Freude, Lust und Begierde dabei, die Männer oral zu stimulieren. Da wird nicht nur die Spitze des steifen Penis vorsichtig zwischen Ekel, »Muß« und der Angst, den Samen in den Mund zu bekommen, zwischen die Lippen genommen, sondern mit zunehmender eigener (gespielter) sexueller Erregung wird die Erregung des Mannes auf die Spitze getrieben, der Penis so tief wie möglich nicht nur in den Mund, sondern bis in den Rachen genommen. Es wird gezeigt, daß es den Frauen

148

genauso viel Spaß macht, selbst geleckt zu werden, wie es ihnen Spaß macht, auch den Mann (oder die Männer) oral zu stimulieren. Und sie zeigen, wie die Erregung sich allmählich steigert, so daß sie schneller und tiefer gefickt werden wollen und auch Lust an analer Stimulation, Schmerz (in spielerischer Form!) und Machtsituationen gewinnen.

Pornographie trägt den Charakter eines überzeichneten Modells. Die Vielzahl der sexuellen Wünsche, zu denen auch die gegenseitige Verfügbarkeit gehört, wird vorgeführt. Penetration, Oral-, Vaginal- oder Analverkehr und auch Gewalt oder besser Machtausübung in spielerischer Form und mit gegenseitigem Einverständnis können in der Realität wie im Film als lustvoll erlebt und dargestellt werden. In der Mehrzahl der pornographischen Produkte der letzten Jahre wird versucht, den Wünschen der Konsumenten zu entsprechen, auch wenn die Auswahl der Darsteller/innen, die Synchronisation sowie die Handlung sehr zu wünschen übrig lassen. Den »idealen« Pornofilm gibt es noch nicht. Darin müßten nicht nur Darsteller auftreten, die aufgrund ihres Aussehens und ihrer Art Sex-Appeal ausstrahlen, das »gewisse Etwas« haben, sondern auch eine durchgehende Handlung mit adäquater Sprache gezeigt werden. Nicht der Akt an sich macht geil, sondern die Erwartung, was kommen könnte. Entdeckende Zärtlichkeit, die das Vertrauen schafft, sich auf Neues einzulassen, bis hin zu allen Formen von gespielter Macht und Ohnmacht, sollten darin vorgeführt werden. Die Freude am facettenreichen Spiel, das zu immer höheren Intensitäten mit immer neuen Entdeckungen und Erwartungen führt und sowohl Zärtlichkeit als auch »Gewalt« mit einbezieht, sollte gezeigt werden. Eine solche Darstellung käme dem »idealen« Porno schon sehr nahe. Und vielleicht wäre dagegen auch von feministischer Seite nichts einzuwenden.

Sowohl in den USA als auch im westlichen Europa haben radikale Feministinnen versucht, Frauen per Gesetz die Möglichkeit einzuräumen, ihre Persönlichkeitsrechte durch Klage gegen »Gewalt«-Sequenzen in Pornos wahrzunehmen. Wirkliche Gewaltdarstellungen, gleich ob in Horror- oder Pornofilmen, »unter den Ladentisch« zu verbannen, muß hier nicht länger diskutiert werden. Im Bereich der Pornographie ist der prozentuale Anteil ohnehin verschwindend gering. Die Argumentation der Feministinnen ist aber undifferenziert, ideologisiert und irreführend. Wenn sie nämlich behaupten, schon Fellatio, also das Hineinnehmen des erregten Gliedes in den Mund der Frau, sei diskriminierend, frage ich mich, ob denn auch der »Cunnilingus«, das Stimulieren und Erregen der Frau durch Lippen und Zunge des Mannes als Unterdrückung und schwerer Eingriff in die persönliche Integrität des Mannes interpretiert werden sollte.

Halten wir also fest: Pornographie kann sich positiv auf den Betrachter auswirken, Bilder und Sequenzen können seine (oder ihre) Phantasie bereichern, ja, Pornographie kann »lehrreich« sein. Männliche Aggressivität, Gewalt und mangelnde Zärtlichkeit gegenüber Frauen ist nicht auf den Konsum von Pornographie, sondern auf das jeweilige Bewußtsein und die damit verbundene Selektion zurückzuführen. Ein Mann, der sich partnerschaftlich verhalten will und eine Frau um ihrer selbst willen begehrt, wird nicht durch Darstellung von Aggression dazu »verführt«, plötzlich Gewalt und Unterdrückung Frauen gegenüber zu praktizieren. Die wachsende Zahl und Vielfalt pornographischer Produkte entspricht einem Bedürfnis: Warum soll der Allgemeinheit die Lust vorenthalten werden, die früher nur den reichen Erotika- und Pornosammlern möglich war, heute aber jedem Mann und jeder Frau? Hier kämpfen Frauen (und die Männer, die sich der Kampagne und der Argumentation kritiklos anschließen) gegen das Selbstbestimmungsrecht der Frauen und nicht dafür. Zudem schützt ein allgemeines, undifferenziertes Verbot nicht vor Mißbrauch, bevormundet aber alle Erwachsenen.

Der sexuell-emotionale Bereich des Menschen ist vielschichtig und kann von dem Bedürfnis nach Innigkeit, Ge-

150

borgenheit, (entdeckender) Zärtlichkeit, dem Einlassen auf Macht und Ohnmacht in spielerischer Form, Wollust und Ekstase gekennzeichnet sein. Viel zu viele Frauen und Männer erleben – wenn überhaupt – nur einen Teilbereich und sind zudem nur an ihrer eigenen Lust interessiert und nicht (aus Liebe) an der des Partners oder der Partnerin. Die kritiklosen Befürworter einer weiteren gesetzlichen Einschränkung oder eines Verbotes von Pornographie sollten sich selbst fragen, ob sie es nicht eigenartig finden, daß Menschen, Frauen und Männer, an Macht-Ohnmacht-Spielen in der Sexualität Freude und Wollust empfinden, aber aufgrund ihrer partnerschaftlichen Orientierung Pornographie ebenso befürworten, wie sie in der Lage sind, sie differenziert zu kritisieren.

Auch die gängigen Urteile über wirklich oder vermeintlich luststeigernde Mittel (Aphrodisiaka) sind von einem starken Mangel an Differenzierung geprägt.

Darunter versteht man Mittel zur Anregung, Steigerung und Stärkung des sexuellen Begehrens und der geschlechtlichen Leistungsfähigkeit. Ihre Anwendung reicht bis in das Altertum zurück. Natur- und Zivilisationsvölker hatten und haben ihre Aphrodisiaka, Substanzen, die eingenommen werden: von Alkohol bis Zimt, aber auch vibratorähnliche Geräte oder Ziegenwimpern, die, am Penis befestigt, das sexuelle Empfinden der Frau steigern sollen. Die Liste der angeblichen sexuellen Reizmittel war zu allen Zeiten lang. Die unterstellte Wirkung wurde jedoch selten oder nie verläßlich nachgewiesen. Auch hat sich herausgestellt, daß nicht alle Mittel bei Dauergebrauch unschädlich sind. Mittel wie Cantharidin, mit populärem Namen »Spanische Fliege«, oder Muria Puama mit dem populären Namen »brasilianisches Potenzholz« wirken nur in einer hohen Dosis, sind aber gleichzeitig schädlich, in Extremfällen sogar tödlich. Die heutige »Sexvermarktungsindustrie« bringt Dutzende von Produkten unter den Namen Penisex-Tropfen, Elixier D'Egypte (mit Stierhoden!), Love Cocktail, Okasa Gold, Lustlutscher, Spanische Fliege, Testanon für eine angebliche Intensivierung der Lust, des sexuellen Begehrens oder die Orgasmusverlängerung auf den Markt und wirbt mit der Behauptung, die Pillen oder Tropfen enthielten Yohimbin, Muria Puama, Cantharidin und andere nachweislich wirksame Substanzen. Das stimmt zwar, aber in einer unwirksamen und ungefährlichen Menge, dafür zu einem horrenden Preis. In einer hohen Dosis bewirken diese Substanzen über einen komplizierten physiologischen Prozeß zumeist eine Zunahme der Blutfülle in den Geschlechtsorganen oder hindern das Blut, sofort aus den Schwellkörpern zurückzufließen. Allein dieser Vorgang mag zwar manchen Männern mit Erektionsschwäche helfen (und gleichzeitig die Leber und Nieren schädigen), mehr Lust auf Sexualität ist mit Sicherheit nicht mit Hilfe dieser Substanzen zu erreichen. Auch Erektionscremes (Penisex, erekta-absolut, erekta prompt, Corrige A, Halbe-Stunde-Liebes-Creme) sind keine wirklichen Aphrodisiaka. Entweder enthalten sie durchblutungsfördernde Stoffe, die ein angenehmes Wärmegefühl am Penis oder im Klitorisbereich auslösen oder in der Creme ist eine Substanz enthalten, die reizdämpfend wirkt, weil sie die Haut und Oberflächennerven des Penis betäubt. »Wird kurz vor dem Liebesakt aufs Glied massiert und ermöglicht die gewünschte kraftstrotzende, imponierende Erektion, die Frauen so gern bewundern.« Schön wäre es. »Vor der Liebesbegegnung wird Stud 100 einfach auf die Oberfläche des Penis gesprüht. Sofort beginnt die reizdämpfende und verzögernde Wirkung. Jetzt kann der Akt mühelos verlängert werden – bis zum entscheidenden Moment, da die Partnerin ihren Höhepunkt erreicht. Der angestrebte Orgasmus von Frau und Mann wird ermöglicht. Die Folge: Harmonie zu zweit und verstärkte Innigkeit.« Diese Werbung ist zynisch. Wäre die versprochene Innigkeit und Harmonie vorhanden, dürften die Angst vor völliger Hingabe und das frustrierende Leistungsdenken so weit reduziert sein, daß der Mann nicht mit Impotenz oder vorzeitigem Samenerguß als Symptom seiner Angst reagieren würde.

All diese Mittel beseitigen nicht die Ursache von sexueller Passivität oder Erektionsschwäche, sondern – bestenfalls – ein Symptom.

Noch unseriöser ist die sogenannte »erotische Kosmetik«, die zum Beispiel unter dem Namen »Pheromon-Massage-Creme« mit den vielversprechenden Zeilen lockt: »Von allen erotischen Lockstoffen sind Pheromone am wirksamsten. Gegen diesen Duft gibt es kein Nein, sondern stets nur ein hingerissenes Ja. Damit wird die Massage zum Vorspiel für stürmische Stunden.« Parfums mit dem Namen Yes Sir, Contact, Feeling, Faszination machen nach der Werbung »sanfte Frauen wild und willig und harte Männer schwach... Die Signale sagen: Nimm mich mit Haut und Haar«.

Andere Substanzen, die bei richtigem Gebrauch durchaus positive Wirkungen auf die Sexualität haben können wie die organischen Drogen Marihuana (Haschisch), Kokain, Amphetamine und Designerdrogen wie »Ectasy« und andere halluzinogene Stoffe sind, wie in vielen anderen Ländern, auch in der BRD verboten; sie fallen unter das Betäubungsmittelgesetz.

In vielen wissenschaftlichen Untersuchungen wird bestritten, daß diese Drogen positive Auswirkungen auf das sexuelle Erleben haben können. Man sollte dabei jedoch nicht vergessen, daß Drogenkonsum allgemein nicht akzeptiert ist und deshalb – jenseits aller unbestrittenen Schädlichkeit – eine objektive Erforschung ihrer stimulierenden Wirkung erschwert wird. Forschungsgelder für die Analyse von Stoffen, die bei richtiger Anwendung das sexuelle Erleben intensivieren können, hat es meines Wissens bisher in keinem westlichen Staat gegeben, was wohl daran liegen mag, daß die Wissenschaftsetats oft zweckgebunden vergeben werden. Es ist unsinnig, eine potentielle Untersuchung über »Haschisch und Sexualität« an »zugekifften Drogensüchtigen« durchzuführen, da gerade sie die Droge nicht ge- sondern mißbrauchen. Cannabinolpräparate wie Marihuana und Haschisch verursachen einen leichten Rauschzustand, der das Zeit- und teilweise auch das Raumgefühl aufhebt, oft begleitet von einem zeitweisen Gefühl der Schwerelosigkeit. Darüber hinaus reagiert die Haut intensiver auf Berührungen. Diese Wirkung kann das sexuelle Erleben steigern. Allerdings nur unter der Voraussetzung, daß die Droge in einer positiven Grundstimmung eingenommen wird. Denn sie steigert nicht nur (eventuell!) die Lust, sondern verstärkt die psychische Situation, in der der betreffende Mensch sich gerade befindet. Auch Haschisch kann »Horrortrips« hervorrufen. Eine zu hohe Dosis überlagert die eher feine Wirkung der Droge. Drogengebrauch sollte, wie es ursprünglich in den unterschiedlichsten Kulturen auch der Fall war, zelebriert werden. Dasselbe gilt selbstverständlich auch für Alkoholgenuß in jeder Form. Kokain, Amphetamine und verwandte Stoffgruppen wirken in erster Linie als »Muntermacher«; die Wahrnehmung wird schärfer, und oft stellt sich ein Gefühl von Spannung und Erwartung ein. Der Kreislauf wird aufgeputscht, Ermüdungserscheinungen treten nicht auf.

Allgemeine Aussagen über Drogenwirkung, etwa daß Kokain prinzipiell sexuell enthemme – besonders Frauen –, sind prinzipiell nicht möglich. Andererseits leuchtet es ein, daß es zu einem längeren und damit auch intensiveren sexuellen Beisammensein kommt, wenn Ermüdungserscheinungen überwunden und gleichzeitig eine »innere Spannung« und eine erhöhte Aktivität ausgelöst werden. So berichten Frauen und Männer, die eine »Prise Koks schnupfen«, bevor sie in die Diskothek gehen, von süchtiger Tanzwut, unstillbarem Bewegungsdrang und erstaunlicher Ausdauer. Wäre Kokain eine Substanz, die spezifisch das Sexualverhalten steuern könnte, müßte diese Wirkung bei jedem auftreten, stärker oder schwächer. Das ist aber nicht der Fall.

Ein Effekt von Ectasy und chemisch verwandten Designerdrogen ist häufig eine andere Wahrnehmung der Hautsensibilität, manche reagieren mit einem eher tauben, schwebenden Gefühl, andere mit einer stark erhöhten Empfindsamkeit.

Wir sehen also, daß die stimulierende Wirkung von Drogen individuell unterschiedlich ist und allgemeinverbindlich nicht benannt werden kann. Dagegen kann man über die sogenannten Aphrodisiaka sehr genau sagen, daß sie nicht stimulierend wirken, allenfalls mechanisch und/oder gesundheitsschädlich.

Mechanische Hilfsmittel wie Vibratoren und sogenannte Erektionsringe können bei richtiger Anwendung und gleichzeitigem Phantasieren durchaus zu einer Steigerung des sexuellen Empfindens führen. Das gilt auch für Vibratoren oder Massagestäbe, die bei oder von der Frau nicht nur vaginal und anal eingeführt werden, sondern mit denen man auch versuchen kann, mit jeweils schwächerer oder stärkerer Einstellung die Reaktionen unterschiedlicher Körperpartien (nicht nur bei der Frau, sondern auch beim Mann!) zu erkunden. Allerdings sollten die Vibratoren glatt und nicht mit scharfen Kanten an den Riffelungen versehen sein, da sonst Verletzungsgefahr besteht. Erektions- oder Cockringe, die über den Penis und/oder die Hoden gezogen werden und den Rückfluß des Blutes aus den Schwellkörpern des Penis verlangsamen, führen beim Mann zu einer höheren Sensibilität, besonders der Eichel. Grundsätzlich sollten nur Gummiringe (oder runde Dichtungsringe aus dem Haushaltswarengeschäft) benutzt werden, keinesfalls die in den Sexshops angebotenen Metallringe. Urologen könnten ganze Bücher mit den Schicksalen von Männern vollschreiben, die, um der intensiveren Sexualität willen, einen zu kleinen Metallring übergestreift haben, der dann von dem steifen Glied nicht mehr zu entfernen war. Wer Cockringe benutzen möchte, sollte sich auch die Schamhaare – zumindest dort, wo der Ring dann sitzt, abrasieren, damit es nicht »ziept«. Dann nämlich kann die Erektion schnell erschlaffen. Auch ist das Gefühl für die Frau und den Mann oft angenehmer, wenn die Genitalien zusätzlich mit Babyöl eingerieben werden.

Seit 1981 erreichen uns aus den USA Berichte über »neuere Forschungen über das weibliche Erektionszentrum und die weibliche Ejakulation«. Eine neue »dritte Dimension der

Lust« wird von Orgasmuszwang ohnehin schon verunsicherten Frauen und Männern versprochen und von den Medien wird dieses Phänomen gepuscht. Nun dürfen also Frauen, die oft schon unter ausgeprägten Orgasmusschwierigkeiten zu leiden haben, auch noch über eine sexuell besonders reizempfindliche Stelle entlang der Harnröhre rätseln, die angeblich mit dem Finger durch die Vorderwand der Vagina hindurch gefühlt werden kann. Wenn diese bestimmte Stelle (Gräfenberg-Spot) durch Druck oder kräftiges Reiben stimuliert werde, so heißt es, entstehe zunächst ein vorübergehendes Harndranggefühl, das dann in ein sexuelles Lustgefühl übergehe. Gleichzeitig schwillt das stimulierte Gebiet an, wird fester und erreicht eine eiförmige Ausdehnung von etwa 1,5 bis 2 Zentimetern. Als Resultat sexueller Stimulierung dieser Zone seien vielfach Ejakulationen einer Flüssigkeit aus der weiblichen Harnröhre beobachtet worden, die kein Urin, sondern dem Prostatasekret des Mannes ähnlich sei.

Wenn eine Frau erregt ist, sondert sie aus vielen kleinen Drüsen in der Vaginalschleimhaut eine Flüssigkeit aus, die ›die Scheide feucht macht‹. Der wissenschaftliche Fachausdruck für diesen Vorgang heißt Lubrikation. Bei stärkerer Erregung wird auch mehr Flüssigkeit abgegeben, bei einem oder mehreren Höhepunkten kann es so viel sein, daß »es an den Beinen herunterläuft«, die Frau »klitschnaß« ist. Diese Reaktion der Lubrikation ist bei jeder Frau während der sexuellen Erregung zu beobachten. Es kann nun sein, daß einige mit der weiblichen Harnröhre verbundene Drüsen, die nach ihrem Entdecker benannten Skeneschen Drüsen, ebenfalls bei Erregung und während des sexuellen Höhepunktes eine Flüssigkeit absondern. Manche Frauen scheiden dazu während des Orgasmus auch einige Milliliter Harn aus. Diese Variabilität, also die unterschiedlichen Reaktionen der Frau, sollte nicht zu einer neuen Normierung führen. Besonders bedenklich erscheint mir die Behauptung, Frauen, die einen G-Spot-Orgasmus mit einer folgenden Ejakulation hätten, würden dies als besonders befriedigend empfinden. Damit wird das Gefühl der Befriedigung wieder einem technischen, physiologischen Vorgang zugeschrieben, nicht aber dem psychischen.

Männlicher Forschungseifer scheint hier eine seltene Variabilität (nachgewiesene »Fälle« einer ergußartigen Sekretion aus den Skeneschen Drüsen sind statistisch verschwindend gering) dazu benutzen zu wollen, eine typische männliche Unzulänglichkeit, nämlich weibliche Orgasmen nicht zu spüren, wenigstens mit Argumenten abzuschwächen. Jede Frau sondert während der Erregungsphase Flüssigkeit ab, ob nun aus den Bartolinschen oder Skeneschen Drüsen, den vielen Schleimhautdrüsen in der Scheidenwand, Drüsen an der Gebärmutter oder in oder an der Harnröhre. Eben jeweils mehr oder weniger Flüssigkeit oder gar soviel, daß ein Herausspritzen zu beobachten ist. Keine der Frauen, die in diesem Buch über ihre Erregungsintensität und die -zig Orgasmen von mehreren Minuten oder einen stundenlangen Orgasmus berichten, konnte bei sich eine »spezielle weibliche Ejakulation« bemerken oder die spezielle reizempfindliche Stelle entlang der Harnröhre, den G-Punkt.

Männer und Frauen sollten dagegen erkennen, daß Haut generell reizempfänglich ist und deshalb – die entsprechende psychische Eingestimmtheit vorausgesetzt – so gut wie jede Körperpartie sexuell so stark stimuliert werden kann, daß eine Berührung zum Orgasmus führt. Das Saugen am Finger oder an den Zehen, ein Kuß, die Berührung der Lippen und der Zunge mit den Brustwarzen (auch des Mannes!) oder mit den sensiblen Schleimhäuten des Genitals und des Afters, eine innige Umarmung, sogar Worte, Gedanken, eine Vorstellung können uns soweit bringen. Die Fixierung auf eine bestimmte Reaktion oder auf die Suche nach einem »auslösenden« Punkt sind dem erwünschten psycho-sexuellen Zustand leider eher hinderlich.

10. Die Fehler der Männer

Liebe. Eines der wohl am meisten strapazierten Wörter der deutschen Sprache. Und eines, das man mit Vorsicht verwenden sollte. Viel zu viele sogenannte Liebesbeziehungen – Therapeuten wissen ein Lied davon zu singen – sind leider nichts weiter als Kosten-Nutzen-Relationen. Um sich aus der vermeintlichen (oft selbst geschaffenen) Einsamkeit zu befreien, oder um das eigene schwache Ich zu stärken, werden Beziehungen geknüpft und zu Liebe geadelt, die es wirklich nicht verdient haben. Wie viele attraktive Frauen sind mit einem Playboy, einem Macho, Chauvi oder Hohlkopf zusammen, weil er Geld, Sozialstatus, »sozialen Aufstieg« oder ähnliches verkörpert? Und was ist mit den eigentlich intelligenten Männern, die das von der Werbung suggerierte Frauenbild nicht aus ihren Köpfen kriegen und so ein Abziehbild einer wirklichen Partnerin vorziehen? Klischee? Wie steht es denn um jene Liebesbeziehungen, in denen der eine Partner eigentlich mit jemandem ganz anderen zusammensein möchte und oft – auch während der Sexualität – an diesen anderen denkt? Oder die Paare, die aus Angst, allein zu sein oder den Partner zu verlieren, ihre Wünsche, Hoffnungen und Ideale nicht einmal mehr aussprechen, geschweige denn versuchen, sie zu realisieren?

Die wenigsten Männer sind bereit, sich selbstkritisch mit ihren sogenannten Liebesbeziehungen auseinanderzusetzen. Weder eine schöne, auswechselbare Hülle noch eine überintellektuelle, »emanzipierte« Frau, deren Offenheit und Selbstkritik da aufhört, wo es um ihre eigene Unzulänglichkeit geht, wird in dem hier gemeinten Sinn liebesfähig sein. Es mag pathetisch klingen und in einer Ära des mechanischen (und oft sturen) Funktionsdenkens (eine Frau für Heim und Herd, eine für Geborgenheit, eine zur Befriedigung der Geilheit, eine für Gespräche, eine zum Vorzeigen . . .) nicht dem Zeitgeist entsprechen, aber Liebe bedeutet, einen Menschen

schen in seiner Gesamtheit anzunehmen und sich für ihn zu begeistern und nicht, weil er (sie) einige meiner Bedürfnisse befriedigt.

Kaum ein Thema beschäftigt die Menschen so sehr wie Sexualität, und über kaum eines läßt sich so schwer schreiben. Auch ich, der ich mich schon so lange damit befasse, habe große Formulierungsschwierigkeiten. Vielleicht weil das, was ich jetzt schildern will, für die meisten Menschen unvorstellbar ist. Ich meine eben nicht die Durchschnitts-Sexualität des Normalbürgers mit ihren fünf Minuten zielgerichteter Zärtlichkeit, mit Ängsten, Hemmungen und dem obligaten Schlüssel-Schloß-Spiel oder gar das gefühllose Beschlafen.

Der deutsche Normalmann schläft mit einer Frau, weil er befriedigt werden will, nicht weil seine Zuneigung ihm Lust macht, ihn in Erregung versetzt und ihn immer neue Phantasien eingibt, wie er seiner Partnerin noch intensivere Gefühle bereiten kann. Und sich Entsprechendes auch von ihr wünscht. Sexualität bedeutet spielerische Freude daran, den gesamten Körper, aber auch die Psyche des anderen in einen Ausnahmezustand zu versetzen und dabei jede Körperpartie einzubeziehen. Zu spüren, wie die Partnerin sich immer mehr (ge-)fallen läßt, sich vorbehaltlos dem Genuß hingibt und versucht, ebenso starken Lustgewinn zurückzugeben; zu erkennen, daß die Zurückhaltung der eigenen steigenden Erregung für einen selbst genauso geil ist wie für die Frau die immer intensivere Erregung, die, wenn man sie überhaupt quantifizieren will, für die meisten Menschen ungeahnte Frequenzen erreicht: fünf, zehn, 20 oder 50 Höhepunkte und mehr in einer Stunde oder auch nur ein Orgasmus, dessen Erlebnistiefe sich von der ersten bis zur letzten Minute steigert.

Sexualität wird verstanden als Gesamtheit aus Innigkeit, Geborgenheit, entdeckender Zärtlichkeit, der Offenheit, allen möglichen Formen der Stimulation (oral, vaginal, anal, Brust etc.), in spielerischer Form und nicht fixiert; wozu es eben auch gehört, sich auf Macht-Ohnmacht-Spiele einzulassen. Denn nur die völlige Hingabe an die Lustfähigkeit des Partners führt zu Ekstase und Wollust. Man darf den anderen eben nicht als einen Körper begreifen, den es zu bedienen gilt, sondern als seelisch äußerst komplexes Wesen. So sollte die schwächere Stimulation der stärkeren immer vorangehen, um allmählich zu erkunden, was der andere als angenehm empfindet. Nur so kann man sich auf neue »Praktiken« einlassen, die auch in Momenten großer Ekstase (bei gespieltem S/M) mit Blicken, einer zärtlichen Berührung oder einem liebevollen Wort Vertrauen und Liebe vermitteln.

Stichwort Liebe. Viele Männer wissen nicht, was sie wirklich bedeuten kann. Der psychosoziale Zusammenhang bleibt ihnen ebenso fremd wie der zwischen intensivem sexuellen Erleben und dem Grad der Innigkeit der Liebe.

Liebe ist ein Prozeß zwischen zwei Menschen, deren Zuneigung sich entwickelt, weil sie sich bemühen, einander immer besser zu verstehen. Beide lernen aus den jeweiligen eigenen Schwächen und Stärken und denen des anderen. Was allerdings voraussetzt, sich seine Ängste, sein Denken und Fühlen gegenseitig mitzuteilen. Jeder Mensch kann das lernen, aber kaum einer verfügt bereits über diese Fähigkeit. Die meisten Menschen sind viel zu sehr damit beschäftigt, sich den gesellschaftlichen Normen anzupassen, Statussymbole zu erwerben, sich über die vermeintlichen Mängel von Nachbarn oder Arbeitskollegen zu erbosen oder vor dem Fernseher Boris Beckers nächstem Sieg entgegenzufiebern, als hinge das eigene und das Wohl der Welt davon ab.

Viele Menschen existieren einfach nur, anstatt ihr Leben zu gestalten, das dann zwangsläufig von Nebensächlichkeiten regiert wird. Für die Herausbildung der eigenen Individualität bleibt kaum Energie übrig, ganz abgesehen davon, daß Individualisten bei ihren Mitmenschen schnell als Sonderlinge oder Querköpfe in Verruf geraten. Und das macht angst. Wer dieser Angst nachgibt, lebt – scheinbar – bequemer. Wer liebt, will aber nicht bequem sein, sondern offen und entwicklungsfähig. Wirkliche Liebe und Bequemlichkeit schließen sich geradezu aus. Die Erkenntnis, vom anderen – inklusive eventueller »Macken« – nicht nur akzeptiert zu werden, sondern in seiner Phantasie und seinem realen Leben permanent präsent zu sein, zu wissen, daß fortwährend liebevolle Gedanken auf einen gerichtet sind, auch wenn man sich vielleicht gerade in einer anderen Stadt aufhält, ist ein unerhörtes Glückserlebnis. Auch für Männer. Viel zu viele – wie gesagt – wissen es nur nicht. Die Trennung zwischen Sexualität und Liebe geht also auf Kosten der Gefühlstiefe.

Viele Männer aber haben nie gelernt, oft vielleicht auch gar nicht lernen wollen, ihr Begehren auch erotisch, also sinnlich und seelisch, auszudrücken. Sie benehmen sich Frauen gegenüber, als seien sie in einem Selbstbedienungsladen, in dem man sich nimmt, was einem gefällt.

Mangel an Sensibilität stört die sexuelle Kommunikation. Nichts im sexuellen Bereich ist also so wichtig wie das Gespür dafür, behutsam auf den anderen einzugehen, zu signalisieren, welch große Bedeutung er mit seinen vielen kleinen Facetten für das eigene Leben hat. Dazu gehört Sensibilität, Geduld und Sicherheit und Ruhe. Und beinahe ebenso wichtig ist die Erkenntnis, daß die Eigenschaften, die Voraussetzung für Liebe und eine erfüllte Sexualität sind, erlernt werden können. Und zwar alle auf der folgenden Liste:
Offenheit
Ehrlichkeit
Angstüberwindung
Reflexion
Selbstreflexion
Sensibilität
Verantwortlichkeit
Toleranz
Kritikfähigkeit
Begeisterungsfähigkeit
seelische und intellektuelle Reife (»Mündigkeit«)
Aufmerksamkeit

Authentizität (das heißt in diesem Fall: Deckungsgleichheit zwischen dem, was ich in mir spüre, denke und fühle, und dem, was von mir nach außen hin sichtbar wird).

Erst vor diesem psychischen Hintergrund kann die Stimulation allmählich zur Ekstase gesteigert werden. Denn Ekstase ist ein mentaler Zustand, ohne ein ausgeglichenes Innenleben ist sie zumindest dann nicht erreichbar, wenn beide Partner daran teilhaben sollen.

Sexualität ist für uns der Parameter für den psychisch-emotionalen Bereich. So können Prostituierte, die über ein vielseitiges Repertoire an Sexualtechniken verfügen, durchaus Erregung empfinden und »physiologische« Orgasmen bekommen. Aber erst in einer partnerschaftlich orientierten Liebesbeziehung ist positive Sexualität im hier beschriebenen Sinn möglich, wozu eben auch die Intensitätssteigerung der Gefühle gehört.

Die hier angeführten Begriffe sollen nicht vereinzelt und absolut betrachtet werden, sondern gewissermaßen als harmonisches Zusammenspiel vieler Instrumente, die einen liebesfähigen Charakter ausmachen. Offenheit und Ehrlichkeit sind beispielsweise nicht so zu verstehen, daß ich spontan meine Meinung über etwas oder jemanden hinausposaune wie etwa: »Du bist aber schlecht im Bett« oder einem Fremden gegenüber: »Sie sind doch ein Hornochse.« Das ist zwar spontan, aber beleidigend und intolerant.

Wer für sich selbst und andere Souveränität als wichtige Voraussetzung in der Liebe akzeptiert, wird seinen Partner wegen dessen wirklicher oder vermeintlicher Defizite niemals abwerten. Vorsichtige (nicht schulmeisterliche!) Fragen nach den Gründen für eine störende Verhaltensweise sind wohl am besten geeignet, interaktionäre Schwierigkeiten zu überwinden. Darüber hinaus hat diese Form des Aufeinandereingehens zwei große Vorzüge: Sie vertieft das Verständnis für die »Psychoarchitektur« des Gegenübers und zeigt damit, welche Wege man gehen muß, um ein möglichst breit gefächertes Bündel von Problemlösungen anzubieten.

Auch im Fall inhaltlich harmloserer Äußerungen als der oben erwähnten gehört viel Sensibilität dazu, sich dem Gegenüber, trotz der eigentlich wünschenswerten Spontaneität nicht einfach aufzudrängen, den anderen nicht mit Meinungen oder Problemen zu überfallen. Erst denken und dann sprechen war schon immer ein lobenswerter Grundsatz, und Selbstreflexion steht nicht im Widerspruch zu Offenheit und Angstüberwindung. Die hier aufgeführten Begriffe sind vielleicht auch durch andere zu ersetzen. Aber ich gehe davon aus, wenn wir gründlich überdenken, was uns und andere liebenswert macht, fallen uns beinahe automatisch diese Eigenschaften ein. Auch wenn wir noch (weit?) davon entfernt sind, sie für uns selbst zu realisieren. Ein wenig Selbstkritik gehört schon dazu!

Männer begründen ihre sexuell-emotionalen Defizite oft mit ihrem angeblich vorhandenen Sexualtrieb, weil sie glauben, der rechtfertige ihr gefühlsarmes Verhalten.

Freitag abend. Krimizeit. Zwischen Abendbrot und Fernsehstunde überkommt viele Männer der Trieb. »Süße, ich hab' Druck«, »Mein Trieb kommt durch«, »Olle, ich brauch es jetzt« sind die rituellen Einleitungsfloskeln für den trostlosen Sekunden-Sex, der oft auch noch durch vorzeitigen Samenerguß ein abruptes Ende findet. Reagiert die Frau passiv und läßt jede Geilheit vermissen, ist die Laiendiagnose schnell gestellt: Triebschwäche. Es scheint die selbsternannten Analytiker kein bißchen zu verwirren, daß andere Frauen psychisch und physisch dazu in der Lage sind, 30, 40 Orgasmen in einer Stunde tollen Liebesspiels zu bekommen, Männer sich mit einstelligen »Erfolgserlebnissen« begnügen müsn, es sei denn, ihre Großkotzigkeit gleicht der eines Klaus Kinski.

Doch zurück in unser bundesdeutsches Schlafzimmer; hier sind sogar Zeitgeistler offenbar völlig fremdgesteuert, nur subtiler, wenngleich sie doch sonst bei keiner Gelegenheit versäumen, ihre Eigenständigkeit und Entscheidungsfreiheit zu betonen. Läuft es nicht so, wie er gern möchte, kommt der Aggressionstrieb durch, bei ihr hingegen hat schon längst der Angsttrieb über den (schwachen) Sexualtrieb gesiegt. TV-Time.

War nicht gerade auch in dem Blatt mit den großen Buchstaben eine Serie über Triebtäter, die aus sexuellem Frust ihre Frau umgebracht hatten, zu lesen? Und hatte nicht der Gerichtspsychiater von Triebverschiebung gesprochen?

Die Triebbestimmtheit des Menschen ist nie wirklich nachgewiesen worden.

Die Gefühlswelt des Menschen mit ihren Ängsten und Wünschen wird zunächst von seiner Umwelt (Eltern) konstruiert. Einige Informationen erreichen ihn »neutral«, andere tragen eine deutlich negative oder positive Determinante, insbesondere in Fragen der Sexualität: Das darfst du, das darfst du nicht ... Mit der Herausbildung des Ich beginnt der Mensch dann, sich selbst zu konstruieren, zu entscheiden, was er persönlich als sinnvoll ansieht. Hat ein Mann in seiner Kindheit erfahren, daß Zuneigung mit Zärtlichkeit verbunden ist, wird er sich auch als Erwachsener das eine ohne das andere schwer vorstellen können, er wird sich aber auch bewußt für diese Kombination entscheiden. Eine Frau, die Zuwendung von ihrem Vater in Verbindung mit Schlägen erfährt, wird diese Zuwendung zunächst mit Schmerz und Unterdrückung assoziieren, später auch dann die leider aus Sexualität.

Die Triebbestimmtheit des Menschen als Illusion zu entlarven mag eine unliebsame Vorstellung sein, weil wir plötzlich Verantwortung übernehmen müssen und der Satz: »Es ist halt mein Trieb; es ist eben so« mit einem Male seine Gültigkeit verloren hat.

Aber wir werden damit auch frei, wir können uns verändern und unsere Persönlichkeit und damit unsere Sexualität selbstbestimmt gestalten. Wir sind nicht mehr Opfer einer uns innewohnenden unheimlichen Kraft. Die Art unseres Sexuallebens ist einzig und allein von unserer sozialen Lernfähigkeit abhängig. Allerdings leiden wir wohl mehrheitlich unter einem gewissen Phlegma, das uns daran hindert, Angst vor dem Unbekannten zu überwinden und unser »sicheres« Normenkonstrukt zu gefährden. Zwei Drittel der Frauen in der BRD erleben keinen Orgasmus, beziehungsweise keine sexuelle Befriedigung; gut die Hälfte der Männer leiden unter (gelegentlicher) Impotenz und dem vorzeitigen Samenerguß. Warum geben sich die meisten Frauen und Männer mit einem so frustrierenden Sexualleben zufrieden? Weil sie ihre Unlust und die mangelnde sexuelle Erregung auf Triebschwäche zurückführen? Wie reagieren Sie, wenn eine Freundin zu Ihnen kommt und Ihnen glücklich erzählt, sie habe zwei Stunden Liebesspiel mit Dutzenden von sexuellen Höhepunkten erlebt oder einen − entsprechend langen − Orgasmus gehabt? Früher hätte man die arme Frau zum Fall für die Psychiatrie erklärt: Satyriasis, Erotomanie oder Nymphomanie lautete die Diagnose; in psychiatrischen Lehrbüchern findet man heute dafür die Bezeichnung »abnorme Triebstärke«. Die Erkenntnis, daß der Mensch Ängste und Aggressionen überwinden und seine Sexualität verändern kann, führt auch zu einem besseren Verständnis dessen, was die meisten Menschen heute immer noch als Perversion bezeichnen.

Kein geringerer als der Vater der Trieblehre, Sigmund Freud, erklärte das Kind für polymorph pervers, was nichts anderes bedeutet, als daß es vielschichtig abweichende Züge vom »normalen« Sexualverhalten des Erwachsenen zeigt. Es verschafft sich damit ein hohes Maß an Befriedigung. Als Erwachsener können wir diese Fähigkeit erneut erwerben.

Selbst der beste Freund oder die beste Freundin sehen es oft als pervers, unmöglich oder Ausgeburt des Wunschdenkens an, wenn ein sexuell glücklicher Mensch davon berichtet, welche Intensität sexuelles Erleben erreichen kann, vorausgesetzt, die Partnerschaft ist entsprechend harmonisch eingestimmt.

Beinahe alle Männer (96 Prozent) in der BRD äußern den Wunsch, von ihrer Partnerin mit dem Mund stimuliert zu werden, aber nur elf Prozent der Frauen macht dies auch Freude. Die Gründe hierfür sind vielschichtig. Viele Frauen ekeln sich vor dem Penis, weil er gleichzeitig Ausscheidungsorgan ist. 26 Prozent der Männer aber waschen ihren Penis nicht täglich, unter der Vorhaut bilden sich Absonderungen, die unangenehm riechen. Auch sind gut ein Drittel aller Frauen schon mit psychischem oder physischem Druck zu Oralverkehr gezwungen worden. Viele Männer stimulieren zudem ihre Partnerin nicht entsprechend – vorher oder gleichzeitig (69) –, erwarten aber von ihr das entsprechende Begehren und die sexuelle Erregung, um selbst oral stimuliert zu werden.

In diesem Kapitel ist viel von der Suche nach Zärtlichkeit und Zuneigung geschrieben worden, die uns von der Kindheit bis zu unseren späteren Liebesbeziehungen als Erwachsene begleitet. Von Macht und ihrem Mißbrauch. Vorurteile und Fehler, besonders die der Männer, werden hier allgemein und nicht anhand persönlicher Bekenntnisse oder Erfahrungen beschrieben. Bevor das nächste Kapitel mit weiteren Informationen zum Thema Bewußtsein und Sexualität und den ausführlichen Erfahrungsberichten beginnt, die die Entwicklung zu einer intensiven, als sehr schön und befriedigend empfundenen Sexualität nachzeichnen, soll die 25jährige Cleo zu Wort kommen. Sie hatte noch kein einziges positives sexuelles Erlebnis. Dabei hat sie fast jeden Tag sexuellen Kontakt zu Männern:

»Ich war noch ein Kind, als mir ziemlich brutal klargemacht wurde, daß man Zärtlichkeit nicht so ohne weiteres geschenkt bekommt. Meine Eltern gaben mir in den ersten Jahren nur das absolut Nötigste an Zuwendung. Gerade soviel, daß ich innerlich nicht völlig verkümmert bin. Später gab's dann ›Hiebe statt Liebe‹. Es ist ein grausames Spiel, das manche Eltern mit ihrem Kind treiben. Ich kannte nur damals die Spielregeln noch nicht. Ich kannte nur diese unbeschreibliche Kälte und versuchte zu begreifen … zu verstehen. Ohne Erfolg.

Mein Bedürfnis nach Zuwendung und Zärtlichkeit wurde immer heftiger. Es wurde so stark, daß ich sogar bereit war, dafür zu arbeiten. Mit kleinen Gefälligkeiten versuchte ich, mir die Liebe meiner Eltern zu erkaufen. Wenn ich zufälligerweise gehört hatte, daß mein Vater noch Brennholz aus dem Stall (wir hatten einen Bauernhof) in die Küche holen wollte, bin ich ganz schnell und natürlich heimlich zum Holzstapel geflitzt, um ihm zuvorzukommen. In Windeseile packte ich einen für meine damalige Größe viel zu großen Drahtkorb mit Holzscheiten voll und schleppte ihn mit äußerster Kraftanstrengung zum Herd in die Küche. Verschwitzt und am Ende meiner Kräfte wartete ich dann mit erhitztem Gesicht und strahlenden Augen auf eine Belohnung, nämlich darauf, gelobt zu werden. Aber nichts dergleichen geschah. Ganz im Gegenteil, ich wurde noch dafür bestraft und zwar mit einer ordentlichen Tracht Prügel meines Vaters. Im ersten Moment war ich so verwirrt, daß ich sogar zu weinen vergaß. ›Warum verhaut mich mein Papa? Ich wollte doch nur helfen.‹ Das war der einzige Gedanke, der mich beschäftigte. Als Begründung bekam ich hinterher zu hören, ich hätte die falschen Holzstücke genommen und außerdem sowieso die Finger von solchen Dingen zu lassen. – Schöne Erklärung! – Oder die Sache mit dem Abwasch. Es war nach dem Mittagessen, meine Eltern waren draußen auf dem Kartoffelfeld, um Unkraut zu rupfen, und in der Küche stapelte sich das schmutzige Geschirr. Es erschien mir als ausgezeichnete Idee, meiner Mutter eine Freude zu machen und abzuwaschen. Vielleicht hatte ich dann auch die Chance, als Gegenleistung von ihr gelobt und ein wenig liebgehabt zu werden. Ich machte mich also an das – für ein Kind ziemlich schwierige – Werk. Als ich fertig war, holte ich mein Malbuch und setzte mich damit auf die Ofenbank. Voller Erwartung dachte ich aber immer nur an die Eltern. Ich war so aufgeregt, daß ich es nicht fertigbrachte, auch nur eines der vorgedruckten Bildchen auszumalen. Mutter wird sich bestimmt riesig freuen, dachte ich, weil ich ja so fleißig war. Endlich kamen sie – ich hörte sie schon von weitem. Von diesem Moment an tat ich ganz unbeteiligt und war doch richtig aufgewühlt. Die Tür ging auf, und meine Mutter betrat die Stube, sie nahm ihr Kopftuch ab und schüttelte den Kopf. Ich beobachtete sie verstohlen und hoffte, daß sie es gleich bemerken würde. Aber als sie dann doch einen meiner Blicke erhaschte, fauchte sie mich an, fragte, was ich denn so blöde zu glotzen hätte. Die Tränen schossen mir aus den Augen, und ich stürzte raus in den Stall, um mich bei meinen Katzen auszuweinen. Weder an diesem, noch am nächsten Tag verlor sie ein einziges Wort über meine Abwaschaktion. Ich war furchtbar enttäuscht. Ich glaube, sie hat nie begriffen, was sie mir so oft mit ihrem Verhalten angetan hat.

Mein Vater haßte mich, weil ich ein Mädchen war. Er wollte einen Jungen – und so versuchte ich einer zu sein. Ich lehnte alles ab, was mit Weib und Weiblichkeit zu tun hatte. Ich spielte nicht mit Puppen. Alles typisch Mädchenhafte ignorierte ich. Aber egal, was ich auch tat, es war falsch und führte nicht zu dem so sehr ersehnten Ergebnis. Mein Vater stieß mich immer fort, es führte keine Tür zu ihm.

Meine Mutter war eine dieser ›praktischen‹ Frauen. Sie reagierte allergisch und unbeholfen auf meine Annäherungsversuche. Die meiste Zeit verbrachte sie damit, zu bejammern, was für ein schreckliches Leben sie zu ertragen habe. Kurzum, meine Eltern schoben mir die Schuld für ihre schiefgelaufene Existenz in die Schuhe. Sie waren unfähig, sich mit mir auseinanderzusetzen, und das sind sie heute noch. Kommunikation war ein Fremdwort, Gespräche kamen so gut wie nie zustande, obwohl ich sehr bemüht darum war.

So begann ich, Geschichten zu erfinden, um mich interessant zu machen. Ich gierte förmlich nach Anerkennung. Hinzu kam noch mein extrem ausgeprägtes Mitteilungsbedürfnis. Aber immer setzte ich mich damit in die Nesseln. Niemand wollte mich, nahm mich ernst. Niemand liebte mich. Und dabei hatte ich ganz konkrete Vorstellungen, wie es hätte sein sollen. Die Umgebung, in der ich aufwuchs, empfand ich wunderschön. Überall Natur, Wiesen und Wälder, herrlich weit entfernt von irgendwelchen lauten Großstädten. Mir fehlte nur Liebe. Wie gern wäre ich lachend und glücklich auf meinen Vater zugelaufen. Er hätte mich aufgefangen, durch die Luft gewirbelt, um mich dann fest und weich in seine starken Vaterarme zu nehmen. Tausend Löcher hätte ich ihm in seinen Bauch gefragt. Mein ganzes Vertrauen hätte er geschenkt bekommen. Und mein Herz. Aber kein Streicheln, kein zärtliches Drücken, keine Mutter – o dieses Wort –, die mich beschützte. ›Keine Zeit‹, hieß es nur.

Ich litt darunter, und irgendwann war ich ein verstörtes Kind. Schwererziehbar, unberechenbar und linkisch.

Mein ›Vater‹ prügelte mich bei jeder Gelegenheit windelweich, und solche fand er viele. Er entwickelte sich immer mehr zu einem Gewalttäter, woran sein angsterregender Alkoholkonsum wohl nicht ganz unschuldig war. Ewig war er besoffen. Meine ›Mutter‹ fand ihre Erfüllung im Putzen und darin, fast ohne Unterbrechung zu meckern und zu schimpfen. Was ja nicht so schlimm gewesen wäre, hätte sie es nicht immer mit voller Lautstärke getan.

Dann war da noch mein ›großer Bruder‹, der für mich immer als Vorbild gelten sollte. Sicherlich hat er auch Liebe und Zärtlichkeit entbehren müssen, aber anscheinend hatte er sich früh mit dieser Tatsache abgefunden. Kein Wunder also, daß ich keinen guten Draht zu ihm fand. Noch dazu mochte ihn unser Vater lieber, da er ein Junge war. Darum beneidete ich ihn sehr. Der einzige, dem ich meine Liebe und Zuneigung schenken durfte, war mein drei Jahre jüngerer Bruder. Durch ihn habe ich zumindest ein bißchen Zärtlichkeit erfahren. Für ihn war ich eine Art Mutter. Wir waren überwiegend uns selbst überlassen. So wurden wir sehr früh selbständig, worüber ich heute ganz froh bin.

Dennoch war ich nicht vor Mißbrauch gefeit. In meiner verzweifelten Suche nach Zärtlichkeit bin ich einigen Nachbarjungs und ›netten Onkels‹ in die Sexfalle gelaufen. Sogar mein Opa hat sich über mich hergemacht, hat mich benutzt. Immer am Sonntag besuchten wir ihn, und mich mochte er besonders gern, weil ich das einzige Mädchen in der Familie war. Ich durfte auf seinem Schoß sitzen und mich ankuscheln. Dabei bemerkte ich nicht, daß es ihm nicht wie mir ums Kuscheln und Schmusen ging, sondern um ganz etwas anderes. Der alte Bock war geil. Er nutzte mein Bedürfnis nach Zuneigung und Liebe aus, um sich sexuell zu befriedigen. Zu diesem Zeitpunkt habe ich zum ersten Mal Zärtlichkeit mit Sex verwechselt. Ich suchte das eine und bekam das andere.

Mein Opa züchtete Kaninchen, und eines Tages nahm er mich an die Hand, um mir die Jungen zu zeigen, die tags zuvor geboren worden waren. Bei dieser Gelegenheit – wir waren allein – zeigte er mir auch gleich noch etwas anderes: seinen Schwanz. Er fingerte ihn aus seinem Hosenschlitz. Was da hervorkam, sah aus wie ein abgeschlaffter Miniatur-Elefantenrüssel. Ich ekelte mich vor diesem faltigen Ding. Gleichzeitig spürte ich irgendwie – aus Angst –, daß ich etwas Unrechtes tat, und wollte davonlaufen. Aber Großvater hielt mich fest an der Hand. Er zitterte und schnaufte schwer. Sein Gesicht war puterrot angelaufen. Als Kind hatte er sich mit einer Schere ein Auge ausgestochen – und eben dieses hohle, weiße Auge, das keine Iris mehr hatte, dieses tote Loch, zuckte und glotzte mich dabei an. Ich war wie erstarrt. Mit belegter Stimme versuchte er, mich zu beruhigen, und führte gleichzeitig meine Hand an seinen Schrumpelschwanz. Das fühlte sich schwammig an. Ich zog die Hand zurück, da fing er an zu schimpfen, was ich doch für ein ungezogenes Mädchen sei, und packte mich an der Schulter. Er kam einen Schritt näher, so daß ich direkt vor dieser komisch faltigen, rosa-graufarbenen Wurst stand. Er hielt es mir an die Lippen und befahl mir, das ›Ding‹ in den Mund zu nehmen, ansonsten dürfe ich ihn nie wieder besuchen. Er war doch mein Opa! Es schmeckte säuerlich und bitter, und es schien mir, als ob diese schleimige Wurst

170

immer größer würde. Ich hatte solche Angst, daß ich mein Herz in den Ohren klopfen hörte. Warum nur war mein Opa auf einmal so böse mit mir? Er grunzte plötzlich, und etwas Glibschiges, Warmes floß aus seinem Rüssel in meinen Mund. Es war ganz viel auf einmal, wie ein zu großer Schluck Milch, aber es schmeckte bitter und war klebrig. Ich spuckte es aus. Mein Opa schnaubte nun nicht mehr so laut, er zog ein Taschentuch aus der Hose und wischte mir damit über den Mund und die Hände. Danach versteckte er den Rüssel, der noch tropfte, wieder in seiner Hosenluke. Er wischte seine Hände an den Schenkeln ab und fischte dann ein Zweimarkstück aus seiner Hosentasche. Er begann mich überschwenglich zu loben, weil ich so ›brav‹ gewesen war, und schenkte mir den Zweier. Dann hob er mich hoch, gab mir einen Kuß und verbot mir, irgend jemandem davon zu erzählen. Es sei unser Geheimnis, und wehe mir, sollte ich es ausplaudern. Dann wäre ich nicht mehr seine Enkelin, er würde mich dann wegschicken, und meine Eltern müßten mich in ein Heim geben. Drohungen, mit denen man Kinder wirkungsvoll einschüchtern kann. Besonders ein Kind wie mich. Ich mußte ihm hoch und heilig versprechen, niemandem etwas zu sagen. Ich gab ihm das große Indianerehrenwort. Den Rest des Tages verbrachte ich in der Nähe meines Großvaters, und er war besonders lieb zu mir. In dieser Nacht träumte ich zum ersten Mal von großen, bösen Wölfen mit grünen Augen. Dieser Traum verfolgte mich noch jahrelang, selbst heute träume ich ihn noch ab und an. Die scheußliche Prozedur mit meinem Opa wiederholte sich noch einige Male.

Aus Angst habe ich mir alles gefallen lassen. Zudem belohnte er mich dafür mit Zuwendung, Zärtlichkeit und mit Geld. Wenn ich heute darüber nachdenke, könnte ich kotzen. Ich war fünfeinhalb und habe für zwei deutsche Märker einem alten, widerlichen Mann, dem Vater meiner Mutter, einen geblasen. Damals wurde der Nährboden bereitet für das, was ich heute bin: eine Hure!

Je älter ich wurde, desto verschlossener wurde ich auch. Zwar war ich immer noch vertrauensselig, aber ich entwikkelte mich zu einer Träumerin. Aufgrund meiner derben Erziehung verhärtete ich immer mehr, wurde immer jungenhafter. In der Schule fand ich keine Freunde, und so begann ich, sie mir zu kaufen. Mit Süßigkeiten und anderen Geschenken machte ich mich bei allen Kindern beliebt. Das Geld dafür klaute ich meiner Mutter.

Lange ging das gut, aber irgendwann erwischte sie mich. Es hagelte Weltuntergänge. Dennoch versuchte ich weiterhin, mich für meine – nun nicht mehr so zahlreichen – ›Freunde‹ unentbehrlich zu machen. Immer und überall wollte ich die Beste sein, von allen geliebt und bewundert.

Als ich zwölf Jahre alt war, entdeckte ein achtzehnjähriger Nachbarjunge offenbar das Weibliche in mir. Er hatte mich dabei beobachtet, wie ich eine Zigarette rauchte. Nun drohte er mir damit, mich bei meinem Vater zu verpetzen. Wenn ich ihm aber meine Möse zeigen würde, so wäre er bereit zu schweigen. Ich ließ mich erpressen und zeigte sie ihm. Er fummelte im Halbdunkel daran herum, als wär's ein Stück Fleisch. Von da an kam er jeden zweiten Abend, um meinen Bruder zu besuchen, hielt sich aber vorwiegend in meiner Nähe auf. Ich dachte, er interessiert sich für mich, aber er wollte nur wieder meine Möse begrabschen. Und wieder verwechselte ich Sex mit echter Zuneigung. So begann ich meinen Körper als Lockmittel einzusetzen, um an meine Ration Zärtlichkeit zu kommen. Mittlerweile war ich von der Richtigkeit dessen, was ich da tat, voll und ganz überzeugt.

Ich habe mich selbst belogen und es noch nicht einmal bemerkt. Nur zeitweise begann ich mich nach irgendwas oder irgendwem zu sehnen, konnte aber dieses Gefühl nicht richtig deuten.

Ich zog mich immer mehr in mich selbst zurück, sehnte mich nach Liebe anderer und liebte statt dessen mich.

Von meinen erkauften Freunden wurde ich belogen, und ich ließ es zu. Es war ja auch so einfach und bequem, die

172

Realität zu verdrängen. Das Schlimmste aber war, daß ich mit echten Gefühlen nicht mehr umgehen konnte. Ich hatte plötzlich unsagbare Angst davor. Einige Menschen hatten nämlich durchaus versucht, sich mir wirklich liebevoll zu nähern. Sie wollten mir zeigen, daß sie mich um meiner selbst willen mochten. Ich habe sie weggestoßen, habe sie verletzt. Ich besaß kein Vertrauen mehr. Als ich 13 Jahre alt war, hat sich ein Junge sogar richtig für mich interessiert. Er hatte sich von seiner Freundin getrennt, obwohl die beiden bei uns an der Schule als Traumpaar galten. Jeden Tag paßte er mich nach der Schule ab, um mit mir zu sprechen. Wie üblich in solchen Situationen setzte ich meinen Körper in Szene, um ihm zu gefallen. Aber dieser Typ war so harmlos und unschuldig, er bemerkte es schlicht und einfach nicht. Er wollte ›nur‹ mit mir zusammen sein. Einmal, als wir im Freibad unter einer Trauerweide saßen, legte er sanft einen Arm um meine Schultern und las mir aus einem Buch vor. Ich empfand die Atmosphäre als so beengend und erdrückend, daß ich ihn von mir wegstieß, als hätte er die Pest. Dann bin ich davongestürzt. Ich verstand die Welt und mich selbst nicht mehr. Dabei war er doch nie aufdringlich geworden. Aber gerade damit konnte ich überhaupt nichts anfangen, hatte ich doch nie gelernt, auf Gefühle natürlich zu reagieren.

Diese Erkenntnis, daß ich nämlich Angst vor echter Zuneigung hatte, versetzte mir einen gewaltigen Schock. Ich hatte viel Zeit verwendet, um mir Anerkennung zu erkaufen, und ich glaubte, das Geschehen zwischen mir und anderen unter Kontrolle zu haben. Aber als ich dann wirkliche, uneigennützige Zuwendung bekam, war ich völlig hilflos.

Meine ersten sexuellen Kontakte mit Männern arteten zu ähnlichen Katastrophen aus. Mit Zärtlichkeit hatte ich keine guten Erfahrungen gemacht, denn im Zusammenhang damit mußte ich immer Dinge machen, die ich eigentlich nicht wollte. Also markierte ich die coole Braut. Als ich dann zum ersten Mal freiwillig einen Schwanz in die Hand genommen habe, bin ich vor Angst fast vergangen. Mit sechzehn Jahren suchte ich mir einen doppelt so alten Mann aus, der mich entjungfern sollte. Wochenlang hielt ich in unserer Dorfdisco Ausschau nach einem geeigneten ›Objekt‹. Dann entschied ich mich für Richard. Er war so eine Art Teddybär-Typ, hatte dunkle Wuschelhaare und einen Schnauzbart. Zielstrebig und selbstbewußt, wie ich zu sein glaubte, ging ich zu ihm und fragte ihn, ob er bei mir der Erste sein wolle. Im ersten Moment stutzte er, anscheinend konnte er sein Glück nicht fassen, aber dann willigte er begeistert ein. Am nächsten Tag fand die Entjungferung statt. Genau so unromantisch, wie dieser Satz klingt. Alles war genau geplant, wie bei einem Ritual. Er lehrte mich alles, was eine Frau können muß, um einen Mann sexuell glücklich zu machen. Erst mußte ich mich ganz langsam ausziehen, um anschließend nackt vor ihm im Zimmer auf und ab zu schreiten. Er musterte mich fachmännisch, erst mit den Augen, dann mit den Händen. Ich spreizte für ihn die Beine so weit ich konnte, denn ich wollte ›gut‹ sein und alles richtig machen. Er spornte mich noch an, indem er mir von seiner im Bett angeblich perfekten Exfreundin erzählte. Ich lernte unter seinen genauen Anweisungen, wie man einen Schwanz richtig wichst, wie man ihn saugt, lutscht und die Zunge dabei bewegt. Es hat ihn sehr geil gemacht, mir Befehle zu erteilen, und so spritzte er mir auch gleich seinen Saft in den Mund – dabei hielt er meinen Kopf an den Haaren fest. Anschließend mußte ich seinen Schwanz solange weiterlutschen, bis der wieder hart und er selbst wieder geil war. Ohne Vorwarnung steckte er ihn in meine Möse und begann mich zu ficken. Ich spürte ein leichtes Ziehen im Unterleib und sonst nichts mehr. Nachdem er mich in allen bekannten Stellungen gevögelt hatte, schob er mir den Prügel wieder in den Mund, um abzuschießen. Den ganzen Abend lang befriedigte er sich an und in mir, nur in meinen Arsch hat er nicht reingefickt. Ich habe mich fürchterlich angestrengt, um ihm alles recht zu machen, aber wohlgefühlt hab' ich mich erst, nachdem es endlich vorbei war. Immer wenn er abgespritzt hatte und befriedigt war, konnte ich mich ankuscheln und bekam ein ganz klein wenig von dem, was ich so sehr suchte. Während des Bumsens hatte ich nichts ›Schönes‹ gespürt, keinen Orgasmus, noch nicht mal Erregung. Aber ich sagte zu Richard, es sei schön gewesen, womit er sich zufrieden gab. Ich wollte ihn nicht enttäuschen, und außerdem dachte ich, die ›Schuld‹, nichts empfunden zu haben, läge bei mir. Er hatte mir doch gezeigt, wie ein echter Mann fickt. Und ich zweifelte nicht daran, daß es so sein müsse. Also hab' ich hingehalten und mir richtig Mühe gegeben, um seinen Ansprüchen gerecht zu werden. Eine perfekte Fickmaschine hat er aus mir gemacht. Von nun an begann ich, meinen Körper noch stärker einzusetzen, um begehrt und anerkannt zu werden. Mir war nicht bewußt, was ich da tat. Und so jagte ich immer hinter Männern her, von denen ich alles bekam – nur keine Zärtlichkeit. Ich habe mich immer hingegeben und verkauft. Zwar noch nicht für Geld, aber für ein bißchen Gefühl. Es waren auch Männer darunter, die sich ernsthaft in mich verliebten, aber die habe ich alle erfolgreich vergrault. Solange ich bei einem Mann um Liebe und Zuneigung kämpfen, sprich: etwas dafür tun, sie mir erarbeiten mußte, solange ging es gut. Wenn mich aber einer lieb angefaßt und gestreichelt hat, dann war es mir zuwider. Ja, ich ekelte mich regelrecht davor.

Heute bin ich anders. Ich habe gelernt und meine Angst vor Gefühlen und menschlicher Nähe besiegt. Damit ist das eigentliche Problem aber nicht gelöst. Immer noch begegnen mir überwiegend Menschen, die Zärtlichkeit weder geben noch annehmen können. Vorwiegend bei Männern scheint diese ›Seuche‹ zu grassieren.

Jetzt bin ich 25 Jahre alt und arbeite seit ungefähr fünf Jahren als Prostituierte. In dieser Zeit habe ich sehr viel über Männer und ihre sexuellen Neigungen ihre Fehler erfahren. Die weit verbreitete Meinung, Männer gingen nur zu Huren, um mal richtig abficken zu können, weil es ihnen zu Hause nicht genügt, ist nur teilweise richtig.

Tatsache ist: Männer aus allen Schichten bezahlen fürs Bumsen, weil sie mehr Abwechslung beim Sex brauchen. Sicher gibt es sehr viele, die so eine Hausmutti geehelicht haben, nicht genug und vor allem nicht ›den‹ Sex bekommen, den sie wollen. Das sind die Vernachlässigten, die nur mal kommen, um sich einen blasen zu lassen, weil ihre eigene Frau sich nicht traut, einen Schwanz in den Mund zu nehmen. Solche Freier kann man als ›normal‹ bezeichnen. Dennoch bin ich persönlich weit davon entfernt, dies zu tun. Als sexuell normal kann man eigentlich nur Männer bezeichnen, die sich frei und offen zu ihrer Sexualität bekennen und auch so damit umgehen.

Fast kein Freier bringt seinen Sex offen rüber – auch nicht bei Prostituierten. Den meisten muß man erst mal auf den Zahn fühlen, was sie nun genau wollen oder bevorzugen. Die wenigsten Freier geben sich mit einer normalen ›Heuschreckennummer‹ zufrieden. Erst einige Floskeln über schöne Haut und ähnliches, dann wird die Möse begutachtet, auch darüber wird dann geschmachtet: mit Komplimenten über Schamlippen und Kitzler. Anschließend wird der Schwanz betrachtet, leicht gewichst und kurz angeblasen (natürlich nur mit Gummi), und keine zwei Minuten später ist es dann soweit. Ich steige rüber, steck ihn mir rein, und es geht auf und ab – eben eine ›Heuschreckennummer‹. Nachdem der Kunde abgespritzt hat, was meistens ziemlich schnell geschieht, da er ja keine Ausweichmöglichkeiten hat, wenn ich draufsitze, hüpfe ich wieder runter und verschwinde so schnell wie möglich.

Aber dieses Nümmerchen reizt die wenigsten. ›Männer‹ wollen mehr! Manche entwickeln sich zu sogenannten ›Liebeskaspern‹. Sie brauchen Geschmuse und Zärtlichkeit. Solche Freier sind bei fast allen Huren am unbeliebtesten, weil sie uns psychischem Streß aussetzen. Diesen Männern muß man pausenlos das Gefühl vermitteln, sie seien Märchenprinzen oder Helden.

Nun zu den sogenannten perversen Freiern. Sie sind ir-

176

gendwie Gefangene ihrer Sexualität, die sie (fast) nur bei Huren ausleben können. Meistens wollen sie erniedrigt und gedemütigt werden, was von der Hure viel schauspielerisches Talent fordert und die Fähigkeit zu erkennen, wie weit man gehen kann oder darf. Denn auch die perversen Freier sind nicht immer offen.

Dieses kann natürlich nur eine grobe Klassifizierung der Freier sein. In Wirklichkeit treten sie in jeder erdenklichen Variation auf. Etwa der Stammfreier, also einer, der immer wiederkommt, oder, als Gegenstück dazu, der abgebrühte Dauerbumser, der die Zeit bis zur letzten Sekunde nutzt und dann wie auf Kommando abspritzt.

Alle diese Männer haben trotz ihrer Unterschiedlichkeit vieles gemeinsam. Sie machen Fehler. Im Umgang mit Frauen, mit Huren und mit ihrer eigenen Sexualität. Meines Erachtens ist das größte Problem die fehlende Offenheit.

Ich habe festgestellt, daß die meisten Freier sich schämen und nicht fähig sind, sexuelle Wünsche so ohne weiteres frei auszusprechen. Erst wenn sie geil sind, geht die Post so richtig ab: Dann sprechen sie ihre Phantasien aus. Dann spricht nur noch der Schwanz.

Oft hat uns schon der Verdacht beschlichen, daß einige Männer sich selbst hassen oder sich schämen, weil sie zu einer Hure gehen – und das just in dem Moment.

Ja, und dann wäre da noch ein großes Problem. Der Peniskult. Dem ist anscheinend jeder Mann verfallen. In meinem fünfjährigen Hurendasein habe ich nicht einen Mann erlebt, der es nicht gern gehört hätte, wenn ich ihm von seinem schönen großen Schwanz vorgeschwärmt habe. Viele Freier brauchen das sogar, weil sie sich dann so richtig als toller Hecht fühlen können. Ich weiß nicht, woher wohl dieser männliche Irrtum stammt, je größer der Schwanz, desto toller der Mann. Anscheinend messen sich Männer untereinander mit diesem Maßstab. Ich habe mit vielen Freiern darüber gesprochen. Das hat mich nur darin bestätigt, diesen Mythos für nahezu unausrottbar zu halten.

Die männliche Sexualität ist viel egoistischer gefärbt als die der Frauen. Frauen brauchen zwar auch Bestätigung, aber Männer brauchen davon mehr. Vor allem das ›Wie‹ ist entscheidend. Sie wollen nicht hören, wie zärtlich, lieb und einfühlsam sie sind (wenn sie es sind), sondern was für tolle Ficker und was für einen starken Knüppel sie haben. Das allein ist von Bedeutung. Ich habe noch niemals Frauen erlebt, die sich darüber unterhalten haben, was für saftige und wollüstige Fotzen sie besitzen, oder wie gewaltig lange sie einen Mann wegficken können. Aber Männer brüsten sich mit ihren Schwänzen. Männer wünschen sich nichts sehnlicher, als gute Liebhaber zu sein. Ob nun bei ihrer eigenen Frau/Freundin oder bei einer Hure. Danach bemessen sie alles. Davon hängt ihr innerer Frieden ab, das ist zugleich ihr größter Fehler. Vielleicht sogar der einzig wirkliche, aus dem die vielen anderen Fehler erst entstehen.

Eine Hure wie ich bestätigt die Freier natürlich noch in dieser Fehleinschätzung. Ich gebe ihnen das, was sie brauchen. Ich belüge sie – weil sie es nicht anders wollen. Sie bezahlen dafür, belogen zu werden. Die Männer sind dumm! Ich gebe ihnen das Gefühl, eine Frau richtig befriedigen zu können, gaukle ihnen zehn Orgasmen vor. Nur so können sie ihren eigenen Höhepunkt richtig genießen. Ja, sie brauchen sozusagen eine Rechtfertigung dafür.

Eine uralte Hurenweisheit sagt: Willst du einen Mann bis aufs letzte treffen und verletzen, so sage ihm, er hätte dich nicht richtig befriedigt und sei auch nicht fähig dazu. Damit trifft man bei jedem Mann ins Schwarze. Das ist des Mannes wunder Punkt!

Es ist traurig, wie wenig Männer über Männlichkeit nachdenken. Statt dessen leben sie in ihrem Schwanzwahn und lassen sich belügen. Dabei wäre es so einfach, eine Frau zu befriedigen. Würden die Männer das doch nur erkennen. Die meisten Frauen sind zwar auch noch nicht fähig, ihre Sexualität intensiv und ohne Ängste auszuleben, aber in diesem Irrspiel der Geschlechter trägt der Mann die größere Schuld.

Und wir Huren, die wir die sexuellen Seelsorgerinnen und Therapeutinnen der gesamten Nation sind, wir können auch nichts dazu tun, wollen wir uns das Geschäft nicht versauen. Ich werde weiterhin meine Freier belügen, und wenn einer nicht bezahlen will unter dem Vorwand, daß er mich doch gut gefickt hätte, dann werde ich ihn Schlappschwanz nennen und ihm die Wahrheit erzählen, daß meine Abgänge (Höhepunkte) nur gespielt waren, um ihn nicht zu enttäuschen. Dann sitzt er in der ›Phallusfalle‹.

Ein weiterer sehr wichtiger Punkt betrifft die Hygiene. Etwa 70 Prozent der Freier, mit denen ich Kontakt hatte, hatten Dreck am Stecken, und zwar sprichwörtlich! Entweder stanken sie zum Himmel nach widerlichem, ranzigem Schweiß oder der Käse stapelte sich schon sichtbar unter der Vorhaut.

Sie hatten teilweise ekelhaften Mundgeruch, und bei manch einem sah man das Schmalz schon zu den Ohren rauskommen.

Dabei waren sie beileibe keine Penner, wie man vielleicht vermuten sollte, sondern gutsituierte, saubere Herren. Vom Managertypen aus der Chefetage bis zum kleinen Beamtenarsch waren alle vertreten. Außen hui und innen pfui! Was da an verkrustetem Dreck zutage kam, wenn die feinen Boss-Anzüge erst einmal gefallen waren, hätte ganze Mistgruben füllen können. Oft kam es mir vor, als würden diese Schmutzfinken Wasser nur aus der Werbung kennen. Und so unterschiedlich sie auch waren, eines hatten sie gemeinsam: Es schien ihnen nicht bewußt zu sein, nein, es interessierte sie überhaupt nicht. Sie reagierten zum größten Teil überrascht auf meinen energischen Protest, aber keineswegs beschämt.

Wenn die Frauen wüßten, wie es in so manchen ›Männerunterhosen‹ aussieht, dann würden sie zu anderen Göttern beten. Und es ist ja nicht so, daß ich da überempfindlich bin. Wer es genau wissen will, der informiere sich mal bei Unfallärzten oder in Notaufnahmestationen.

Es gibt natürlich auch Männer, die direkt vom Arbeitsplatz aus zu einer Hure gehen und deshalb nicht mehr ganz frisch sind. Aber wenn das der einzige Grund ist, äußern sie von sich aus den Wunsch, zu duschen oder sich zu waschen. Sie warten nicht erst auf einen unmißverständlichen Hinweis. Allgemein mußte ich feststellen, daß Ausländer, vor allem Südländer, hygienischer sind als deutsche Männer. Das liegt möglicherweise daran, daß Südländer zum größten Teil beschnitten sind. Vor allem Mohammedaner sind sehr auf Hygiene bedacht. Ihre Religion schreibt es ihnen vor. Wie weit es nun bei den Frauen mit der Sauberkeit/Hygiene ist, vermag ich nicht zu beurteilen. Ich kann nur mit Sicherheit behaupten, daß wir Freudenmädchen sehr sauber sind. Eine Hure wäscht sich – bis zu fünfmal häufiger als der ›normale‹ Sterbliche. Wir waschen uns die Möse, die Titten, den Arsch und die Hände, nachdem wir mit einem Freier zusammen waren. Zwischendurch werden auch Achselhöhlen und Füße frischgemacht.

Ich persönlich dusche dreimal täglich, wenn ich arbeite. Welcher ›Solide‹ tut das schon? (Als Solide bezeichne ich solche Menschen, die nicht im Milieu tätig sind.) Sicherlich hab' ich auch schon Kolleginnen erlebt, die wie die Pest stanken und sich selten gewaschen haben. Aber solche Ekelweiber bildeten die Ausnahme.

Die überwiegende Mehrheit der Prostituierten ist superhygienisch. Allerdings kann das auch zum Problem werden, da man sich durch zu häufiges Waschen die Scheidenflora zerstören kann. Man ist viel anfälliger für Bakterien. Also ist die Hure gezwungen, sich öfters als üblich von einem Arzt kontrollieren zu lassen. Obwohl seit es Aids gibt fast alle ›Prostis‹ nur noch mit Gummi arbeiten und die häufigen Abstriche beim Arzt oder ›Bock‹ (Gesundheitsamt) also hinfällig wären.

Ich arbeite seit drei Jahren konsequent mit Gummi. Sogar beim Wichsen eines Freierschwanzes benutze ich ein Präservativ.

Abschließend noch ein Satz zu den ›unzärtlichen Männern‹. Als Prostituierte habe ich ja Kontakt zu sehr vielen Männern. Ich denke, es ist nichts anderes als Angst, was die

Männer davon abhält, zärtlich zu sein. Sie glauben, ihre Männlichkeit dadurch zu verlieren. Fälschlicherweise verwechseln sie Zärtlichkeit mit Schwäche. Echte, selbstverständliche Zärtlichkeit bereitet ihnen Unbehagen. Wenn mal Zärtlichkeit rüberkommt, erschöpft sie sich meist in belanglos-routiniertem Po-Getätschel oder durch die Haare wuscheln: vielleicht auch mal ein flüchtiges Küßchen hier oder da. Lachkrampf, den ich kriege! Aber Tatsache, es ist so. Bei Freiern nicht anders als bei Privatos. Männer sind davon überzeugt, richtig zupacken zu müssen, denn Zärtlichkeit ist weibisch. Ich will wirklich nicht alle über einen Kamm scheren, aber Frauen haben da mehr zu bieten. Das ist irgendwie in ihnen drin. Obwohl ich davon überzeugt bin, daß einfach alle Menschen, also auch Männer, diese Veranlagung besitzen. Bei Jungen ist sie nur häufig ›aberzogen‹. Ich würde gern allen Eltern zurufen: ›Zerstört nicht die wichtigsten Fähigkeiten eurer Kinder! Laßt sie Menschen bleiben!‹

Zärtlichkeit ist etwas Wunderschönes und so einfach. Sie ist nichts anderes, als jemandem durch bloßes Berühren zu zeigen, daß man da ist. Sie ist Balsam für die Seele. Wir Menschen besitzen einen hervorragenden Tastsinn und eine für Berührung äußerst sensible Haut. Bessere Voraussetzungen, um Zärtlichkeit zu geben und zu empfangen, sind gar nicht denkbar.

Aber Zärtlichkeit hat nicht nur etwas mit Streicheln zu tun. Blicke können zärtlich sein oder Worte und Gesten. Zärtlichkeit ist ein Ausdruck von Liebe oder Vertrautheit. Aber sie kann auch erregend sein.

Womit ich wieder bei meinen Freiern wäre. Erschreckend, wie unbeholfen und stumpfsinnig Zärtlichkeit in der Sexualität angewandt wird. Ausgiebiges Betasten des Körpers scheint den meisten Männern fremd zu sein. Für sie existieren nur Titten, Arsch und Möse. Alles andere – und es ist ja noch einiges mehr dran an so einem Menschen – wird nicht beachtet. Wobei ich sagen muß, daß es mich beruflich nicht stört, denn da nervt längeres Rumgeschmuse nur. Aber privat geht's mir gegen den Strich. Da wünsche ich mir Zärtlichkeit ohne Ende. Ich möchte jeden Zentimeter meines Körpers zärtlich und liebevoll entdeckt wissen. Und genauso möcht' ich es auch mit meinem Partner machen.

Vielleicht können viele Menschen Zärtlichkeit nur so schwer zulassen, weil sie eine völlig überspannte Erwartungshaltung pflegen. Und ihnen bisher nicht klar ist, daß die Grundlage dafür Vertrauen heißt. Da man aber als Mensch von seinen (mehr oder weniger schlechten) Erfahrungen bestimmt wird, zerstört unser Mißtrauen diese Basis. Ich muß zugeben, daß ich da auch noch so manches Mal meine Schwierigkeiten habe. Wenn mich jemand zärtlich ansieht oder in die Arme nehmen will und ich nicht absolutes Vertrauen zu ihm habe, dann erwischt mich wieder die Angst. Es ist die Angst vor meinen eigenen Vorstellungen, und die sind aus meinen schlechten Erfahrungen entstanden. Ich stehe unter Leistungsdruck und bin fürchterlich mißtrauisch. Ich denke, wer mich berührt, verlangt auch gleich etwas von mir. Oder ich bin unsicher und frage mich, ob dieser Mensch es ehrlich meint, oder ob er sich nur mein Vertrauen erschleichen will, um mir dann etwas Böses anzutun. Solche und ähnliche Hintergedanken tauchen immer wieder auf, wenn mir jemand Zärtlichkeit entgegenbringt. Auch anders herum, wenn ich mich mal für jemanden erwärme und ganz spontan zärtlich sein möchte, kann ich meine innere Skepsis oft nicht überwinden. Berührungsangst, seelische und körperliche, ist ein ungutes Gefühl. Es könnte ja sein, daß die Zärtlichkeit, die ich in dem Moment geben möchte, nicht erwünscht ist. Unter den Männern, zu denen ich versucht habe, eine Beziehung aufzubauen, war nur ein einziger, der mit Zärtlichkeit umgehen konnte. Für ihn war es ganz selbstverständlich, sanft und tastend zu liebkosen. So konnte ich auch von mir aus etwas geben. Aber er war eben ein Mann, der sich für mich als Mensch *und* als Frau interessiert hat. Mit all meinen Macken, Ängsten und guten Seiten sah er mich als Subjekt und nicht, wie fast alle Männer das tun, als Objekt. Es gibt sie also doch noch, die Märchenprinzen, wie wir Frauen sie uns wünschen. Und das läßt hoffen.«

11. Höchste sexuelle Intensität: hemmende und befreiende Faktoren

Abhandlungen zum Thema Sexualität in den verschiedenen Jahrhunderten und Diskussionen innerhalb der Sexualwissenschaft sind einerseits der Fortpflanzung sowie der psychischen und physischen Störung dieser Funktion gewidmet, andererseits – wenn auch nur vereinzelt – dem Bereich der Lustfunktion. Der Orgasmus und die Entwicklung von Wollust innerhalb der Ehe wurden begrüßt, da sie wieder Farbe in das blasse Gesicht zaubere und die Psyche stärke. Alles, was über den »normalen, einmaligen Höhepunkt« hinausging, galt als gesundheitsschädlich. So schrieb einer der best beleumdeten Ärzte des 17. Jahrhunderts, Nicolai Venette, in seiner Abhandlung über »Die Erzeugung der Menschen« im Jahre 1698: »Das gehirne / welches das vornehmste werckzeug aller kräffte der seele ist / wird erkältet / und wegen des verlusts / den wir im beyschlaf mit weibern unauffhörlich an unserer feuchtigkeit leiden / täglich truckener: So wird es auch immer schwächer / und verzehret sich dergestalt / daß bey etlichen geilen männern / nach des Galeni bericht / bißweilen dieses gehirn dermassen verringert worden / daß es fast nicht grösser / als etwa eine faust groß / gewesen / wie ist nun bey so gestalten sachen zu vermuthen / daß es etwas zur gesundheit des menschlichen leibes weiter beytragen und zu den besten würckungen der seele gleichsam den benöthigten zeug hergeben könne / Endlich werden die augen wegen des mangels an geistern gantz traurig / und liegen tieff in dem kopff / die wangen hängen herab / die nasen-löcher sind trucken / die stirne kalt / kahl und verschrumpffet / das gehöre schwer und harte / und der mund stinckend; mit einem worte: Wir sehen nur mehr / als zu offte / sehr traurige Zufälle /

welche eine übermäßige liebe zu wege bringet.« (ebd. S. 317–318).

Zwar wurde dem Mann in einigen Schriften des 17. Jahrhunderts eine sexuelle Potenz zugeschrieben, die ihn in einer Nacht zu bis zu fünf Orgasmen befähigen sollte, beim fünften Male jedoch trete statt Sperma nur noch Blut aus, was ebenfalls zu einer Schädigung von Körper und Geist führe.

Um die Jahrhundertwende sah man in der Macht der Sinne auch Gefahr: nämlich, daß sie zu gewaltiger Leidenschaft, ja zu uferlosem Laster führen könne. Wer mehrere Höhepunkte tatsächlich erlebte, stand Pate für ein neues Krankheitsbild, den übermäßigen Geschlechtstrieb, der Hyperaesthesia sexualis. Der Mensch galt als Wesen, das von seinen Trieben und seinen Temperamenten, die ›genetisch‹ festgelegt seien, bestimmt wird.

So nahm der berühmte Psychologe Emminghaus an, »daß Hyperaesthesia sexualis dort vorhanden sei, wo unmittelbar post coitum [= nach dem Geschlechtsverkehr, M. W.] ein Wiedererwachen der Begierde stattfindet.«

Der Sexualwissenschaftler Rohleder bezeichnet in den zwanziger Jahren die Hyperaesthesia sexualis als jenen psychosexuellen Krankheitszustand, »bei dem die gleichgültigsten monotonsten Vorstellungen ein hochgradiges Wollustgefühl hervorrufen, das um jeden Preis zu befriedigen gesucht wird, daß befriedigt werden muß, und falls dies im gegebenen Moment nicht möglich ist, bis zu einer wahren Brunst mit Angstgefühlen sich steigert. Die sexuelle Hyperaesthesia führt hier oft zu kriminellen Sexualeffekten oder zu wilder Masturbation. Der Geschlechtstrieb wird hier, bei Satyriasis wie Nymphomanie zu einem Geschlechts*be*trieb.«

Zwei Zustände wurden bei Männern und Frauen ursächlich auf die Hyperaesthesia sexualis zurückgeführt: die Satyriasis, den »abnorm gesteigerten männlichen Sexualtrieb«, und die Nymphomanie (gr. nymphe = junge Frau; mania = Wahnsinn), die Mannstollheit oder den »abnorm gesteigerten Geschlechtstrieb« der Frau. Einige Zitate des Sexualfor-

schers, des »Spezialarztes für sexuelle Leiden in Leipzig«
Hermann Rohleder, die heute noch als profunde Arbeiten
anerkannt werden, sollen Auffassungen demonstrieren, die
im Volksglauben immer noch stark verankert sind:

»Die Satyriasis... strikt genommen die abnorm langandauernde Libido sexualis im Zustande der Erektion – ist ein
entschieden seltener Zustand... Besonders ist er anzutreffen
von der Pubertätszeit bis zur Mitte der dreißiger Jahre. Anfang
der vierziger oder noch später ist er recht selten und dann mit
hochgradiger Neurasthenie als Folge des vorausgegangenen
übermäßigen Geschlechtslebens verbunden. Der von diesem Zustand Betroffene ist oft ein wahrhaft bemitleidenswer-
tes Geschöpf, da dieser Drang und besonders die daraus
hervorgehenden Delikte – hauptsächlich Notzucht – meist
eine, wenn auch nicht direkt völlig falsche, doch einseitige
Beurteilung erfahren, andererseits es im sexuellen Sinnen-
rausch bis zum momentanen Bewußtseinsverlust kommen
kann, so daß der Betreffende im wahrsten Sinne des Wortes
›nicht weiß‹, was er tut‹... Lombroso [Cesare, berühmter
italienischer Anthropologe und Psychiater] meint, daß allzu
früh reife Satyriatiker verlarvte Epileptiker seien, eine Behauptung, die in dieser Allgemeinheit doch zu weit geht...
Daß aber bisweilen dem Zustand ein geistiger Defekt zu
Grunde liegen mag, ist richtig... Man hat auch von einer
chronischen Satyriasis gesprochen. Es liegt derartigen Fällen
aber, ebenso wie dem Priapismus, wohl eine Hirn- oder
Rückenmarkserkrankung zugrunde.

Die Nymphomanie – strikt genommen die hochgradig
langandauernde Libido sexualis im höchsten Erregungszu-
stand – ist der gleiche Zustand beim Weibe wie die Satyriasis
beim Manne, nur ist sie entschieden häufiger... Daß diese
Frauen von den Männern gemieden werden, ist selbstverständlich. Wer einmal in einen solchen Löwenrachen gefallen ist und nahe daran war, in der Umarmung einer solch'
entsetzlich wild ausbrechenden Leidenschaft erdrückt zu
werden, wo schon nach erfolgter Ejakulation noch immer

stürmisch die Kraft des entschwundenen Liebesgottes begehrt wird, der zittert nur bei dem Gedanken an eine solche Eventualität. ›Ein Schuft, der mehr gibt, als er kann!‹ lautet ein Volkssprichwort, und wahrlich, selbst Jupiter, der doch bekanntermaßen ein großer Held sexualibus war, wäre nicht in der Lage gewesen, eine mit Nymphomanie behaftete Dame zu befriedigen.«

Nicht nur der noch zulässige Grad der Leidenschaft wurde von Vertretern der Sexualwissenschaft vorgegeben, sondern auch die Zeitdauer eines »normalen Koitus«. So schreibt Dr. Magnus Hirschfeld, einer der populärsten Sexualforscher in den zwanziger Jahren, in seiner »Geschlechtskunde« (1928): »Die durchschnittliche Zeit eines menschlichen Koitus im eigentlichen Sinn, die Dauer also des dritten Abschnitts der Lustkurve vom Beginn der Immission [= Einführung] bis zu dem im Höhepunkt der Ekstase erfolgreichen Erguß, dürfte auf drei Minuten zu bemessen sein. Doch wird man eine Dauer von fünf, ja selbst von zehn Minuten nicht als abnormal bezeichnen können, aber auch nicht eine Dauer von ein bis zwei Minuten. Dagegen würde ich eine kürzere oder längere Dauer als ein nicht mehr normales (der Behandlung bedürftiges) Verhalten ansehen« (ebd. II. Band, S. 237).

Auch heute noch wird innerhalb der Sexualwissenschaft unter dem Begriff der sogenannten Hypersexualität nicht nur ein krankhaftes und negativ abweichendes (deviantes) Sexualverhalten verstanden, sondern es wird – undifferenziert – starkes sexuelles Begehren aus Lust mit zwanghaftem Verhalten nach der Sexualität und gleichzeitigem Unbefriedigtsein gleichgesetzt. So schreibt Wiederholt 1980: »Hypersexualität... äußert sich darin, daß dem Begehren nach sexuellem Ausagieren mit einem oder mehreren gleich- oder verschiedengeschlechtlichen Partnern oder dem realen Vollzug des körperlich-taktilen Sexualaktes ein exzessiver Stellenwert beigemessen wird. Und damit ist gemeint nicht so sehr eine organisch begründete Hypersexualität im Sinne einer exzessiven Triebhaftigkeit, sondern vielmehr die übermäßige gedankliche Beschäftigung mit partnerbezogenen Sexualhandlungen und deren Realisierung« (Eicher, W.: Sexualmedizin in der Praxis. Stuttgart 1980, S. 369–370).

Abgesehen davon, daß Sexualität eben nicht triebbedingt ist, wie ich schon im dritten und vierten Kapitel ausgeführt habe, muß diese Tendenz zur Normierung entschieden skeptisch stimmen: Was ist exzessiv, was ist übermäßig? Um Mißverständnissen oder Fehlinterpretationen vorzubeugen, möchte ich betonen, daß wir sexuelles Verhalten keinesfalls nach der Häufigkeit des ersehnten oder wirklichen Sexualkontaktes beurteilen sollten, sondern nach der Befriedigung, die beide Menschen dabei erreichen. Andernfalls müßte man ja auch häufig wechselnde Sexualkontakte ohne emotionale Bindung, sogenanntes promiskes Verhalten als erstrebenswert ansehen. Gleichgültig wie hoch die sexuelle Frequenz auch sein mag, wie viele Höhepunkte erreicht werden und wieviel Zeit der Sexualität gewidmet wird, wichtig ist die Befriedigung: Trägt das emotional-sexuelle Verhalten entsprechend dazu bei, dem Menschen Energie, Ruhe, Freude und Motivation auch außerhalb des sexuellen Bereichs zu geben?

Auch hat meiner Meinung nach kein Mensch, auch kein Wissenschaftler, das Recht, etwas aus seinem eigenen Erlebern heraus Unvorstellbares wie eine ein- bis zweistündige Erektion oder eine Folge von 20 bis 40 Orgasmen bei der Frau als negativ oder gar krankhaft einzustufen. Abwehrende und ungläubige Reaktionen auf die Feststellung, intensive und bewußte Sexualität mache die hier geschilderten häufigen und/oder langandauernden Höhepunkte *möglich,* haben mich veranlaßt, verschiedene psychiatrische Institutionen in der BRD anzurufen und den »Fall« einer Klientin zu schildern, die während einstündiger Sexualität mit ihrem Partner bis zu 40 Orgasmen bekommt. Ich habe eigens darauf hingewiesen, daß dieses intensive sexuelle Erleben sich nach Angabe der »Klientin« erst allmählich und parallel zur emotionalen Vertiefung in ihrer Beziehung entwickelt habe.

Auf meine Frage, wie diese Aussage zu beurteilen sei, wurden mir »organische Dysfunktionen«, endogen psychische Erkrankungen, Hirnstoffwechselstörungen, Hirnschädigungen, Epilepsie (sic!) und ein hysterischer Symptomenkomplex (bei dem die Frau einfach nur phantasiere, da sie in Wirklichkeit überhaupt keine sexuelle Befriedigung erführe), als Ursachen genannt. Zwar sei das Phänomen mehrmaliger (multipler) Orgasmen bei Frauen beobachtet worden, eine solche Frequenz und Dauer sei aber physiologisch und psychisch unmöglich. Ich hoffe, daß nicht nur die Berichte der Frauen (und Männer) über ihre sexuellen Erfahrungen, sondern auch die theoretischen Passagen in diesem Buch dazu führen, ekstatische Sexualität nicht entweder als Ausgeburt der Einbildungskraft oder sogar als pervers einzuordnen, sondern als erstrebenswerte Einheit von Liebe und Sexualität.

Die Vorstellung der meisten Menschen über das, was positive Sexualität ist, beziehungsweise bedeuten kann, sind einerseits stark von den individuellen Erfahrungen im Elternhaus (etwa vom Grad der körperlich-seelischen Zuwendung, der Thematisierung von Sexualität und der Unbefangenheit hinsichtlich des Körperbewußtseins) und im sozialen Umfeld (Freunde/innen, Studien- und Arbeitskollegen) geprägt, andererseits von Informationen, die der betreffende Mensch aus Medien, Büchern und ähnlichem erfährt. Um die Jahrhundertwende noch vertraten Wissenschaftler, Publizisten und »Volkes Stimme« überwiegend das Vorurteil, Frauen seien gefühlskalt und passiv, Männer hingegen triebstark, potent und aktiv. Der männliche Orgasmus galt als selbstverständlich, der (oder die) der Frauen als (obskure?) Ausnahme. Menschen, die sexuell offener waren als andere, sich nicht mit der üblichen Zwei-Minuten-Sexualität zufriedengaben, wurden als von der Norm abweichend, krank oder zumindest absonderlich eingestuft. Während des Nationalsozialismus trat dann die mögliche Lustfunktion der Sexualität zugunsten der Fortpflanzungsfunktion (Mutterideologie) in den Hintergrund. Auch die Nachkriegsjahre in der Bundesrepublik wa-

188

ren von Prüderie und Pragmatismus geprägt. Erst mit den Forschungen von Kinsey über sexuelle Funktionsstörungen, Orgasmusfähigkeit und Einstellung zu den unterschiedlichen Formen von Sexualität war eine neue Informationsquelle erschlossen.

Laut Kinsey kommt es bei zwei Dritteln aller amerikanischen Paare zum männlichen Orgasmus (Ejakulation), die Daten für Frauen sind nicht so exakt, gleichwohl erschreckend. Kinseys Untersuchungen über das Sexualleben ergaben für 14 Prozent der von ihm (nicht repräsentativ!) ausgewählten weiblichen Testpersonen, daß sie zwei oder drei Orgasmen bekommen konnten. Kinsey folgerte deshalb, daß multiple Orgasmen bei Frauen zwar möglich wären, die Fähigkeit dazu jedoch wahrscheinlich äußerst selten sei. Im Jahre 1966 erschienen die bis dato umfangreichsten physiologischen Untersuchungen über die sexuellen Reaktionen von Männern und Frauen. Masters und Johnson teilten die sexuellen Reaktionen von Männern und Frauen in vier Phasen ein: die Erregungsphase, die Plateauphase, die Orgasmusphase und die Rückbildungsphase.

Ihre gesamten Forschungsergebnisse benennen keine multiplen Orgasmen bei Männern, von vereinzelt beobachteten sogenannten orgastischen Erlebnissen einmal abgesehen, die aber offenbar von der ungewöhnlichen Stimulationsfähigkeit der Partnerin abhängig waren. Ferner berichten sie davon, daß Prostituierte, die ihre sexuellen Reaktionen sehr gut kannten und auch kontrollieren konnten, bei der Masturbation multiple Orgasmen hätten. Das für unsere Argumentation wichtige Ergebnis der Untersuchungen von Masters/Johnson lautet:

»Frauen besitzen das Reaktionspotential zu einem neuen Orgasmus von jedem Punkt der Rückbildungsphase aus, wenn sie sich einer erneuten effektiven Stimulierung hingeben. Diese Fähigkeit zu multiplen Orgasmen ist besonders ausgeprägt, wenn der erneute Orgasmus von der Plateauphasenstufe aus erfolgt. Für den Mann schließt die Rückbildungsphase zwangsläufig eine Refraktärzeit ein, die sich über die Rückbildungsphase bis zum Ausgangspunkt erstrecken kann. Eine erneute wirksame Stimulierung ist nur nach Ablauf dieser Refraktärzeit möglich. Mit wenigen Ausnahmen ist beim Mann die Fähigkeit zu einer physiologischen Reizbeantwortung unter erneuter Stimulierung im Vergleich zur Frau bedeutend geringer« (Masters/Johnson: Die sexuelle Reaktion. Frankfurt 1967, S. 19).

Masters/Johnson hielten aufgrund ihrer physiologischen Forschungen mehrmalige, ja sogar nicht begrenzte weibliche Orgasmen für theoretisch möglich, weil Einzelbeobachtungen darauf schließen ließen. Die Frau konnte demzufolge bis zur Plateauphase (einem hohen statischen Erregungsniveau) gereizt werden, von der aus es prinzipiell nur noch eines Minimalreizes bedurfte, um einen Orgasmus auszulösen. Beim Mann beobachtete das Wissenschaftlerpaar adäquate Phasen, zu denen eine vom Mann freiwillig verlängerte Plateauphase gehört, die dann in Orgasmus und Ejakulation ihren Abschluß findet. Darauf setzt eine Erholungsphase ein, die bis zur nächsten vollen Erektion dauert, innerhalb derer erneut eine Plateauphase und eventuell ein Orgasmus erreicht wird. Da Masters/Johnson sich für die psychischen Faktoren, die zu Erregung und Höhepunkt führen, nur am Rande interessierten, unterließen sie es leider, den Befriedigungswert eines männlichen Orgasmus durch eine herausgezögerte Ejakulation eine entsprechende Bedeutung beizumessen. Entsprechend wenig Wert wird dem weiblichen Befriedigungswert in einer langandauernden Plateauphase mit höchster Erregung, die jederzeit bei einer kleinen zusätzlichen physischen oder psychischen Stimulation zu Orgasmen führen kann, beigemessen, im Unterschied zu dem Orgasmus, der bei einer allmählich stärker werdenden Stimulierung von Intensitäts- zu Intensitätsstufe mit einem beiderseitigen (sehr intensiven) Orgasmus abgeschlossen wird. Anders ausgedrückt: Bei Männern, die aufgrund ihrer Kenntnis der physiologischen Reizmuster einerseits (»Wann mache ich

190

eine kleine Bewegung, die einen schwächeren Reiz auslöst, um nicht ejakulieren zu müssen ...«) und durch die psychisch effiziente Stimulation andererseits (»Was macht mich noch geiler; welche Vorstellung, welche Phantasie und welche Handlung?«) ihre Erektion lange – das heißt zwischen zehn und 60 Minuten – halten können, kommt es während der Plateauphase zu vielen kleinen Orgasmen, die auch durchaus als kleine Ejakulationen wahrgenommen werden. Das Bewußtsein, noch nicht »richtig« ejakuliert zu haben und die Erektion weiterhin aufgrund psychischer und physischer Stimulation halten zu können, verstärkt das Begehren. Seelische und körperliche Faktoren bedingen einander also. Setzt nämlich im Moment eines »kleinen Orgasmus« beim Mann nicht die (bewußte) Tendenz zur Reizschwächung ein, folgt dagegen ein weiterer (stärkerer) Reiz, folgt auch ein intensiverer, besser: der Orgasmus. Je nach der Effizienz erneuter psychischer und/oder körperlicher Reize kann es zu zwei, drei starken Orgasmen (mit Ejakulation) in Sekundenabständen kommen: zum *multiplen* Orgasmus des Mannes.

Jeder Mann kann also lernen, sein Begehren und seine Lust so zu steuern, daß die Plateauphase (fast beliebig) verlängerbar ist und zu unterschiedlichen Formen und variabler Zahl von Orgasmen führen kann. Die ›Geilheit‹ liegt nicht im Orgasmus selbst, sondern darin, die Zeit der höchsten Erregung möglichst lange auszudehnen, zumal in dieser Zeit ja die Partnerin ebenfalls durch die Stimulation ein Höchstmaß an Erregung verspürt. Die jeweilige Intensität der Orgasmen (Dauer, Häufigkeit, psychische Besetzung) stellt in der Gesamtheit des sexuellen Spiels eine Form noch stärkerer Stimulierung dar, wodurch wiederum ein noch längerer und/oder stärkerer Orgasmus möglich ist.

Männer geben an, zwischen zehn und 15 »kleine« Orgasmen während einer längeren Erektion bekommen zu können. Wenn im Moment des »richtigen« Orgasmus und der richtigen Ejakulation ein zusätzlicher psychischer und physischer Reiz einsetzt, werden zwischen zwei und vier »große« Orgasmen, respektive eine Verlängerung und Intensivierung des Orgasmus bis um das Fünffache beschrieben.

Frauen schildern dagegen entweder einen Orgasmus, der über eine Stunde (!) und länger gehen kann und dessen Intensität stark zunimmt – parallel zu der Erregung des Partners – und weitestgehend unabhängig von der Art der Stimulation (vaginal, oral, anal) ist, oder aber eine Frequenz von drei bis sechs Orgasmen, die minutenlang dauern können, deren Intensität sich ebenfalls steigert. Oder aber sie erleben eine für die meisten Menschen unvorstellbare Zahl von 30 bis 50 Orgasmen, die in Dauer und Intensität entsprechend variabel sind.

Sind *beide* Partner so aufeinander eingestimmt, daß sie die Erregung des anderen psychisch und physisch so steuern, daß durch einen weiteren Reiz der Orgasmus bzw. die Ejakulation jederzeit ausgelöst werden kann, kann auch die Dauer der höchsten Intensität gemeinsam ausgedehnt werden. In dieser Phase erleben beide die Macht, durch ein Wort oder eine Berührung einen erneuten Höhepunkt beim Partner auszulösen oder ihn zu verlängern. (Und die Ohnmacht, daß der Partner genau dies ebenfalls erreichen kann.) Das ekstatische Geilheitsniveau, während dessen die Erregung des Partners von der eigenen nicht mehr zu unterscheiden ist, läßt kein anderes Gefühl mehr zu als das der Lust und das, mit dem anderen zu einer Einheit verschmolzen zu sein.

Es ist in diesem Zusammenhang auch schlicht falsch, wie manche männliche Sexualforscher behaupten, der erste Orgasmus der Frau wäre der intensivste, schönste und befriedigendste. Diese Behauptung leugnet die ständig mögliche Steigerung des sexuellen Empfindens. Allerdings bedarf es hierzu einer männlichen Sensibilität, die wohl leider zu der Ausnahmeerscheinung gehört: Nach dem jeweiligen Orgasmus der Frau muß der Mann seine Berührungen auf die individuelle Reizempfindlichkeit der Frau einstellen können (etwa die Zunge beim Cunnilingus langsam und zart über die dann sehr sensible Klitoris fahren lassen oder seinen Penis sehr behutsam bewegen), um dann – je nachdem – allmählich oder schneller zu stärkerer bis starker Reizung überzugehen. Trotz der erwähnten Kritik wollen wir einige Forschungsergebnisse von Masters/Johnson berücksichtigen, einfach weil sie zeigen, daß eine Intensitätssteigerung im sexuell-emotionalen Bereich vom *physiologischen* Alter unabhängig sein kann – ganz entgegen landläufiger Vorurteile.

Sexuelles Verhalten im Alter unterliegt zahlreichen Einflußfaktoren. Von unterschiedlichster Seite wurde angenommen, daß biologische Alterungsvorgänge ursächlich sind für ein Nachlassen oder Aufhören der sexuellen Aktivität. Der Beginn des Alters wurde mit dem Ende der Fortpflanzungsfähigkeit gleichgesetzt, für Frauen also mit dem Climacterium femininum, dem bei Männern ein Climacterium virile entsprechen soll. Danach müßte dieses »Leiden« irgendwann im Alter zwischen 50 und 55 Jahren beginnen. Ein hoher Prozentsatz der bis dato völlig gesunden, keineswegs übermäßig nervösen Menschen zeigt innere Unruhe, zeitweilige Angst- und Schwächegefühle, Verstimmung, depressive Zustände, plötzliche Gefühlsverringerungen und Rührseligkeit, Blutwallungen, »fliegende Hitze«, Mattigkeitsgefühle, Launenhaftigkeit und verringerte geistige Beweglichkeit.

Die rein sexuelle Reaktion, also die von der Psyche zunächst unbeeinflußten physiologischen Gegebenheiten, zeigen beim älteren Mann zunächst ein längeres Zeitintervall bis zur vollen Ausbildung der Gliedsteife. Auch kann die Erektion nicht mit gleichbleibender Permanenz über so lange Zeit gehalten werden wie von Männern zwischen 25 und 45 Jahren; die Zeit der Rückbildung ist bei älteren Männern sehr viel kürzer. Die bei jüngeren Männern (bis etwa 50 Jahre) zu beobachtenden zwei Stadien der Ejakulation, subjektiv psychisch zunächst als ein Gefühl der Unvermeidbarkeit der Ejakulation, das sich dann in der sinnlichen Wahrnehmung der Ejakulation löst, wird bei älteren Männern auf ein Stadium reduziert. Das Gefühl der Unvermeidbarkeit fehlt, der vielzitierte »Druck«, wenn man so will. Dennoch gilt auch für ältere Männer: Im Prinzip ist es möglich, mit Hilfe effizienter Reize (Stimuli) die Erektion zu verlängern und die Ejakulation hinauszuzögern, wenngleich dem psychischen Faktor bei älteren Männern eine wohl noch größere Bedeutung eingeräumt werden muß als bei jüngeren. Sexualität im hier genannten Sinn ist so gut wie immer dann befriedigend, wenn die seelische Disposition stimmt. Das widerspricht keineswegs der Tatsache, daß die meisten Paare sich leider gegenseitig mit einer Sexualität »abspeisen«, die innerhalb weniger Minuten auf rein physiologische Abläufe gerichtet ist: Sie sind (vielleicht) befriedigt, aber (sicher!) nicht zufrieden.

Die bei jüngeren Männern klinisch feststellbaren Kontraktionen der Prostata, eine der Ursachen für das Herausschleudern der Samenflüssigkeit, fehlen im Alter häufig ganz. Deshalb nimmt das charakteristische Druckgefühl während der Ejakulation bei älteren Männern häufig ab oder hört ganz auf. Oft wird die Samenflüssigkeit auch nicht mehr herausgeschleudert, sondern sickert aus der äußeren Harnröhrenöffnung.

Bei älteren Frauen ist die Intensität der physiologischen und die Dauer der anatomischen Reaktionen bei einer gleichzeitigen effektiven sexuellen Reizung in allen vier Phasen des Reaktionszyklus (1. Erregungsphase, 2. Plateauphase, 3. Orgasmusphase, 4. Rückbildungsphase) vermindert. Die Vagina der älteren Frau zeigt spezifische Veränderungen während der Zeit der altersgemäßen Rückbildung (Involution), die ihre Sexualität beeinflussen. Während des Klimakteriums läßt die Produktion von Sexualhormonen in den Eierstöcken (Ovarien) nach, und es ergeben sich Veränderungen an den Schamlippen (Labien), in der Scheide (Vagina), am Uterus und an den Brüsten. Die Vaginalwände sind nicht mehr dick und runzelig, sondern sehr dünn. Auch Länge und Breite der Vagina verringern sich, ebenso wie ihre Dehnungsfähigkeit. Gleichzeitig ist das erste Zeichen der physiologischen Reaktion auf eine sexuelle Erregung, das Feuchtwerden der Scheide (vaginale Lubrikation), stark verringert. Die Geschwindigkeit der Produktion und die Menge der produzierten Gleitsubstanz nehmen etwa fünf Jahre nach der Menopause deutlich ab. Ist bei jüngeren Frauen die vaginale Gleitfähigkeit 10 bis 30 Sekunden nach Beginn einer wirksamen sexuellen Stimulierung in der Vagina gut ausgebildet, kann sich bei Frauen von über 55 Jahren eine merkbare Produktion vaginaler Gleitsubstanz um eine bis drei Minuten verzögern, auch wenn die Frau psychisch auf die sexuelle Stimulierung reagiert, damit also eine echte Lustempfindung verbunden ist. Die hier mit zunehmendem Alter festgestellte verlangsamte Produktion der Lubrikation tritt nicht ein, wenn auch im höheren Alter regelmäßig Geschlechtsverkehr (ein- bis zweimal in der Woche) oder andere sexuelle Stimulierungen praktiziert werden. Frauen mit überwiegend positiven sexuellen Erlebnissen und einer ausgeglichenen, glücklichen, von Frustration weitgehend freien Beziehung, zeigen auch während und nach der Zeit des Klimakteriums keine beziehungsweise kaum eine Einschränkung hinsichtlich der Häufigkeit und des Interesses an der Sexualität.

Die Annahme, den hormonellen und physiologischen Veränderungen während des Klimakteriums folge zwangsläufig eine verminderte sexuelle Kapazität und eine nachlassende sexuelle Leistungsfähigkeit, ist grundlegend falsch. Auch der gelegentlich von wissenschaftlicher Seite (etwa Masters/Johnson) vertretenen Ansicht, Zufuhr von Östrogenen oder östrogenähnlichen Substanzen könne den »Sexualtrieb« steigern, kann ich mich nicht anschließen, da ich – wie schon gründlich erläutert – davon ausgehe, daß menschliches Sexualverhalten nicht triebbestimmt ist. Sexualität weist zwar physiologische Variablen auf, sollte aber als ein komplexer Vorgang verstanden werden, der das ganze Leben über modifiziert, spezialisiert und intensiviert werden kann.

Sexualität und die damit verbundenen Gefühle, ebenso wie der persönliche Stellenwert von Sexualität im eigenen Leben ist jederzeit neu konstruierbar.

Vor diesem Hintergrund wird es verständlich, daß ältere Menschen, denen positives Erleben im sexuell-emotionalen Bereich fehlt, jede diesbezügliche Aktivität aufgeben. Asexualität im Alter darf daher nicht mit physiologischen Veränderungen des Klimakteriums oder des Alterns, geschweige denn mit einem angenommenen, in den späteren Lebensjahren versiegenden »Sexualtrieb« begründet werden.

Wie wäre es denn sonst zu erklären, daß verwitwete Frauen, die während ihres 30jährigen Ehelebens nie Freude an Sexualität hatten, mit einem neuen Partner oft eine bis dahin nie erfahrene Intensität erleben, weil sie plötzlich empfinden dürfen, was ihnen in ihrer Ehe gefehlt hat: Innigkeit, sexuelle Kommunikation, entdeckende Zärtlichkeit und Phantasie.

Jeder Mensch hat zwar prinzipiell die Fähigkeit, seine Formen sexueller Befriedigung zu finden, also die Dauer und Intensität von Sexualität und Orgasmen zu steigern, doch kaum jemand hat die dafür unverzichtbaren psychischen Voraussetzungen entwickelt.

Ich hoffe, daß die folgenden, erstaunlich offenen Beschreibungen sexuell-emotionaler Biographien deutlich machen, daß der Intensität und der Gefühlstiefe ein *Prozeß* vorausgeht.

Marion, 27 Jahre alt, Repräsentantin: »Sexualität war in meinem Elternhaus ein Tabu. Nie wurde darüber gesprochen, und ich habe auch nie Zärtlichkeiten meiner Eltern beobachtet. Aufgeklärt wurde ich auch nicht. Meine Mutter verfiel schon in Flüsterton, wenn es nur um das Thema Menstruation ging. Bis Mitte zwanzig konnte ich darüber nicht sprechen. Meine Mutter hat nie mitbekommen, wann ich meine Regel hatte, auch nicht beim ersten Mal. Ich habe meine Eltern nie nackt gesehen (fast nie), im Gegenteil. Meine Mutter zog sich immer in der Küche an oder aus und schämte sich, wenn ich sie dabei überraschte. Ich weiß noch heute, wie ›betroffen und schuldig‹ ich mich dann gefühlt habe. Sie hielt sich dann nämlich völlig verkrampft irgendein Kleidungsstück vor die

Brust, und ich hatte das Gefühl, sofort wieder gehen zu müssen. Meinen Vater habe ich bis heute niemals nackt gesehen. Dennoch hielt ich ihn als Kind für nicht ganz so ›verklemmt‹. Betrat ich allerdings das Schlafzimmer, ohne vorher anzuklopfen, und er zog sich gerade aus, zupfte er schnell sein Hemd ein wenig herunter. Aber das schien mir mehr so ein Automatismus zu sein. Er machte auch nicht so ein betretenes Gesicht wie meine Mutter. Aber auch bei meinem Vater hatte ich das Gefühl, das Schlafzimmer sofort verlassen zu müssen, zumal wenn meine Mutter hereinkam und mich mit den Worten herausschickte: ›Laß' Papi sich mal anziehen.‹

Mein Vater war auch einige wenige Male mit mir an der Nordsee, und wir haben nackt gebadet. Das Badezeug haben wir aber immer erst im Wasser ausgezogen und um den Hals gehängt, und wenn wir wieder raus wollten, zogen wir es vorher wieder an.

Ich hatte also gelernt, daß man sich nicht nackt zeigt — nicht vor Menschen, die man lieb hat, und vor anderen schon gar nicht. Ich zog mich immer im Bad an und aus. Ich weiß nicht mehr so genau, wie meine Schwester das gehandhabt hat. Ich kann mich aber überhaupt nicht erinnern, sie als Kind je nackt gesehen zu haben.

Meine Eltern waren nicht glücklich miteinander, das spürte ich. Ich habe nie gesehen, daß sie sich richtig innig geküßt haben. Immer nur der routinierte ›Begrüßungs-Schmatzer‹. Sexualität zwischen ihnen war für mich absolut unvorstellbar. Heute weiß ich, daß auch sehr lange keine stattfand. Ich wuchs in einer total asexuellen Atmosphäre auf.

Meine Eltern konnten über Gefühle nicht sprechen. Auch andere Gespräche gab es selten, wichtige Diskussionen über irgendein Thema nie. Gestritten wurde dagegen immer sehr schnell, meist beim Abendessen. Dann verschwand mein Vater, der immer sehr viel gearbeitet hat, im Wohnzimmer auf der Couch und schlief innerhalb einer Minute ein. Meine Eltern sind auch nie ausgegangen oder haben mal Freunde eingeladen. Jedenfalls so gut wie nie. Meine Mutter war immer unsicher, wenn Besuch kam. Unsicher, weil sie glaubte, keine gute Gastgeberin zu sein (diese Angst bemerkte ich später auch an mir), unsicher, weil sie nicht zu meinem Vater stand, seiner Art zu reden etc. Ich denke, beide haben viel zuviel runtergeschluckt. Über die Beziehung meiner Eltern könnte ich Bände schreiben. Alles hat natürlich eine Vorgeschichte und Gründe.

Eines stand auf jeden Fall immer im Vordergrund: mangelnde Authentizität (meine Mutter – oder Vater – lächelt mich zustimmend an, sagt aber nicht, was wirklich ist), extremes Sicherheitsbedürfnis, Anpassung, Angst, Hemmungen, Unzufriedenheit, Verzweiflung. Mein Vater zog sich eher in sich zurück, meine Mutter reagierte mit Kampfansagen, Sanktionen und Flucht zu ihren Kindern, die diese Ehe wohl auch allein zusammenhielten. Ich hatte schon als Kind das Gefühl, für das Glück meiner Mutter verantwortlich zu sein.

Dabei war ich ziemlich ängstlich, hatte oft wilde Träume. Abgesehen davon, daß es auch mal Prügel setzte, war meine Mutter zu uns Kindern eigentlich immer recht zärtlich, oder besser: sie knuddelte mit uns herum. Heute stelle ich mir Zärtlichkeit ganz anders vor. Manchmal hat mein Vater mir ganz leicht die Innenseite meines Unterarms gestreichelt, so daß es fast gekitzelt hat. Ich weiß noch, wie ich ihn immer dazu gedrängelt habe: ›Papi, kiddel mich mal da!‹

An meinem Vater habe ich sehr gehangen. Ich war sehr gern in seiner Nähe, ich war ganz wild darauf, mit ihm zu schmusen. Ich überschüttete ihn mit Küssen. Allerdings ging es ihm schon zu weit, wenn ich an seinen Ohren schmuste – ich liebte seine Ohren. Vielleicht hatte er Angst vor eigenen sexuellen Gefühlen oder befürchtete, daß andere etwas in dieser Richtung denken könnten. Jedenfalls ließ er es, als ich älter wurde, nicht mehr zu.

Meine Klassenkameradinnen (wir waren so um die 13, 14) hatten schon ziemlich viel Erfahrung, jedenfalls nach ihren Erzählungen zu schließen, ich interessierte mich dagegen überhaupt noch nicht für Sexualität. Ich war nicht einmal

198

neugierig. Ich wußte ja nichts, und ich habe auch nicht gelernt, Dinge, die mir nicht ganz geheuer vorkamen, offen anzugehen. Feten mit Gleichaltrigen mied ich: weil immer irgendwer irgendwann anfing, an mir herumzufummeln, vorzugsweise beim Tanzen und wenn (wohl zu diesem Zweck) das Licht ausgemacht wurde. Es war dem jeweiligen Typen auch völlig egal, welches Mädel er gerade im Arm hatte. Sympathie spielte keine Rolle, nur die Befriedigung der eigenen Neugierde und ein gewisser Konkurrenzkampf. Vielleicht konnte der beste Freund mehr Erfolge aufweisen. Richtig geredet hat niemals einer mit mir. Auf mich gerichtetes Interesse von Jungen machte mir angst, denn es war schon damals sehr auf das Sexuelle reduziert. Dazu muß ich erwähnen, daß ich die Hauptschule besuchte und mit meist ziemlich derben Typen zu tun hatte. Überhaupt konnte ich mich schlecht einordnen, da ich mich weder zu den derben, noch zu den wenigen langweiligen, ordentlichen Mitschülern zählen konnte. Ich wurde zur Außenseiterin, zum Klassenclown – und ich hatte auch schlechte Noten. Wurde sogar zum Schulpsychologen geschickt. Nachdem wir in einen anderen Stadtteil gezogen waren, hatte ich nicht einmal mehr einen eigenen Freundeskreis.

Nur zu einem Mädchen hatte ich ein wenig Kontakt, einem, mit dem man(n) alles machen konnte: Wenn wir in unserer Clique durch den Park nach Hause gingen, zog sie ihren Pullover hoch und ließ sich angrabschen ... und zwar überall. Ich stand daneben und fand das ziemlich blöd. Im Gegensatz zu mir hatte sie einen großen Busen. Und ich bekam prompt zu hören: ›Na ja, du hast ja nichts!‹ Dieses Mädchen versuchte mich mit einem Freund zu verkuppeln. Er schrieb mir einen Liebesbrief, den, da bin ich im nachhinein sicher, sie ihm diktiert hatte. Ich war sehr stolz darauf, daß mir überhaupt mal einer Aufmerksamkeit schenkte. Wir sprachen aber so gut wie nie miteinander. Kurz darauf feierten wir eine Klassenfete, und die Jungen haben sich wie immer furchtbar betrunken. Ich haßte das. Ich empfand und empfinde Angst und Ekel vor sinnlos betrunkenen Menschen. Der Junge kam also auf mich zu und drückte mir einen nassen, ekeligen, nach Alkohol stinkenden Kuß auf den Mund. Mein erster Kuß. Danach hatte ich erst mal die Nase voll! Zwei Jahre später, auf unserer Abschlußfete, tanzte dann ein etwas älterer Typ mit mir. Er küßte mich. Mein erster Zungenkuß! Meine Lippen kribbelten wie verrückt. Es gefiel mir. Aber in demselben Moment fuhr er mir auch schon mit der Hand unter den Pullover, betatschte meine Brust. Auch er sprach kaum ein Wort mit mir. Ich bekam Angst und zog mich zurück. Meine ersten Erlebnisse waren wirklich alles andere als ermutigend. Körperlich habe ich mich sehr spät entwickelt. In der Schule hänselten die Jungen mich wegen meiner knabenhaften Figur. Ich war 15 Jahre alt, als ein Mitschüler zu mir sagte: ›Dich könnte man mir nackt um den Bauch binden, und ich würde keinen hoch kriegen.‹

Die Mädchen in meiner Klasse hatten alle bereits ihre Tage. Ich nicht. Mit 16 Jahren ging ich heimlich zu einem Gynäkologen, der mir dann bestätigte, daß alles normal sei. Er verschrieb mir ein Hormonpräparat, und kurze Zeit darauf war es dann soweit. Heimlich war ich deshalb zum Arzt gegangen, weil ich mein Problem meiner Mutter nicht anvertrauen wollte. Sie reagierte völlig verklemmt auf alles, was mit Sexualität, Körper oder Gefühlen zu tun hatte.

Nachdem meine Menstruation dann endlich eingesetzt hatte, entdeckte ich irgendwann ›dieses schöne Gefühl in der Genitalgegend‹. Ich begann zu masturbieren — und zwar zunächst in der Badewanne. Ich war sehr überrascht. Natürlich hatte ich dabei ein schlechtes Gewissen, weiß aber nicht mehr so genau, warum. Ich dachte wohl, man faßt sich da unten nicht an. Anfangs ekelte ich mich davor, daß ich so feucht zwischen den Beinen wurde. Ich bin direkt danach immer vom Bett aufgestanden und habe mir die Hände gewaschen. Später war ich davon überzeugt, ein Mann müsse sich ebenfalls vor der glitschigen Feuchtigkeit ekeln. Einmal habe ich meine Möse im Spiegel betrachtet. Ich fand sie ziemlich häßlich. Ich hatte mich zwar im Badezimmer eingeschlossen, mich aber trotzdem unwohl dabei gefühlt und mich deshalb sehr beeilt.

Männer überhaupt oder gar Geschlechtsverkehr mit ihnen habe ich mir während des Masturbierens nicht vorgestellt. Woran ich dachte, weiß ich nicht mehr genau. Allein das lustvolle Gefühl hat mich erregt. Ich kam ohne jegliche Phantasie zum Orgasmus. Ich habe so allerlei ausprobiert und dabei manchmal bis zu fünf Orgasmen bekommen, die aber ziemlich kurz waren. Toll fand ich es, kurz vor dem Orgasmus aufzuhören, mich gewissermaßen selbst auf die Folter zu spannen und dann erst weiterzumachen.

Da, wie schon erwähnt, Sexualität in meinem Elternhaus ein Tabu war und meine Erfahrungen mit Jungen meist schlecht waren, hatte ich Angst vor Sex, ja, Angst vor dem Zusammensein mit einem Mann. Ich wußte ja überhaupt nichts über Männer und ihren Körper, wußte nicht, wie man ihn erregt.

Natürlich kannte ich Liebesszenen aus Kino und Fernsehen, und ich kannte die Lustgefühle meines eigenen Körpers, eine vage Vorstellung davon, daß Sexualität etwas Schönes sein müsse, hatte ich also schon. Das reichte aber nicht, um meine Angst zu überwinden. Ich ließ niemanden an mich heran. Mit 18 Jahren schlief ich zum ersten Mal mit einem Mann, den ich schon mehrere Jahre kannte. Ich mochte ihn sehr, denn er interessierte sich für mich, nicht nur für meinen Körper. Ich hätte jedoch nie gewagt, mich in seine damalige Beziehung zu drängen. Darüber hinaus betonte seine Freundin ständig, wie toll sie im Bett sei. Sie machte einen sehr dominanten Eindruck. Auf mich war sie eifersüchtig, und ich hatte Respekt vor ihr. Als wir uns das erste Mal sahen, fing ich gleich ein paar derbe Schläge von ihr ein. All das verunsicherte mich sehr, und so war auch mein sexuelles Verhältnis zu R., dem ersten Mann, den ich mochte und dem ich vertraute, von Angst bestimmt. R. und ich waren sehr zärtlich miteinander (er sagte mir einmal, noch nie hätte eine Beziehung für ihn mit so viel Zärtlichkeit begonnen). Allerdings vermied ich es beim Schmusen, seinen Penis anzufassen. Er führte meine Hand auch nicht dorthin. Und er sprach nie mit mir darüber, was er vielleicht gern gehabt hätte. Von mir aus hätten wir monatelang nur Zärtlichkeiten austauschen können, aber R. drängte mich nach einigen Wochen ganz lieb dazu, mit ihm zu schlafen. Gegen meinen Willen gab ich nach, und natürlich tat es weh. Danach war erst mal Funkstille, R. meldete sich nicht mehr. Ich empfand das als merkwürdig, denn er hatte immer davon gesprochen, wie wichtig die erste Beziehung für eine Frau und daß Sexualität überhaupt das Schönste auf der Welt sei. Aber umgehen konnte er nicht damit.

Obwohl R. zärtlich war, war der Geschlechtsverkehr mit ihm schmerzhaft und hat mich nicht erregt. Wir stiegen eben einfach ins Bett, schmusten miteinander – was mich aber nicht so in Stimmung gebracht hat, daß ich von mir aus gern weitergehen wollte. Er versuchte dann, mich mit der Hand zu stimulieren und wurde fordernd (sagte dabei ›komm, komm‹(!) . . . Ich geriet sofort unter Leistungsdruck, und das kleine bißchen Lust war futsch. Wir beließen es dann auch bei wenigen Versuchen. Zu sagen wäre noch, daß er relativ schnell kam und sein Stöhnen während des ziemlich kurzen Orgasmus immer unterdrückte. Ach ja, und Sperma war für ihn das ›eklige Zeug‹. O Mann!!

Nach einigen weiteren negativen Erlebnissen mit ihm wurde dann meine Einstellung zur Sexualität noch negativer. Zu meiner Angst, ihm nicht zu genügen, etwas falsch zu machen oder nicht richtig zu reagieren, kamen dann Leistungsdruck und irgendwann Versagensängste hinzu. R. hat mir weder gezeigt noch gesagt, was er beim Sex gern hat. Seinen Körper fand ich sehr schön – er war muskulös und dicht behaart. Vielleicht war ich von unserer Beziehung auch enttäuscht, weil er mich sehr auf Distanz hielt. Er hatte gerade eine längere Liebesgeschichte hinter sich und wollte seine Freiheit. Wir sahen uns oft länger als fünf Wochen nicht. Wenn

202

dann Sex angesagt war, lief bei mir überhaupt nichts mehr. Ich war verletzt und psychisch so aufgewühlt (Warten, Hoffnung, Enttäuschung, Traurigkeit), daß ich regungslos dalag und mit den Tränen kämpfte. Von diesen Gefühlen hat er nichts mitbekommen. Ich habe versucht, sie zu verbergen, denn ich wollte ihn ja nicht verlieren. Ich spürte aber, daß er nicht richtig zu unserer Beziehung stand. Er wollte beispielsweise nie, daß ich bei ihm schlafe. Seine ewigen Tiraden über Freiheit schüchterten mich ein. Ich hätte nie von mir aus den Wunsch geäußert, ihn zu sehen.

Meine folgenden Beziehungen zu Männern – eher den oberflächlichen Draufgängertypen – waren flüchtig und kurz.

Einer davon stieg kurz über mich drüber, hielt mich dann wochenlang hin, tat dabei ein wenig verliebt. Ich versuchte, mit ihm darüber zu sprechen, was mich viel Überwindung und Mut gekostet hat. Aber er reagierte nur ungehalten und aggressiv. Ich war also ein weiteres Mal gescheitert. So empfand ich es jedenfalls, meine bisherigen trostlosen Erfahrungen buchte ich voll auf das eigene Schuldkonto.

Dann kam M., der wirklich toll küssen konnte! Erstaunlicherweise mußte ich gar nicht so viel Widerstände überwinden, um mit ihm ins Bett zu gehen. Er war sehr, sehr zärtlich, und das empfand ich auch als sehr schön. Als er dann jedoch mit mir schlafen wollte, holte mich die Angst doch wieder ein. NEE! Es tat weh, und er hörte sofort auf. Er versuchte, mit mir darüber zu reden, aber ich war wieder einmal blockiert. In der Folgezeit beschränkte er sich darauf, ausgiebig mit mir zu kuscheln. Dann ließ er mich einschlafen (wahrscheinlich völlig gefrustet, weil ich ja nicht aktiver wurde). Nach einer Weile weckte er mich mit Zärtlichkeiten, was mich auch erregte, und schlief dann mit mir. Gar nicht dumm. Überrumpelungstaktik! Das Bumsen selbst erregte mich nicht, aber ich empfand es wenigstens anfangs nicht als schmerzhaft.

Als wir einmal nachmittags im Bett herumalberten, fing er überraschend an, mich zu lecken. Ich bekam sogar zwei kurze Orgasmen. Und zwar das erste Mal zusammen mit einem Mann. Ich war richtig happy.

Später habe ich mich dann wieder ›beschlafen‹ lassen, weil ich Angst hatte, den Typen gleich wieder zu verlieren, und ich wußte ja nun, daß ich nicht ›frigide‹ bin und das Problem im Kopf zu lösen war. Aber ich konnte eben immer noch nicht über Sex sprechen. Verliebt habe ich mich immer sehr allmählich, meist war die Beziehung da schon wieder zu Ende. Ich dachte auch, daß Männer es nicht mögen, wenn man ihnen zeigt, wie gern man sie hat. Sie könnten sich ja eingeengt fühlen. Danach hatte ich immer Angst, den Mann und vor allem auch mich wieder zu enttäuschen. Davon, wie sinnlich ich sein konnte, wieviel Zärtlichkeit, Leidenschaft und Intensität in mir steckte, hatte ich keine Ahnung. Männer können sehr zärtlich sein, wenn sie etwas von einem wollen. (›Ich liebe jeden Zentimeter deiner Haut . . .‹) Fast alle Männer haben in mir immer nur das kleine, äußerlich entzückende Mäuschen gesehen. Obwohl ich in anderen Bereichen selbstbewußt und bereits mit 23 Jahren beruflich selbständig war. Ich konnte stundenlang mit einem Mann im Auto sitzen und leidenschaftlich küssen, aber sowie der dann fordernd wurde, war ich wieder Beute meiner alten Angst, obwohl ›harmlose‹ Knutschereien mich sehr erregten.

Dabei wünschte ich mir nichts sehnlicher als eine Beziehung mit erfüllter Sexualität. Ich träumte davon, aber in der Realität blieb ich passiv. Ich dachte, Männer wollen Frauen, die einfach geil im Bett sind, die von selbst funktionieren. Ich war todunglücklich.

Ich sah mir Liebesfilme an, deren Erotik und Innigkeit nahmen mich total gefangen. Und wenn ich Szenen sah, wie es zum Beispiel ein Mann und eine Frau spontan auf dem Wohnzimmerteppich trieben, fand ich das toll und wünschte mir auch so eine ›freie‹ Sexualität.

Inzwischen hatte ich auch Phantasien, und ich träumte von Sex! Zum Beispiel habe ich einmal davon geträumt, daß mich ein Mann am Strand nimmt (ich lag halb im Wasser – viel-

204

leicht, weil ich ziemlichen Respekt vor der Naturgewalt Wasser habe – wer weiß?). Halb wollte ich, halb hat er mich vergewaltigt. Ich glaub' jedenfalls, ich habe mich gewehrt; es dauerte ziemlich lange, und irgendwann fand ich es tierisch geil – ja, und dann bin ich mit einem Orgasmus erwacht. Irres Gefühl!

Einmal stellte ich mir auch vor, ans Bett gefesselt und vergewaltigt zu werden – und zwar gleich von mehreren Männern. Boah! Vergewaltigungsphantasien hatte ich häufiger.

Meist waren meine Phantasien jedoch romantisch, wie in den Liebesfilmen. Der Mann, der mich liebt, ist über mir, in mir, berührt mich, küßt mich, schaut mir in die Augen, und es ist einfach unglaublich schön.

Als ich meinen jetzigen Freund kennenlernte, fehlte es mir immer noch an sexueller Neugierde, ich war verunsichert und befürchtete eine weitere Enttäuschung. Ich hielt ihn daher ziemlich auf Distanz. Da er mir als Person, meinen Gefühlen, Erlebnissen jedoch so starkes Interesse entgegenbrachte – er quetschte mich regelrecht aus –, überwand ich meine Angst allmählich, obwohl er mich mit seinen direkten und bohrenden Fragen immer in Streß versetzte. Ich war sehr zurückhaltend. Gleich am ersten Abend fragte er mich, was Sexualität mir bedeute. Er traf meinen wunden Punkt. Ich wollte meine Probleme nicht preisgeben. Ich konnte doch nicht erzählen, was für eine verklemmte Frau, was für ein Stockfisch im Bett ich war. (Vielleicht war es falsch, daß ich mich immer von Männern angezogen fühlte, die äußerlich attraktiv waren und von sich aus die Initiative ergriffen.)

P. war nicht so ganz ›mein Typ‹, ein wenig zu lang und zu dünn. Inzwischen ist er mein ›Traummann‹. Ich habe gelernt, einen Menschen genau und einfühlsam zu beobachten, auf Eigenschaften zu achten, die wirklich erotisch und sexuell auf mich wirken.

Wir trafen uns oft, aber er berührte höchstens meine Hände. Und er sah mir sanft in die Augen. Er gab mir zu verstehen, daß ich ihm schon signalisieren müsse, wenn ich mehr als nur Worte mit ihm austauschen möchte. Ich war von der ersten Sekunde an gefordert und in der Zwickmühle! Er hatte mich ganz und gar durchschaut. Dann wagte er doch den ersten Schritt. Ich bekam meinen bis dahin zartesten Kuß, spürte den ersten Hauch von Sinnlichkeit.

Obwohl P. sehr zärtlich war und ich auch ein, zwei oder drei sehr kurze Orgasmen bekam, als er mich leckte, hatte ich wieder Schmerzen, als er in mich eindrang. Und wieder schwieg ich. Unsere ersten Versuche, miteinander zu schlafen, gingen schief, obwohl es mir nicht mehr weh tat. Was mich allerdings beeindruckte, waren seine Orgasmen. Er war sehr laut und ließ sich vollkommen gehen. Doch Bumsen nicht mehr als schmerzhaft zu empfinden war für mich kein großer Fortschritt, bis P. mich davon überzeugte, ein wie *großer Fortschritt* es in Wirklichkeit war. Und dann tat er etwas, was mir sehr half: Er beschloß, diesen Teil der Sexualität erst mal auszulassen!

Ich verlor zwar ein wenig von meiner Angst, aber ich blieb noch eine ganze Weile völlig verschlossen und passiv. Meine Hemmschwelle war im Laufe der Zeit zu einer Mauer angewachsen. Ich konnte mich einfach nicht überwinden, aktiv zu werden. Und so ganz stand P. wohl doch nicht zu mir; er besuchte mich nie, wenn ich krank war, nahm mich nicht mit zu Freunden, etc. Er sprach ständig über Sexualität, ohne etwas Konkretes von mir zu verlangen. Aber er hielt mir Defizite vor Augen, fragte hartnäckig, ob ich mir vorstellen könne, dieses oder jenes im Bett zu tun. Und er brachte mich dazu, über mich und meine Sexualität nachzudenken. Und das setzte mich ganz schön unter Druck. Er machte mir klar, daß Sexualität nicht bedeutet, mich einfach hinzulegen und mich erregen zu lassen, sondern daß man für Wollust und Ekstase auch selbst etwas tun muß. Dem anderen schöne Gefühle zu verschaffen sei ein Ausdruck von Liebe.

Eines Tages fiel mir plötzlich ein Brief in die Hände, den eine seiner Freundinnen an ihn geschrieben hatte. Darin stand ziemlich deutlich, was sie alles miteinander trieben und wie, was er gern hat, was sie gern hat, und, und, und. Bis dahin hatte er mir nur sehr wenig von seinen anderen Frauen erzählt. Ich bin völlig zusammengebrochen. Da lagen Welten dazwischen, und ich fühlte mich auch ziemlich abgestoßen. Ich hielt das für pervers und war sicher, so etwas selbst nie zu tun.

Mit einem Male wußte ich, wie seine sexuellen Bedürfnisse waren, welche Ansprüche ich erfüllen mußte, um ihm wirklich zu genügen! (Meine früheren Phantasien und Träume hatte ich offenbar völlig vergessen!)

Ich war drauf und dran, die Beziehung abzubrechen. Mein ohnehin quälender Leistungsdruck war um das Hundertfache gestiegen. Ich zog mich wieder einmal zurück und brauchte Tage, um mich von meinem Schock zu erholen! Gleichzeitig sehnte ich mich nach ihm. Und siehe da – plötzlich konnte ich ganz cool überlegen: Ich wollte ihm nahe sein, auch weil er mir half, mich zu erkennen und zu verändern.

Dann sprachen wir miteinander, er war ernst und knallhart, ich fühlte mich total ohnmächtig und einfach nicht in der Lage, jemals von mir aus aktiv zu werden. Unmöglich. Ich war verzweifelt, dachte, nun sei es aus zwischen uns. Er hatte aber gesagt, ich solle dieses Gespräch nicht negativ, sondern positiv sehen, mir klargemacht, daß jetzt alles bei mir lag (nachdem er immer wieder auf mich und meine Passivität Rücksicht genommen hatte). Ich geriet richtig in Panik, ich mußte es einfach schaffen, durfte nicht aufgeben! Doch dann, nach einer guten Woche, fehlte er mir so sehr, daß ich allen Mut zusammen nahm und mich mit ihm zum Mittagessen traf. Er strahlte mich an und gab mir zu verstehen, daß sich an seiner Zuneigung zu mir nichts geändert hatte.

Abends trafen wir uns wieder, und ich wurde zum ersten Mal aktiv. Ja, und damit veränderte sich sehr viel. Ich glaube, das war auch der Zeitpunkt, zu dem ich mich richtig in ihn verliebte. Vorher hatte ich ihn auch schon lieb, aber es fehlte der berühmte Kick. Ich spürte, daß er mich lieb hat, und fühlte mich sehr geborgen.

Ich begann, seinen Körper auch sexuell zu entdecken. Obwohl ich zuvor auch schon sehr zärtlich war, habe ich mich nie getraut, seinen Penis anzufassen. Dabei kannten wir uns schon ein halbes Jahr! Ich streichelte seinen Po, auch den Analbereich, kniff und leckte ihn, biß ihm in die Brustwarzen, saugte an seinem Schwanz oder stimulierte ihn mit den Händen.

So lernte ich, auf welche Reize er mal stärker, mal schwächer reagierte. Obwohl ich das alles sehr schön fand, kostete es mich manchmal noch Überwindung, seinen Schwanz in den Mund zu nehmen. Und ich lutschte ihn eher zärtlich, als daß ich ihn fordernd ›blies‹.

Er sagte mir immer wieder, wie schön er mich findet und wie geil meine Möse (früher wäre mir dieses Wort nie über die Lippen gekommen). Das hatte noch nie ein Mann zu mir gesagt.

Ich entwickelte ein erotisches Körperbewußtsein, bewegte mich anders, begann, ihm mein Becken entgegenzustrecken und mir den Reiz und die Erregung selbst zu holen. Und ich merkte, daß meine Aktivität mich erregte. Irgendwann störte es mich dann auch nicht mehr, mit ihm zu schlafen, während ich meine Regel hatte. Wir entwickelten sehr viel Nähe, und P. konnte mir dann auch sagen, was und wie er es gern hat, nicht während wir miteinander schliefen, aber immerhin danach und manchmal sogar vorher. Umgekehrt jedoch, wenn er mich fragte, was ich gern mag, fühlte ich mich wieder unter Druck gesetzt. Ich schwieg immer noch viel und machte es ihm sehr schwer. Aber er ging mit unglaublicher Zärtlichkeit auf mich ein und stellte sich selbst total zurück.

Schließlich fragte er mich dann doch, warum ich so passiv sei, obwohl ich doch Sexualität gern hätte und wüßte, wie schön sie sein kann, und warum ich ihn so ignorieren würde. Ich fühlte Streß und Schuldgefühle.

Dasselbe fühlte ich auch, wenn wir gemeinsam einen Pornovideo ansahen. Nicht, daß er sagte, guck dir das an, so wird's gemacht. Manchmal sagten wir beide überhaupt nichts. Oder er machte eine Bemerkung, wie geil er dies oder jenes fände. Wir haben auch Witze gemacht, wenn es ein schlechter Film war. Wenn ich jedoch sowieso nicht so gut drauf war, dann mochte ich mir entweder gar keinen Porno ansehen oder ich bekam Angst, weil ich merkte, daß ihm dies oder das sehr gefiel, und ich dann dachte, das müsse ich nun auch bringen. Heute kann ich mir einen Porno ansehen und genau sagen, ob es ein guter oder schlechter ist, kann bis ins Detail die Fehler der Pornomacher erklären. Auf sexuellen Druck habe ich übrigens mit allen erdenklichen psychosomatischen Beschwerden reagiert: Magenschmerzen, Übelkeit, Herzschmerzen und, nicht zu vergessen, Müdigkeit. Ich ging mit meinem Freund ins Bett und hätte sofort einschlafen können! Nicht gerade ein Kompliment, nicht? Ich kam mir vor wie eine alte Frau. Wir haben aber oft darüber gelacht, weil P. wußte, daß es eine Reaktion auf meinen Streß war.

Und da ist ein Stichwort gefallen. Ich wußte nicht, wie lustig es im Bett sein kann. Wir haben beide einen Hang zur Ironie. Manchmal sind wir aber auch nur einfach albern. Ich habe mich über seinen ›schlaffen‹ Penis lustig gemacht, und er hat den ›Prolo‹ markiert, nach dem Motto ›... Hey Puppe...!‹ Und dann hat er mir geile, schweinische Sachen erzählt oder gesagt, was ich machen soll. Oder er lag völlig ernst da und fing an zu philosophieren. Oder er tat so, als unterhielte er sich mit seinem Psychiater und klage dem sein Leid. Ich lag dann da und krümmte mich vor Lachen. Das ist einfach toll.

Ich erlebte eine Phase des Experimentierens und Kennenlernens, aber was richtige Geilheit ist, wußte ich – obwohl ich Orgasmen bekam – immer noch nicht. Immer noch mußte ich störende Gedanken verdrängen, war verkrampft und wollte nicht, daß er mich beispielsweise nach einem Orgasmus weiterleckt. Ich ergriff nie die Initiative, weil ich Angst vor Streß hatte, mich oft zu sehr gefordert fühlte.

Immer stieß ich an Grenzen, und das machte mich traurig. Denn Sex war wichtig für mich, aber ich konnte mich einfach nicht fallen lassen. Dabei wußte ich genau, es würde wahnsinnig sein, und irgendwann würde ich es schaffen.

In dem Maß, in dem sich meine Sexualität veränderte, wurde ich auch sonst offener. Ich war mir schon immer meiner Ausstrahlung bewußt gewesen, aber die Angst vor Sexualität und Enttäuschung hat mich gelähmt, und das hat man mir auch angemerkt. Ich hätte sicher viel mehr Beziehungen haben können, und auch mehr Freunde, wenn ich mich nicht so abgekapselt hätte. P. gegenüber konnte ich allmählich immer mehr Liebe zeigen, immer mehr auf ihn eingehen. Ich habe das Gefühl, wieder zu mir selbst gefunden zu haben. Meine Angst vor Männern habe ich verloren, ich bin offener, stärker und freier, und ich denke, das strahle ich auch aus.

Ich fuhr allein in Urlaub und lernte dort Jochen kennen. Aber zu mehr als Zärtlichkeiten kam es nicht. Dann besuchte ich ihn zu Hause: Wir schliefen miteinander. Er war zwar zärtlich, aber auf diese fordernde Art. Er merkte nicht, daß ich mich erst einmal wieder an ihn gewöhnen mußte – wir kannten uns schließlich erst vier Tage und hatten uns dann drei Wochen nicht gesehen. Ich fühlte mich überfordert. Irgendwann legte er sich einfach auf mich und versuchte in mich einzudringen; was ihm aber nicht richtig gelang, da sein Schwanz nicht ganz steif war (o nee!). Da wurde mir plötzlich bewußt, was da schon wieder passierte. Ich sagte ihm ziemlich hart, daß ich nicht wolle. Es ist unfaßbar, wie unsensibel Männer oft sind. Ein Mann muß doch spüren, wenn eine Frau Zärtlichkeiten nicht auffordernd erwidert, der Mann sie umdrehen muß (!), sich auf sie drauflegt, und sie auch dann nicht mit ›zustimmender‹ Zärtlichkeit reagiert!

Von nun an war Jochen behutsamer, leckte mich zärtlich und ließ mich Nähe spüren. Ich ging darauf ein, wurde aktiv, war dann sogar fast aktiver als er, weil ich es toll fand, ihn zu erregen. Einen Orgasmus bekam ich allerdings nicht.

210

Diese Erfahrung – auch die erste, chaotische Nacht – zeigte mir, daß ich selbstbewußter geworden war und mir nicht mehr alles gefallen ließ. Auch vertiefte dieses Erlebnis meine Zuneigung zu P., der eben sehr sensibel ist und auf mich eingeht. Dennoch hatte ich auch mit ihm manchmal keine Lust auf Sex, weil ich schlechter Stimmung war oder so. Sicher fiel es ihm schwer zu erkennen, ob mich nun einfach wieder meine alte Angst vor Sexualität einholte oder ich eben nicht in Stimmung war. Es war nicht mehr zu verdrängen, daß ich ihm sagen mußte, was ich möchte, nur Zärtlichkeit oder mehr. Aber ich bin dann mit dem Leistungsdruck nicht zurechtgekommen. Ich dachte immer, wenn ich diesen oder jenen Wunsch äußere, muß mich das dann auch erregen – und wie es wirken würde, wenn diese Erregung ausbliebe.

Ich weiß nicht, ob das hier so recht deutlich geworden ist: Ich lernte sehr allmählich, was *Liebe* ist. Zögernd, aber bewußt verabschiedete ich meine Ängste; ich konnte mich mit P. wie auf einer Insel fühlen, zu der meine Hemmungen, meine schlechten Erfahrungen, meine traumatischen Kindheits- und Pubertätserlebnisse keinen Zutritt hatten.

Ich lernte auch, die dichte, schützende Atmosphäre zu genießen, die uns beide nicht zuletzt deshalb umgibt, weil wir gegenseitig unsere Andersartigkeit akzeptieren. Seine Liebe zu mir erfüllte mich mit großer Zufriedenheit und zugleich mit einer immer präsenten Sehnsucht, ihm meinerseits zu zeigen, wie wichtig und unentbehrlich er für mich ist, wie stark und tief und einzigartig mein Denken und mein Fühlen auf ihn ausgerichtet sind. Wie wundervoll es ist, einander gegenseitig so zu verändern!

Mit meinem wachsenden Vertrauen zu P. und zu mir selbst ließ ich mich dann auch – wenn auch in ganz kleinen Schritten – auf Macht-Ohnmacht-Spiele ein: Wenn P. mich leckte und ich einen Orgasmus bekam, schob ich ihn irgendwann weg, weil ich eine solche Intensität noch nicht lange aushielt und als Schmerz empfand. Ich konnte mich aber immer mehr fallen lassen und lernte allmählich dieses Gefühl des Ausgeliefertseins immer länger zu genießen. Meine Orgasmen wurden intensiver. Anfangs hatte ich eine zwar lange, aber eher flache Erregungsphase, die dann steil aufstieg und danach ziemlich abrupt abfiel. Nun empfand ich sie anders. Die Erregungsphase war schon sehr intensiv, und der Orgasmus kam in immer höheren Wellen über mich und flachte dann viel langsamer ab. Ich bin heute viel schneller und stärker erregt und kann manchmal die Erregungsphase beinahe nicht vom Orgasmus unterscheiden. Und wenn es dann doch noch höher hinaufgeht (unfaßbar), ist es sogar so, daß ich einfach schreien muß, was mich dann noch mehr antörnt. Wenn mich mein Freund nach so einem Höhenflug dann ganz lieb und zärtlich in die Arme nimmt, ich noch gar nicht wieder da bin, in einer ganz anderen Welt, völlig entspannt in einem Schwebezustand, und mich an sich drückt, dann könnte ich fast weinen, weil ich mich geborgen fühle, spüre, wie sehr wir uns lieben.

Irgendwann kamen – wie schon gesagt – die ›Macht-Ohnmacht-Gedanken‹ hinzu. Ich lag unter ihm und stellte mir vor, ich käme nicht weg. Er hielt mich dann härter fest und leckte mich fordernder. Als ob er Gedanken lesen konnte!

P. fragte einmal nach meinen Phantasien, wenn wir miteinander schliefen, ob ich mir etwa vorstellen könne, daß wir es am Strand machen würden oder ein ganz junges Mädchen zu sein, das verführt wird, oder ob ich Vergewaltigungsphantasien hätte. Und er fragte mich, ob ich ihm diese Phantasien erzählen könne und ob er dann darauf eingehen dürfe, wir also ein Spiel spielen.

Zunächst war ich verwirrt, aber dann fing ich wie von selbst an zu phantasieren, um mir auch meine Masturbationsphantasien von früher ›zurückzuholen‹. Ich sprach sie aber nicht aus. Ich ließ mich auch auf Machtphantasien ein. Ich stellte mir etwa vor: Er nimmt mich einfach, ein bißchen gegen meinen Willen, und bumst mich richtig durch. Wenn ich in diesen Phantasien dabei geleckt werde, er mir den Finger in die Möse oder in den Arsch steckt, drehe ich richtig

212

durch. Ich merke, daß ich die Intensität und Dauer des Orgasmus beeinflussen kann.

Meine Ohnmachtphantasien entwickeln sich manchmal zu einem richtigen Drama. Ich stelle mir vor, P. nimmt mich gegen meinen Willen, ich wehre mich innerlich, obwohl ich mich auch danach sehne. Wenn der Orgasmus einsetzt, höre ich auf, mich zu bewegen, bin aber hilflos, weil er die Macht hat und nicht aufhört, mich weiter zu erregen. Dann erlebe ich diesen Orgasmus so irre, daß ich es kaum beschreiben kann. Dieses Annehmen und Ablehnen verselbständigt sich total, zumal wenn P. es merkt und dann darauf eingeht. Er leckt mich dann mal hart, mal zärtlich, hört für Sekunden ganz auf oder hält meine Beine fest. Es ist ein richtiger Kampf, in dem ich sogar Angst verspüre, was mich aber immer geiler macht. Manchmal stelle ich mir auch vor, daß mich ein zweiter Mann festhält oder ich an den Händen gefesselt bin. Diese Phantasien lassen die Orgasmen immer intensiver werden. Sie dauern sehr lange an, oder ich bekomme mehrere hintereinander. Früher hielt ich ja einen Orgasmus schon für ein unerreichbares Wunder. Und nun das! Manchesmal bin ich allerdings physisch und psychisch völlig geschafft, muß unterbrechen, um mich von dieser Intensität zu erholen.

Aber dennoch: Ich konnte mich richtig fallen lassen, liebte es, P. ausgeliefert zu sein. Es waren meine Offenheit und seine Sensibilität, die mich so verändert haben. Andererseits finde ich es auch richtig geil, selbst die Dominierende zu sein. Ich bin nicht festgelegt, wenngleich ich es schon lieber mag, selbst die ›Unterworfene‹ zu sein, aber nur, weil ich weiß, daß P. nicht darauf fixiert ist. Das würde mich nämlich stören.

Trotz meiner Fortschritte verhielt ich mich immer noch ein wenig passiv. Ich denke, wenn ich ihm dann noch gesagt hätte, bums mich, oder so, wäre es noch geiler gewesen – vor allem auch für ihn! Aber ich konnte noch nicht aussprechen, was mich in meiner Phantasie so erregte. Aber da war immer noch diese Angst, die mich daran hinderte, etwas zu tun, was ich mir doch so sehr wünschte. Dabei waren wir schon beinahe zwei Jahre zusammen! Und schlimmer noch: Orgasmen bekam ich ausschließlich, wenn er mich leckte oder anders stimulierte. Sobald er in mich eindrang, war ich irgendwie verstört. Und wenn es noch so vorsichtig geschah. Manchmal tat es weh, manchmal nicht, aber es erregte mich nie. Irgendwie hielt ich immer den Atem an und wartete auf den Schmerz, den ich von früher im Kopf hatte. Ich war überzeugt davon, daß die Vagina nun mal nicht auf die mechanische Reizung des Penis reagiert, weil sie dafür nicht mit genügend empfindlichen Nerven ausgestattet ist. Diese ›Tatsache‹ wurde ja auch in allen möglichen Frauenzeitschriften und Büchern verbreitet.

Heute weiß ich es besser. Es ist auch nicht in erster Linie der Penis, der sich in mir bewegt, sondern mein Bewußtsein!

Ich genoß es sehr, verführt zu werden, machte aber selbst fast nie den Anfang. Ohne es zu wollen, war ich sehr egoistisch.

Wann sich das änderte, weiß ich nicht mehr genau: Aber irgendwann merkte ich, ihn zu erregen, erregte mich auch. Ich wollte plötzlich auch nicht mehr nur zärtlich mit ihm umgehen.

Ich dachte, während ich ihn blies, daran, daß ich ihn will. Ich will ihn erregen, damit er so erregt ist, daß er mich einfach nehmen muß.

Viel später ertappte ich mich sogar dabei, wie geil ich es fand, ihn festzuhalten, so daß er sich nicht bewegen konnte, er mir in seiner Erregung ausgeliefert war. Wenn ich zum Beispiel seinen Schwanz lutschte, bekam ich einen Orgasmus.

Leidenschaft (tolles Wort) und Ekstase, dieser Kontrollverlust, der einen alles um einen herum vergessen macht, erlebte ich zum ersten Mal richtig, als ich aus einem Urlaub zurückkam. Ich hatte plötzlich eine unglaubliche Sehnsucht danach, mit ihm zu schlafen. Ich vermißte ihn. Als er mich am Flughafen in die Arme nahm, mir in die Augen sah, und

214

ich seine ganze Liebe zu mir spürte, fühlte ich nur noch eins: Geborgenheit. Und dann später ... seine warme, weiche Haut, seine Haare, seine Hände, seine Lippen, sein steifer Schwanz in meinem Körper. Ich war süchtig nach seinen Berührungen, danach, seine Zunge in meiner Möse zu spüren.

Irgendwann ist es egal, was man macht. Stellungen oder ›Technik‹ werden unwichtig. Man weiß, daß Liebe, Sehnsucht und Erlebnistiefe grenzenlos sind, Höhenflüge von Kleinigkeiten ausgelöst werden können. Es genügt ein Kick. Heute könnte P. zu mir sagen: ›Komm, komm ...‹ (!), und es würde mich geil machen. Ich würde kommen. Früher wäre ich erstarrt.

Heute erregt mich, was mich vor einiger Zeit noch kaltgelassen, ja, mir sogar angst gemacht hat: Wenn er mir mit der Zunge ganz zart über den Analbereich streicht, kribbelt bei mir alles vor Erwartung. Heute kann ich mich vor Ungeduld kaum lassen, bis ich ihn endlich in mir spüre, ihm dabei in die Augen sehe, beobachten kann, wie scharf er auf mich und meinen Körper ist. Ich finde es toll, wenn er mir sagt, was er gleich mit mir machen wird. Heute liebe ich es, wenn er mir auf den Hintern schlägt und ihn in der nächsten Sekunde unbeschreiblich zärtlich streichelt. Ich könnte ihn verschlingen. Ich will immer mehr. Irgendwann hat P. beim Bumsen meinen Kitzler berührt. Das machte mich richtig wahnsinnig, es war genauso geil, wie ich mir das in meiner Phantasie immer vorgestellt hatte. Einmal habe ich dann ganz von allein seine Hand weggeschoben, weil ich nur seinen Schwanz in mir fühlen wollte, nichts sollte mich davon ablenken.

Es ist nicht zu fassen für mich: Ich war plötzlich lüstern, richtig gierig, hatte das Gefühl, vor Spannung zu zerspringen. Es reicht schon, wenn unsere Lippen sich wie ein Hauch berühren. Wir sind beide wie elektrisiert.

Wir haben nächtelang darüber diskutiert, warum Sexualität und ihre Weiterentwicklung so wichtig sind und warum es ideal ist, wenn beide gleichermaßen an Sexualität interessiert sind. Rückblickend gerate ich immer wieder in Wut, wenn ich darüber nachdenke, daß ein Mädchen sexuell von einem Mann erzogen wird, und damit eben oft ein negatives Erlebnis verbindet. Ich bin ja kein Einzelfall.

Sexualität wird für mich immer wichtiger. Ich habe immer größere Sehnsucht nach meinem Freund, seinem Körper, unserer Sexualität, weil ich weiß, wie schön es ist. Heute kann ich genießen, was mir früher im Traum nicht eingefallen wäre und mich vielleicht sogar abgestoßen hätte.

Und das ist so, weil wir uns lieben und dennoch gegenseitig sehr viel Freiheit lassen, weil wir gern über wirklich alles miteinander diskutieren, ich mich für seine Arbeit interessiere und er sich für meine. Und weil ich keine Angst mehr habe!«

Manuela, 24 Jahre alt, Kinderpflegerin: »Ich erinnere mich noch genau daran, wie ich (ziemlich langsam) in die Pubertät kam. Mit 14 Jahren hatten die meisten Mädchen schon Busen. Diese schöne Körperform ist bei mir auch heute noch nicht gerade ausgeprägt. Damals hatte ich ziemlich starke Komplexe deshalb. Zum Turnunterricht zog ich mich grundsätzlich als letzte um, wartete, bis die anderen schon in der Halle waren. Schließlich sollte niemand sehen, daß ich noch gar nichts hatte! Ich trug immer weite Blusen und Pullis, um das zu vertuschen.

Aber all diese Täuschungsmanöver nutzten mir nichts. Sprüche wie: ›Dein Vater ist wohl Tischler, hat dich vorn genauso flachgehobelt wie hinten‹, waren an der Tagesordnung. Ich fühlte mich nicht vollwertig. Erst als ich 16 war, zeichneten sich kleine Erhebungen ab, auf die ich dann schon stolz war, aber eben doch nicht so richtig zufrieden damit. Das änderte sich erst, als ich einen Freund hatte, dem das (angeblich) egal war. Er bestätigte mich in meinem sonstigen Äußeren so sehr, daß ich auf die Meinung irgendwelcher anderen Jungen über meinen Busen verzichten konnte.

216

Diese Einstellung gab mir mit zunehmendem Alter mehr Selbstbewußtsein, und ich machte einfach mehr aus meinem gesamten Typ, zog pfiffige Klamotten an und sagte mir, daß man mich schon wegen meines Aussehens und meines Wesens mögen müsse.

Trotz meines kleinen Busens sehe ich sehr gut aus. In ›Scene‹-Kneipen oder auch nur beim Einkaufen merke ich, daß ich beachtet werde – von Männern und von Frauen. Das liegt sicher an meiner offenen und freundlichen Ausstrahlung. Ich werde halt oft angesprochen, sogar an einem ›Würstchenstand‹ komme ich mit Menschen ins Gespräch. Manchmal mische ich mich einfach ein oder antworte meinerseits mit einem lockeren Spruch. Ich denke, ich bin sicher im Umgang mit Menschen und auch in punkto Sex. Ich bin sehr frei erzogen. Meine Mutter hat sich vor Fragen nach Sexualität nie gedrückt. Sie lief nackt vor unseren Augen herum, schloß auch nie die Schlafzimmertür ab. Meinen Vater allerdings habe ich höchst selten nackt gesehen, er war schüchtern. Unsicher werde ich allerdings sofort, wenn ich glaube, einer Anforderung nicht gewachsen zu sein: in Diskussionen etwa, oder in Prüfungssituationen.

Meine Eltern interessieren sich nicht für Politik, und das, was man so Allgemeinbildung nennt, ist bei ihnen auch zu kurz gekommen. Na ja, und dementsprechend auch bei mir. Die Schule hat an meinem Desinteresse nichts geändert. Ich habe wohl versucht, dies Defizit mit meiner ›schicken Optik‹ auszugleichen. Die kam eben an. Und deshalb interessierten sich die meisten Männer wohl nur für mein Äußeres und nicht für mich, meine Ängste und Probleme. Sie waren zufrieden, weil sie eine schöne Larve spazierenführen konnten, wie und was sie dachte, war ihnen schnurz.

Schon bevor ich meinen jetzigen Freund Marc kennen- und liebenlernte, war ich in sexueller Hinsicht ausgesprochen begeisterungsfähig. Aber weder die Gefühle noch die Sexualität selbst lassen sich mit dem vergleichen, was Marc und ich zusammen erleben.

Mein Verlangen nach sexueller Befriedigung war normal. Das heißt, ich hatte auch mehrmals am Tag Lust, mit meinem letzten Freund zu schlafen. Doch lief das mit ihm nach diesem typischen Muster ab: sich ansehen, streicheln, küssen, und ›zack‹: Geschlechtsverkehr.

Ich habe mich nicht unwohl dabei gefühlt und bekam auch Orgasmen, vielleicht zwei- bis dreimal, aber ich entbehrte das Vorspiel.

Viele Männer, mit denen ich schlief, verfuhren nach dem für sie bewährten Patentrezept: Wir lernten uns kennen, und spätestens einen Tag später drängten sie darauf, mit mir ins Bett zu gehen. Ich wollte ja auch, sonst hätte ich mich gar nicht darauf eingelassen, nur ging mir alles viel zu schnell. Eine flüchtige Streichelbewegung vom Busen nach unten, einen Augenblick meine Möse reiben, damit sie feucht wird, und dann am liebsten den (vorher geblasenen) Penis reinschieben, rein-raus, rein-raus, Küsse dazwischen und abspritzen.

Ich lag dann da und fragte mich, wo ich denn mit meinen Gefühlen, dem Wunsch nach Zärtlichkeit, Aufmerksamkeit und Romantik bleibe! Ich habe mich danach gesehnt, zärtlich gestreichelt zu werden, zu genießen, zu reden, auch darüber, was und wie ich mir Sexualität vorstelle. Ich dachte, es müsse möglich sein, mich mal einfach nur verwöhnen zu lassen, einen Partner zu haben, der auf mich eingeht.

Und natürlich gilt das auch umgekehrt. Ich möchte, daß der Mann mir sagt, worauf er gerade Lust hat, wie er geblasen werden will und welche Stellung er bevorzugt. Allerdings finde ich es auch großartig, wenn Sexualität überraschend verläuft, man Neues ausprobiert und sich für Experimente offen hält. Die Männer haben aber meist nur die Befriedigung der eigenen Begierde im Sinn. Dabei wünschte ich mir von den Männern, mit denen ich schlief, viel Zärtlichkeit, Geborgenheit, wollte mich ihnen ganz hingeben. Ich stellte mir vor, wie sie anfingen, ganz zart mein Gesicht zu berühren, dann die Hände den Hals entlang über Busen und Bauch an den

Innenseiten der Schenkel ganz langsam hinunterführen und wieder zurück. Doch diesen Wunsch hat mir so recht niemand erfüllt. Dieses ›Vorbereitungsstreicheln‹ ist mir zu zielgerichtet, immer fehlte mir die Sinnlichkeit.

Für den größten Fehler im sexuellen Bereich halte ich diese Sprachlosigkeit, wenn nicht über Wünsche und Gefühle geredet wird und man einander deshalb oft fremd bleibt. Meine Sehnsüchte beispielsweise schließen auch freiwillige Gewaltspiele ein. Wenn ich das nicht mitteile, wie soll mein Freund es dann erfahren? Zunächst hat mich der Gedanke daran eher abgestoßen. Gewalt war schlimm und wurde mit Schmerzen gleichgesetzt.

Auch Gewaltszenen in Pornofilmen fand ich anfangs widerlich, bis ich etwas sah, was meinen Phantasien entsprach: Zwei Frauen trieben es sehr zärtlich miteinander, doch dann griff die eine nach einer Peitsche und schlug ihrer Partnerin zunächst ganz sanft, dann härter auf den Hintern. Zu meiner Überraschung versetzte mich die Szene in einen Zustand heftiger Erregung. Noch mehr überraschte mich vielleicht, daß ich diese Erregung zuließ. Das war eine enorm wichtige Erfahrung für mich. Pornofilme sind überwiegend auf männliche Wunschträume ausgerichtet, daher die große Resonanz beim anderen Geschlecht. Wenn ich Gelegenheit habe, darüber zu sprechen, regen sie auch meine Phantasie an.

Sich auf Macht und Ohnmacht einzulassen ist für mich mittlerweile wunderschön. Ich liefere mich meinem Freund total aus, er macht mit mir, was er will, und ich lasse es zu. Dadurch erlebe ich eine irrsinnige Intensität. Das ist auch so, wenn er sich mir ausliefert. Wir spielen Spiele, und je erregter ich bin, desto mehr lasse ich zu. Das Bewußtsein, zu nichts gezwungen zu sein, läßt mir ja die Möglichkeit, immer anderes auszuprobieren.

Jedoch muß man das erst lernen, ich jedenfalls war keineswegs von Anfang an dazu bereit.

Ich denke, um Sexualität so intensiv zu erleben, wie ich es mittlerweile kann, müssen fast alle Menschen erst eine neue

Einstellung dazu gewinnen. Nur wenige Glückliche sind von sich aus so frei, Fragen (auch *sehr* intime!) zu stellen, geschweige denn ›peinliche‹ Wünsche zu äußern. Mein Freund fragt sehr, sehr viel. Wir reden über alles, und ich erkenne daran, daß sein Interesse mir gilt und nicht meiner schönen Hülle. Andere Männer konnten mir dieses Gefühl nie vermitteln.

Ein Problem dabei ist, daß jeder es gern dem anderen überlassen möchte, den Anfang zu machen. Marc und ich haben das – glaube ich – inzwischen gut im Griff. Mehr noch: Das Bedürfnis, uns gegenseitig unsere ›geheimsten‹ Wünsche mitzuteilen, empfinden wir beide als lustvoll.

Ich bin glücklich darüber, mein ausgeglichenes Innenleben gibt mir die Kraft, auch Situationen, in denen ich mich mal schlecht fühle, zu meistern. Ich strahle Optimismus aus und kann über alles reden.

Sexualität beeinflußt eben die gesamte Persönlichkeit, aber sich sexuell richtig fallen zu lassen, ist ohne Liebe meines Erachtens nicht möglich.

Wirkliche Wollust, das Ausleben verschwenderischer Sehnsüchte, ist im Gegensatz zu einer weit verbreiteten Meinung keine überwiegend körperliche Angelegenheit. So habe ich mir vor dieser Beziehung nicht vorstellen können, daß mich Schläge (in Grenzen!) geil machen können. Marc fragt frei heraus, was er wissen will, und wenn er Hemmungen bei mir spürt, tastet er sich behutsamer an meine Wünsche und Phantasien heran.

Die Angst, zu viel von meinem Innenleben preiszugeben, ist manchmal nicht ganz leicht zu überwinden, aber die Vorstellung, daß es Marc ähnlich geht, hilft mir sehr. Er kennt genau den Moment, in dem ich beispielsweise scharf auf Schläge bin. Wir haben uns gegenseitig ganz allmählich erforscht. Marc weiß, wie er jeweils mein Stöhnen oder die Bewegungen meines Beckens zu deuten hat. Wir sind optimal aufeinander eingestimmt, und das führt zu immer größerer Begierde, zu längeren und intensiveren Orgasmen. In unserer Lust erleben wir die absolute Verschmelzung, und das, obwohl auch jeder seiner eigenen ›Erregungskurve‹ folgt.

Etwa so: Er leckt mir die Möse, steckt dann die Zunge in meinen Hintern, mal ganz vorn, mal tief, mal schnell, mal langsam; dann stößt er mich – solange ich noch nicht so erregt bin – ganz schnell und tief mit seinem Schwanz, kurz vor dem Höhepunkt dann sanft und langsam, schlägt mir aber überraschend auf den Arsch. Sobald meine Erregung nach dem ersten, zweiten oder dritten Orgasmus abgeklungen ist, fängt er das Spiel von vorn an. Er ist Meister darin, meine Gier immer aufs neue zu entfachen, weiß, wie geil mich sein keuchender Atem macht. Liebe und Ekstase sind untrennbar miteinander verwoben.«

Sabine, 23 Jahre alt, Angestellte in einer Werbeagentur: »Ich, weiblich, 23 Jahre alt, hatte meinen ersten, nicht sehr spektakulären Geschlechtsverkehr mit 14 Jahren, nachdem ich zuvor vereinzelte Petting-Erfahrungen gesammelt hatte. Danach war meine Neugier für die nächsten anderthalb Jahre vollauf gestillt. In dieser Zeit, wie auch heute noch, habe ich häufig und heftig onaniert. In der Zeit von meinem 17. bis 21. Lebensjahr habe ich dann mehr oder minder wahllos herumgefickt, also reine Bumsbekanntschaften gemacht. Einige davon haben mich auch geleckt, ich habe mich da aber meinerseits ziemlich zurückgehalten. Ich hatte auch nicht viel Lust, jemandem einen zu blasen. Am geilsten fand ich es, einfach nur gefickt zu werden, anfangs immer in der sogenannten Missionarsstellung. Dann besorgte es mir ein Typ mal von hinten (was ich noch heute außerordentlich schätze), und irgendwann habe ich mich dann auch mal auf einen draufgesetzt, was mir damals jedoch zu anstrengend war. Ich bekam dabei aber nie einen Orgasmus, übrigens auch nicht, wenn ich geleckt wurde.

Analverkehr konnte mich schon überhaupt nicht reizen, weil ich einmal eine sehr schmerzhafte Erfahrung damit gemacht hatte. Und einen Mann mit dem Mund zu befriedigen, gefiel mir nicht, weil ich meistens würgen mußte bis zum Brechreiz. Ich nahm schon mal den einen oder anderen Schwanz in den Mund, aber die meisten Männer, mit denen ich es trieb, waren für mich zwar körperlich und sexuell sehr attraktiv, aber ich war nicht in sie verliebt. Und einen Mann oral zu befriedigen, ist für mich das Intimste beim Sex und darum nicht für jedermann, sondern something special. In der überwiegenden Zahl der Fälle praktizierte ich Sex – ohne große Gefühle, ohne viel Zärtlichkeit (die ich auch nicht suchte) und ohne spektakuläre Orgasmen. Ich war einfach immer neugierig darauf, wie es sein würde, mit jemandem, der mir gefiel, ins Bett zu gehen. Oft habe ich mich hinterher gefragt, ob es das denn wert gewesen war.

Ich schätze, daß ich bis heute mit 100 Männern geschlafen habe, vielleicht auch nur mit 60. Ich weiß es nicht mehr, zählen wäre auf jeden Fall sinnlos. Die Hälfte davon war mir so egal, daß ich mich nicht mal mehr an das Wann, Wer oder Wo erinnern kann. Eben egal. Mit anderen war es sehr schön, aber eben auf einer anderen Ebene als mit meinem jetzigen Freund Peter.

Zum Austausch von Zärtlichkeiten oder gar mehr als einem oberflächlichen Wortgeplänkel kam es mit den meisten meiner Beischläfer nicht. Dafür waren mir meine beste Freundin und ein enger (homosexueller) Freund lieber. Da konnte und wollte ich dann auch mal weich und verletzlich sein, während ich beim Sex meistens die aggressivere war.

Auf diese Weise hat sich in meinem Kopf eine Art Schizophrenie entwickelt. Mit einer Person Sex und Zärtlichkeit gleichzeitig zu erleben, fällt mir schwer. Eines von beidem kristallisiert sich meist als dominierend heraus und behindert das andere: zärtliche Kuschelei oder geiler Sex.

Pornographie und erotische Literatur haben schon immer einen großen Reiz auf mich ausgeübt. Und meine Phantasien angeregt. Oft verband ich diese Vorstellungen mit einer Person, die ich zu dem Zeitpunkt gerade begehrte. Und immer spielten darin die schon erprobten Sexpraktiken die wichtig-ste Rolle.

Aber ich hatte auch Phantasien, die sich um Machtspiele drehten. Dann war ich gefesselt und hilflos, mußte alles mit mir machen lassen, ohne mich wehren zu können. Oder ich stellte mir vor, einen Mann oral zu befriedigen, bis er in meinen Mund spritzte, oder ich trieb es mit einem Mann und einer Frau gleichzeitig.

Diese Phantasien (auch gespielte Vergewaltigungen) habe ich mit Peter zum ersten Mal realisieren können. Die Vorstel-lung, mir könnte das in Wirklichkeit passieren, jagt mir einen Schauer über den Rücken, aber als Spiel ist es schön. Man kann es richtig inszenieren (Klamotten zum Zerreißen anzie-hen), und es macht den Mann geil. Er hat die Macht in diesem Spiel.

Peter lernte ich vor zwei Jahren kennen. Ich war sofort von ihm fasziniert, von seinem Aussehen (obwohl er eigentlich gar nicht mein Typ ist oder war), von seiner Intelligenz, seinem Wissen und seiner erotischen Ausstrahlung. Aber er war auch eitel, eingebildet und überheblich – Eigenschaften, die ich an Männern eigentlich hasse. Dennoch war da dieses gewisse Etwas.

Wir lernten uns über eine gemeinsame Freundin kennen. Und das Brisante war: Er hatte mit ihr geschlafen und ich ebenfalls! In der ersten Nacht stiegen wir zu dritt ins Bett. Das war richtig geil. Danach trafen Peter und ich uns einige Male, und sowohl unser sexueller als auch unser intellektueller Kontakt wurde immer intensiver. Wir sprachen viel über Sex allgemein und über unsere sexuellen Wünsche speziell. Bei-derseitige Offenheit macht frei. Der wohl immer noch übli-che ›Stellungskrieg‹ findet nicht statt. Man muß allerdings die Spielregeln beherrschen. Prinzipiell ist zwar alles erlaubt und gilt nicht als Perversion. Man muß halt auf die Lernfähigkeit setzen, die nicht von heute auf morgen zum Tragen kommt: oral, vaginal, anal, scheißegal. Vertrauen in die selbständige Lust- und Entscheidungsfähigkeit des Partners ist angesagt.

Will ich stöhnen oder sogar schreien, stöhne und schreie ich eben. Nur wenn ich merke, daß es den Partner verschreckt, muß ich darauf Rücksicht nehmen.

Man sollte sich immer bewußt machen, daß das, was man gerade mit einem Menschen erlebt, einmalig ist, einzigartig und darum in jeder Hinsicht kostbar (und köstlich). Machtspiele intensivieren das Gefühl bedingungsloser Hingabe unter der Voraussetzung, daß der ›Unterworfene‹ sich wehrt, wenn es ihm zuviel wird. Schläge zu empfangen ist toll, und Schläge auszuteilen ist toll.

Peter kann mich mitten im schönsten Orgasmus hängenlassen, ich werde gleich wahnsinnig vor Lust, die dadurch noch gesteigert wird, daß er weiß, wie sehr seine Verzögerungstaktik meine Geilheit antreibt. Früher fand ich meinen Körper nicht attraktiv genug, Peter hat ihn mir gewissermaßen neu vor Augen geführt. Auch diese Tatsache hat meine Lustfähigkeit gesteigert.

Mich bis zum Orgasmus lecken zu lassen fand ich nie so toll. Ich konnte nicht recht darauf einsteigen. Es ist zwar immer noch nicht das Geilste für mich (ich weiß, daß viele Frauen es viel intensiver empfinden, als gebumst zu werden), aber ich hatte mittlerweile schon wunderbare Orgasmen, wenn ich geleckt wurde. Auf die Idee, mich gar anal lecken zu lassen, wäre ich wohl von selbst nicht gekommen. Was wäre mir da entgangen! Das ist keineswegs ekelig. Blödsinn!

Mein Arschloch ist genauso sauber wie meine Vagina. Und ich würde mich auch gern in den Arsch ficken lassen, aber nach meiner ersten schmerzhaften Erfahrung scheiterten alle weiteren Versuche bisher meistens nach wenigen Minuten, aber Schmerz und Lust beginnen sich schon zu vermischen. Irgendwann klappt es bestimmt! Und ich ahne, was ein Mann beim Analverkehr alles empfinden kann. Peters Schwanz zu blasen erregt mich mittlerweile so, daß er mich nicht einmal mehr berühren muß!

Jeder Mensch besitzt eine sexuelle Kapazität; er muß sie nur entdecken. Als ich beispielsweise Peter kennenlernte, war ich auf einer Stufe des sexuellen Erlebens, die man zufriedenstellend nennen könnte. Wir haben uns dann gemeinsam weiterentwickelt und selbstverständlich auch Phasen der Stagnation oder sogar des Rückschritts durchgemacht. Aber wir haben ja Zeit genug.

Wenn Peter mich leckt, reagiere ich mit einem ganz normalen entspannenden Orgasmus, das nächste Mal sind es schon zwei Orgasmen hintereinander, die wieder ein anderes Mal schon ineinander übergehen und deutlich ekstatische Empfindungen auslösen. Peter spielt mit meinen Brüsten, ich denke plötzlich daran, wie er mich bei großer Hitze im Wald im Auto genommen hat, und bekomme einen Orgasmus, wenngleich einen ganz anderen, als er durch Lecken oder Ficken entsteht. Oder ich liege auf dem Bauch, er schlägt meinen Po, zunächst behutsam, dann stärker. Oder Peter fickt mich hingebungsvoll über eine Stunde, und ich bekomme multiple Orgasmen, von deren Existenz ich nicht einmal etwas ahnte. Und es werden mehr und mehr, längere und intensivere.

Immer wieder gehen mir plötzlich Bilder durch den Kopf, kurze Sequenzen, geilste Situationen, die ich mit ihm erlebt habe. Je öfter wir Sex miteinander haben, um so mehr Bilder beherrschen meine Phantasie und steigern wiederum die Lust während der Sexualität. Eine Entwicklung ohne Ende.

Und allein diese Vorstellung, nämlich den Weg mit einem Partner, den man liebt und dem man vertraut, immer weiter gehen zu können, bedeutet erneut Lustgewinn.«

Sylvia, 25 Jahre alt, Studentin und im Verkauf tätig: »Bevor ich meinen jetzigen Freund Anton kennenlernte, hatte ich kaum sexuell befriedigende Erfahrungen gemacht. Gefühle und Wünsche in der Sexualität zu verwirklichen, war mir mehr oder weniger fremd. Das erste Mal war von erwartungsvoller Neugierde bestimmt, danach war Sexualität für mich die vergebliche Suche nach Zärtlichkeit, nach liebevoller Anerkennung meiner Person. Geilheit, Wollust oder Ekstase spielten nur sehr am Rande eine Rolle. Sexuelle Phantasien hatte und habe ich immer: Beispielsweise sah ich mit 17 Jahren im Fernsehen eine Szene mit einer gefesselten Frau, deren Arme und Beine weit auseinandergespreizt waren. Daß mich eine solche Darstellung erregte, hätte ich damals jedoch niemals zugegeben, nicht einmal mir selbst gegenüber.

Eine Ahnung davon, wie Wollust und Ekstase auf Kopf und Körper wirken, was völlige Hingabe an diese Mischung aus Macht und intensivster Zärtlichkeit bedeutet, erlebte ich (dreimal) mit einem acht Jahre älteren Mann.

Er war sicher meine erste richtige Liebe, der einzige Mann, der mich vor Anton so hart-zärtlich anfaßte, so lecken konnte, daß ich alles um mich her vergaß. Aber er liebte eine (sehr attraktive) verheiratete Frau. Dreimal innerhalb eines Jahres verbrachten wir die Nacht, die folgenden zwei Jahre sehr viel Zeit miteinander, dies jedoch ohne jeglichen Körperkontakt. Ich begehrte und liebte ihn grenzenlos, er dagegen ignorierte das und blockte ständig ab. (Er steckte ja auch in einer Zwickmühle.)

Meine ungelebte Sexualität mit C. entlud sich in sexuellen Kontakten mit anderen Männern, mit denen ich aus momentaner Verliebtheit und Sehnsucht nach Zärtlichkeit heraus schlief. Mitunter nutzte ich aber auch kühlen Kopfes die gebotene Gelegenheit, wobei es mir primär um meine eigene Befriedigung ging. Ich verlor jedoch nie den emotionalen Bezug zu C., erst mein Umzug in eine andere Stadt brachte uns endlich ganz auseinander. Meinen ersten (rein körperlichen) Orgasmus hatte ich bei Michael, meiner bis dahin ersten ›normalen‹ Beziehung, nicht stark, aber dennoch spürbar. Wir hatten viele Konflikte und manch harten Strauß miteinander auszufechten. Er unterdrückte mich, mal bewußt, mal unbewußt, und ich reagierte darauf verstört, manchmal bis an die Grenze des Schizoiden. Zusätzlich litt ich auch unter – leider begründeter – Eifersucht.

Ich wurde unsicher, auch sexuell. Mein Körper war übersensibilisiert, wehrte jegliche Berührung ab, von Sexualität ganz zu schweigen. Meine (pardon!) weibliche Identität ging mir völlig verloren. Ich fühlte mich in einer ausweglosen Situation, konnte an nichts anderes denken und hatte mich endlich dazu durchgerungen, Michael zu verlassen, als ich – zufällig und nach Jahren – Anton wiedertraf. Zunächst verspürte ich nicht den geringsten Wunsch, mit ihm zu schlafen; aber ich war wie euphorisiert von der Tatsache, seit Monaten endlich wieder ein offenes, ehrliches, befreiendes Gespräch mit einem Menschen führen zu können. Es war eine Form von Auseinandersetzung, die ich lange nicht erlebt hatte, und eine große Erleichterung. Wir schrieben uns Briefe, und ich fühlte ständig eine unterschwellige ›Erotik‹. Ich fürchtete geradezu, mich in ihn zu verlieben. Aber das Gefühl, mich vielleicht jemandem öffnen, ihm vertrauen zu können, ließ sich nicht verdrängen. Ganz vage schlich sich der Wunsch bei mir ein, mit ihm zu schlafen, vernebelt von Angst: der Angst zu versagen, der Angst vor Anspruch und Überforderung, der Angst vor der vielleicht neurotischen Reaktion meines eigenen Körpers.

Bevor es dann soweit war, wußte ich nur, daß ich alles vergessen mußte, was ich jemals zuvor an Verstörungen empfunden hatte.

Ich ließ mich lecken, mich auf zärtlich-begehrliche Weise berühren, nahm ohne Ekel seinen Penis in den Mund. Ich spürte zum ersten Mal wirkliche körperliche Erregung, daß ein Orgasmus länger als fünf Sekunden dauern kann . . . Seit diesem ersten Mal hat sich mein Bewußtsein der Sexualität, meiner Sexualität gegenüber, gewandelt. Ich habe mich auf Macht- und Ohnmachtgefühle eingelassen, mir (allein . . .) derartige Phantasien eingestanden. Ich liebe es, heftig und begehrlich angefaßt zu werden, ich stelle mir vor, gefesselt zu werden, wehrlos zu sein; Schmerz zugefügt zu bekommen und selbst ›Macht‹ auszuüben, bereitet mir Lust. Die Macht, wenn ich ihn zwinge, mich zu lecken, Macht, die ich allmählich über ihn und seine Erregung gewinne, wenn ich ihm einen blase, wenn ich ihn bis zum Wahnsinn treiben möchte. Ich habe ein erweitertes Verständnis von dem Begriff der ›Zärtlichkeit‹. Sie kann auch hart, fordernd, schmerzhaft sein. Ich entwickle eine intensive Sehnsucht, ihn geil auf meine Brust, meinen Hintern, die Bewegungen meines Beckens zu machen, weil ich mich begehrenswert finde. Ich erlebe einen einzigen unendlichen Orgasmus oder unendlich viele Höhepunkte in Folge. Sie gehen ineinander über, kaum daß ich das Stadium höchster Erregung verlasse.

Ich will immer mehr, mehr intensive Macht-Ohnmacht-Phantasien, mehr Geilheit und mehr Ekstase. Und dann gibt es da diesen unglaublichen Moment: Halb bewußt, halb fortgerissen überwinde ich immer wieder eine neue Grenze. Es ist nur ein kleiner Sprung, der mich vom Zögern zu einer wundervollen Schamlosigkeit bringt. Auf diese Schamlosigkeit bin ich stolz. In diesem bewußten Moment bin ich die Tollste überhaupt, die ergebenste Sklavin, die dominanteste Herrscherin, die Beste weit und breit. Eben noch Zärtlichkeit, danach völliger Kontrollverlust. Ich erlebe nur noch phantastische Körperlichkeit, totale Hingabe, will Schmerz und Heftigkeit, Auflösung in emotionaler Nähe. Ich will *es. Und ich bekomme es.* Ohne meine große Liebe zu Anton wäre meine rasante Entwicklung undenkbar, dieses immer intensivere, begehrlichere Zusammenspiel zweier Menschen.

Ich könnte und wollte diese extrem gesteigerte Sexualität nicht ohne Liebe und Zuneigung erleben, das spielerische Element, das zärtliche Moment, die Achtung vor dem anderen gingen verloren. Zur Zeit kann ich mir nicht einmal vorstellen, so etwas jemals mit einem anderen Mann zu erreichen. So stark ist meine rauschhafte Sinnlichkeit an *diese* Liebe gebunden. Gleichzeitig bedeutet dieses Wissen noch eine andere Form von Macht. Wenn irgend so ein arroganter Typ, der sich für unwiderstehlich hält, mir dieses gewisse auffordernde Grinsen ›schenkt‹, denke ich: Du armseliger Wicht, wenn du wüßtest, was ich alles mit dir anstellen könnte und wie du dann um Erbarmen winseln würdest!

Sylvias letzter Satz mag abschreckend oder gar aggressiv klingen, in Wahrheit aber ist er in einem durchaus positiven Sinne aufschlußreich. Er zeigt zweierlei. Erstens: Sie erkennt, wie trostlos die gängige männliche »Anmache« ist und vor allem, welch ein verkümmertes oder verklemmtes sexuelles Ego meist dahintersteht. Und obwohl manch einer Mitleid in einem solchen Fall wohl für angebrachter hielte, ist Sylvias ärgerliche und verächtliche Reaktion auch verständlich. Einer der Leitfäden dieses Buches nämlich ist die Tatsache, daß Menschen lernen können (und sollten!), ihre Sexualität als veränderbar und meist auch veränderungsbedürftig anzusehen. Sie ist eben keine biologische Determinante, sondern ein gleichermaßen selbständiger wie auch integrierter Faktor im äußerst komplexen Gefüge der menschlichen Psyche.

Wer sein sexuelles Verhalten einfach als gegeben hinnimmt oder als triebbestimmt und deshalb unveränderlich, unterliegt nicht nur einem argen Mißverständnis, sondern setzt sich darüber hinaus dem Verdacht aus, denkfaul, stur und ein Ignorant zu sein. Ignoranz aber bedeutete immer ein charakterlich defizitäres Verhalten gegenüber anderen.

Zweitens entlarvt Sylvia mit diesem Satz einen Männlichkeitsmythos als lächerlich: Ekstatische Sexualität, in der beispielsweise Macht-Ohnmacht-Spielen die Bedeutung eines *lust- und intimitätssteigernden* Faktors zukommt, ist in der weit überwiegenden Zahl der Fälle nur gemeinsam und gleich-berechtigt zu erreichen. Der »Siegertyp«, der nur Erfolge sammelt, ist meist ein erbärmlicher Liebhaber, weil er die erotische und sexuelle Kapazität von Frauen gar nicht erst sucht, zumindest aber unterschätzt – und seine eigene ebenfalls!

Ein biologistischer Ansatz, Sexualität zu betrachten, vernachlässigt die beinahe unendlich vielen Variationsmöglichkeiten, die ein für Liebe und Sexualität offenes Bewußtsein bereithält.

Sexuelle Erregung, gesteigert bis zu dem Wunsch nach totaler physischer und psychischer Hingabe an den Partner, entsteht aus einer inneren Erwartungshaltung. Und diese Erwartung richtet man nicht auf jemanden, der (oder die) einen dominiert und mit Forderungen überfährt.

Auch ohne Phantasie sind *Eros und Ekstase* nicht denkbar. Die permissive Gesellschaft der westlichen Industrienationen ist über physiologisch-sexuelle Reaktionen aufgeklärt bis in den letzten Zentimeter der primären und sekundären Geschlechtsmerkmale. Wirkliche *Kenntnis* psychosozialer Zusammenhänge aber ist so gut wie ausschließlich Wissenschaftlern und den wenigen Laienlesern der Fachliteratur vorbehalten, in der sich zu allem Überfluß zahlreiche zumindest mißverständliche Annahmen zum Thema Sexualität so zäh halten wie getrockneter Kunsthonig in einem alten Glas. Und daraus mixen sich die populären Medien – von der Frauenzeitschrift bis zum Fernsehbericht – einen Cocktail von Halbwahrheiten und falschen Interpretationen. Nachgeplappert wird da geradezu verwirrend kritiklos: Postulierten einst die Feministinnen den klitoralen Orgasmus als den einzig möglichen, galt dies auch bei ehemaligen Freudanhängern mit einem Male als unumstößliche Wahrheit, wenngleich der Vater der Psychoanalyse den vaginalen Orgasmus – jahrzehntelang unangefochten – als den »psychisch reifen« dargestellt hatte. Doch die Mode ist auch im Bereich der Sexualität ein launisches Weib. Neues mußte her, und so »entdeckte« man den Gräfenberg-Spot irgendwo in der Vagina als neuen Auslöser (welch ein Wort!) des weiblichen Orgasmus.

Dabei hätte so mancher Laie, der sich weniger mit Publikationen über Sexualität und dafür mehr mit Sexualität selbst beschäftigt, den Meinungsmachern aus Medien, magischen Zirkeln und Studierzimmern schon immer sagen können, daß Erregung und Orgasmen im Kopf entstehen. Eine Tatsache übrigens, die unseren Dichtern schon immer bewußt war. Aber das Problem liegt wohl darin, daß wir nicht auf unsere Dichter hören, sondern auf die Literaten, die dann stümperhaft das Sexualverhalten sezieren, anstatt der Phantasie zur Macht zu verhelfen.

230

Information und Phantasie nämlich, die sich gegenseitig ergänzen und erweitern, sind die Schlüssel zum Reich einer glücklichen, einer ekstatischen Sexualität. Ekstase bedeutet »Verzückung« und »rauschhafter« Zustand. Und wer bitte wollte bestreiten, daß dies die Erfüllung aller sexuellen Sehnsüchte ist, und behaupten, ein solcher Zustand sei ohne die Kraft der Phantasie zu erreichen?

Ekstase bedeutet aber (wörtlich übersetzt) auch ein »Aus-sich-Herausgetretensein«, in unserem Sinne interpretierbar als die schon erwähnte totale Hingabe an den Liebespartner. Vor diesen Hintergrund stellen die Berichte über Macht-Ohnmacht-Spiele nicht finstere Machenschaften in irgendwelchen Sado-Maso-Folterkammern dar. Sie sind vielmehr der höchste Ausdruck einer sorgsam kultivierten Liebesfähigkeit zweier Menschen, deren Sensibilität soweit geschult ist, daß sie sich in diesem Ausnahmezustand ohne jeden Vorbehalt aufeinander verlassen können und sich zugleich in der denkbar intensivsten Form mitteilen, wie einzigartig ihr Verhältnis zueinander ist.

»Niemand ist eine Insel« (John Donne 1572–1631), aber viele betrachten ihre Sexualität als isoliertes Phänomen, weil sie nicht wissen, daß sie das Zusammenspiel sämtlicher psychischer Faktoren beeinflußt, ja, teilweise sogar steuert. Wie weit man ein derart eingegrenztes Bewußtsein hinter sich lassen kann, zeigen hoffentlich die Entwicklungsgeschichten in diesem Buch.

Register